FAMILIEN COLLETT.

EFTERRETNINGER, SAMLEDE OG BEARBEIDEDE

AF

ALF COLLETT,
Cand. jur.

CHRISTIANIA.
TRYKT HOS CARL C. WERNER & CO.

Indhold.

Familiemedlemmernes Navne.

Stammeforældrene

Kommerceraad JAMES COLLETT og KAREN LEUCH.

Det livlige Handelssamkvem mellem Nordmændene og deres Gjenboer paa de britiske Øer har i Seklernes Løb jevnlig ledet til Udvandringer fra det ene Land til det andet. I anden Halvdel af det syttende Aarhundrede, da Trælasthandelen paa England med en Gang fik et raskt Opsving[1]), synes og de gjensidige Indflytninger at have tiltaget, og flere norske Familier af britisk Herkomst datere sin Tilværelse her i Landet fra dette Tidsrum. Saaledes ogsaa Slægten Collett[2]).

For snart 200 Aar siden kom en Englænder ved Navn *James Collett* over til Norge, hvor han fra 1683 tog fast Bopæl som Kjøbmand i Christiania, og hvor han blev Stamfader til den norske Collettfamilie og til en i Danmark bosat mindre Gren af denne Æt. Traditionen fortæller, at han oprindelig kom herover for at afgjøre Trælastforretninger med Raadmand *Leuch* til Bogstad, og Bekjendtskabet med denne Familie skal da have draget et nyt Besøg efter sig og tilsidst bundet ham for bestandig til det fremmede Land. Efter Sagnet sluttede han nemlig et nøie Venskab med Husets ældste Søn, *Morten Pedersen Leuch*, der brugte alle Overtalelser for at holde ham tilbage her, og da Collett nu engang for Spøg lovede at blive, hvis de kunde bygge ham en Bolig i Løbet af 24 Timer, skal Vennen have taget ham paa Ordet og inden næste Dag — paa et Sted ved Bogstadvandet, som endnu kaldes „Colletthagen" — have tømret op et Hus for ham. Det er imidlertid sandsynligt, at andre Grunde have været medvirkende til at fæste den unge Englænder til Landet, og det tør antages, at Raadmand Leuchs 17aarige Datter *Karen*, med hvem Collett senere blev trolovet og gift, har været et stærkt Baand i saa Henseende. I Begyndelsen synes han dog selv at have betragtet sin Bosættelse i Norge som kun midlertidig, og først 20 Aar efter Ankomsten hid findes han at have opgivet Tanken om en Tilbagevenden til sin fædrene Ø.

---

[1]) Navnlig efter Londons Brand 1666, om hvilken det sagdes, at ved den havde „Nordmændene brav varmet sig." (Uddrag af Biskop Bircherods Dagbøger 1658—1708, udg. af C. Molbech. K.havn 1846. S. 111—112.) Jfr. L. Daae: „Det gamle Christiania" S. 151 o. flg.

[2]) Jfr. Daae: „D. gl. Chria." S. 153 samt O. H. Moller „Von den adel. Geschlecht d. v. Suhm" (Flensb: 1775) S. 186—88.

James Collett var født i London d. 18de August 1655, og det er bragt til Sand-synlighed, at han har været yngre Søn af en oprindelig i Buckinghamshire hjemmehø-rende „Gentry“-Familie af dette Navn, som har et Stamtræ, der gaar op til 1396, og som skal være af normannisk Herkomst og indkommet til England med William Erob-reren[1]). Vedkommende ældre Del af denne, desværre noget ufuldstændige, Stamtavle[2]) anføres her:

Richard Colet

til „the Hale,“ et Gods ved Wendover, Buckinghamshire, født omtr. 1396, efterlod den eneste Søn:

Robert Colet

Eier af „the Hale,“ f. 1427 † 1470, g. m. Margaret, efterlod 3 Sønner:

Thomas Colet	John Colet	Sir Henry Colet
i Wendover.	Silkekræmmer i London.	Knight, Silkekræmmer, Sheriff, Alderman og 2 Gange Lord Mayor i London; levede fra Edvard IVe 12te Regjeringsaar til Henrik VIIe 18de do., † 1510, begravet i St. Dunstans Kirke, g. m. Christiana Knevet. 22 Børn, hvoraf voxen kun

Alice Colet John C. Jeffrey C. Ann C.

John Colet

Silkekræmmer i London, g. m. Catharina, Datter af Ths. Whall, Salthandler i London

John Colet

John Colet

Kjøbmand (Salthandler) i London, g. m. Mary († i London ?? 1613 i sit 35te Aar.)

Dean (Dechant) ved St. Pauls Kirken i London, f. 1466, † 1519.

Richard C.

til Badham Wick, Wiltshire og senere boende i St. Giles in the fields (et Sogn i London)

William C.

i St. Giles in the fields, f. 1651, † ?? 1714, begravet i Pad-dington, g. m. Mary, f. 1653, † ? 1713

Richard C.

† 1737, begravet i Paddington, g. 1717 med Elis Cobb

Richard C. John C. Sarah C. Peter C. o. s. v.

Som det sees, findes der paa det engelske Slægtregister gjennem næsten to Aarhundreder kun nævnt Enkelt-Led i Familien, uden Anførsel om, hvorvidt der har været andre (yngre?) Linier. Dette maa dog have været Tilfældet. I en af Dr. Sa-muel Knight udgiven Bog om den i Stamtavlen nævnte Dean John Colet[3]), der var en af Reformationens Forløbere i England, og som stod i et nøie Venskabsforhold til Erasmus Rotterodamus, heder det nemlig, at der i 1661 levede en John C., dengang Student i Temple, som var nær beslægtet med Dean'en, og at der ligeledes i Wendover fandtes adskillige, der i lige Linie nedstammede fra Dean'ens Bedstefader, Robert Colet.

---

[1]) I „Histoire de la conquéte de l'Angleterre par les Normands“ par Augustin Thierry, Paris 1826, siges den engelske Familie Colet at nedstamme fra en af William Erobrerens Ledsagere paa Togtet mod England i 1066. Se 2den Del S. 406.

[2]) Meddelt af en Descendent i England.

[3]) Nemlig „The Life of Dr. John Colet, Dean of St. Pauls,“ London 1724, S. XIII, 263 o. fl. Her findes et Slægtregister, der omtrent svarer til de 4 første mere udførlige Led i oven-staaende Stamtavle. Denne voluminøse Bog (paa over 500 Sider) er senere bleven oversat paa Tydsk af Theodor Arnold, Leipz. 1735. Dean'ens Biografi findes ogsaa i „The British Plutarch,“ London 1752. Et kort Uddrag af hans Levnetsbeskrivelse er indtaget i Anhanget.

Blandt Tegn, der tyde paa, at den norske Families Stamfader har hørt netop til Grenen fra Buckinghamshire, kan nævnes, at der i begge Linier tildels findes de samme Navne, saaledes *John*, Peter, Anna, Maria og Sara. Fremdeles er Famlievaabenet ganske det samme (medens der forøvrigt i England synes at være flere Variationer af dette Vaaben), nemlig sort Skjold, delt ved en sølverne Sparre, som er belagt med 3 sorte Ringe; paa Skjoldet 3 gaaende sølverne Hinder, 2 over, 1 under Sparren; Hjelmprydelsen 1 sølverne gaaende Hind; Hjelmdækket Sølv og Purpur. Som et Moment kan ogsaa anføres, at et Portræt efter Holbein af Dean John Colet i lang Tid har været i de herværende Collett'ers Eie, og at der er en mærkelig Familielighed mellem dette Portræt og flere af den norske Slægtlinie. Sammenholder man disse Om- stændigheder med den oven paapegede Ufuldstændighed i den meddelte Stamtavle, synes det ikke saa urimeligt at antage, at James C. har været en yngre Broder af den William C., der er angivet født i 1651. Aarene passe forsaavidt særdeles godt, da James Collett som anført var født i 1655.

Fra sit 28de Aar var han altsaa bosat her i Landet som Kjøbmand i Christiania, og omtrent samtidig har formodentlig Trolovelsen med Karen Leuch fundet Sted. Fra Forlovelsestiden opbevares endnu[1]) et smukt Minde om disse den norske Collettfamilies Stammeforældre, nemlig en Andagtsbog, indbundet i rødt Fløiel, med Navnezifrene J. C. og K. L. og prydet med Ornamenter og Spænder af Sølv. Paa Titelbladet staar følgende Digt:

„Hvo rette Vej til Salighed
Vil viiselig betræde,
Skal ej til nogen anden Sted
Henvende sig med Glæde
End til vor Frelser, Jesum Christ,
Som er den Jakobs Stie,
Paa hvilken Sjælen trives vist
Och kan fra Jammer glie
Til de udvaldes store Fryd
Blant Engler yndig Skare

Och høre den livsalig Liud,
Du sluppet er fra Fare.
Det samme lærer denne bog,
Som *Karen Leuch* foræris,
At den ej ligge skal i Krog,
Men med til Andagt bæris.
Af min dydziret halfve siæl
Gid bogen wel behagis,
Och jeg med Himlens Skiel
Til hendes Ven maa tagis.

Bragnæs Den 23 Febr. A** 1685.

James Collett."

Hans Bryllup med Karen Leuch stod i Christiania den 21de Juli 1686.

Karen var født i Christiania den 5te August 1666 og var en Datter af den forannævnte Kjøbmand i denne By, Raadmand *Peder Nilsen Leuch*[2]) og hans første

---

[1]) Paa Gaarden Holleby i Smaalenene hos Proprietær Lindemann, hvis Mormoder var født Collett.

[2]) Stiftsprovst Otto Holmboe beretter i sine (utrykte) Dagbøger for Aarene 1751—1773, at denne Peder Nilsen først var Skræddersvend og senere Bissekræmmer, samt at han paa denne Maade samlede saa megen Formue, at han kunde nedsætte sig som „Borger" i Christiania. Raadmand Leuch døde i 1693 og efterlod sig Enken Alhed Johansdatter Krefting samt 2 Søn- ner og 3 Døtre. Paa Skiftet efter ham var Boets visse Formue omtrent 21,500 Rdl. Heraf fik Karen 990 Rdl. 3 ℳ 15 ß. Bogstad Gaard, hvortil laa en stor Del af Sørkedalen, vurde- redes dengang kun til 1500 Rdl. (Se Chria. Skifteprotok. for 1693.)

Kone, *Anna Mortensdatter Ugla*[1]), der tidligere havde været gift med Kjøbmand Peder Madsen Kinck. Peder Leuch er den ældste, man kjender af denne Slægt, der i forrige Aarhundrede ved sin Rigdom og sine formaaende Forbindelser spillede en saa betydelig Rolle i vor Hovedstad, men som nu er uddød. Forbundet mellem Familierne Collett og Leuch fortsattes senere ned igjennem Tiderne, idet begge Slægter i det 18de Aarhundrede gjennem flere Menneskealdere vare nøie sammenknyttede ved indbyrdes Giftermaal og ved Fællesskab i Handel.

James Collett vedligeholdt stadig Forbindelsen med Hjemlandet, fornemmelig ved Handel, men tildels ogsaa ved Interessentskab i engelske Skibe. Han lader derhos til at have været et Slags engelsk Konsul i Norge. I 1693 nævnes han nemlig som „dend Engelske Trafiqverende Nations Factor her paa Stedet" (ɔ: Christiania) og under 15 Juli samme Aar indleverede han som saadan en Forestilling til Kongen om et af Kapere under Irland opbragt engelsk Fartøi, som var ført til Christiania. Han udvirkede derved Skipperens Løsladelse af Arresten og Udleveringen af hans Skude[2]). Ogsaa paa en anden Maade stod han i Berøring med England. I Slutningen af det 17de Aarhundrede havde nemlig endel i London bosatte danske og norske Kjøbmænd der oprettet en luthersk Menighed og bygget sig en Kirke, hvortil der oftere blev paabudt Indsamlinger i Danmark og Norge. James sees i 1715 og følgende Aar at have været Kirkens Kommissionær her i Landet, og hans yngste Søn, John, som fra 1720 tog fast Bopæl som Kjøbmand i London, var senere i mange Aar Kirkens første Forstander og virksomme Opretholder.

Ved Indtrædelsen af det 18de Aarhundrede havde James allerede erhvervet sig en anselig Formue og har da, som det synes, gjort Mine til at ville drage tilbage til sit Fødeland. Vicestatholder Frederik von Gabel indberettede dette til Frederik IV og foreslog at give Collett som en dygtig Kjøbmand Kommerceraads Titel for maaske at formaa ham til at blive i Christiania. Dette blev dengang ikke bevilget, og som Grund angaves, at James ikke havde taget norsk Borgerskab eller aflagt Ed til Kongen[3]).

---

[1]) En Datter af Sorenskriver i Aker Morten Lauritssøn til Bogstad.

[2]) Statholderskabets Suplik- og Resolutionsprotokol fra $\frac{6}{10}$ 1692 til $\frac{1}{7}$ 1693 S. 975.

[3]) I de forenede Kammeres Expeditionsprotokol No. 2 fra $\frac{1}{9}$ 1700 til $\frac{3}{2}$ 1701 findes følgende Kgl. Reskr. til Vicestatholderen, dat. 17 Nov. 1700: „*Belangende dend Engelske Kjøbmand i Christiania, James Collet, som du endnu ei skal have seet, og du formehner at skulle ville fløtte til Engelland igjen, da som hand i Norge efter din Beretning mange Aar skal have Negoticred, vundet store Midler, og Sig der endelig gift og nedsat, med videre, saa skulle Vi allernaadigst gjerne see, at hand og andre saadanne døgtige Kjøbmænd saaledes blefve tracterede, at ikke alene de, som nu er der, og sig virkelig hafve nedsat, kunde faa Løst til at blifve der, for at befordre Commercen, men endog andre fleere derved animeres at komme i Landet; som Vi dig i beste Maade allernaadigst ville hafve anbefalet. Dend foreslagne Commerce-Raads Titul for bemeldte Collet siunes os allernaadigst mere al skulle vere hannem til Hinder i hans Commerce og Kjøbmandskab end at befordre dend, kan ei vere at concedere, efterdi som du beretter, hand icke hafver vundet sit Borgerskab og aflagt Os nogen Troskabs-Ed, men i fald han skulle af Riiget, maa mand tage i agt at hand efter oprettede pacta og Vores Nordske Lov tilforne Retter for sig.*" (Se Dr. Odin Wolff's Journal for Politik, Natur- og Menneskekundskab," for Mai 1816, Side 192).

Han blev ikkedestomindre i Landet, og et Par Aar efter — nemlig den 1 Dec. 1703 — blev han udnævnt til Kommerceraad[1]).

James Collett boede først tilleie i en af Svigerfaderens Bygaarde, men den 1 August 1703 fik han af Johannes Colstrup for en Kjøbesum af 1995 Rdl. Skjøde paa den senere saakaldte „Collettgaard" i Christiania, beliggende paa Hjørnet af Kirkegaden og Toldbodgaden og nu tilhørende Boghandler Cappelen. Her flyttede James ind ved Paasketid 1704, og Gaarden forblev siden[2]) i Familiens Eie indtil 1827. Den 25 Juni 1704 kjøbte han derhos paa Auktion efter Helle Anders Hansen for 820 Rdl. 1 ℔ den tilstødende Gaard i Toldbodgaden. Her boede i en lidt sildigere Tid hans ældste Søn, Stadskaptein Collett, tilleie. Under Carl d. XII' Besættelse af Christiania i Marts 1716 blev Collettgaarden næsten ganske ødelagt[3]). Byen med de deri indkvarterede Svensker blev nemlig ved denne Leilighed beskudt af den norske Besætning paa Akershus Fæstning, og Gaarden var ved sin Beliggenhed meget udsat for Nordmændenes Kugler. Kort efter Krigen blev den opbygget i sin nuværende Skikkelse, og Gaarden har langt ind i vort Aarhundrede utvivlsomt været en af Byens anseligste Huse. Den 2etages Bygning er forsynet med Karnap og takkede Gavle ud mod Gaden; over Indgangsdøren er efter engelsk Skik anbragt en Buste, og Hjørnerne paa Taget ere smykkede med Løver, der holde Vaabenskjolde. Ved det efter Kommerceraadens Død i 1727 afholdte Skifte værdsattes Huset „beliggende mellem Morten Garvers (ɔ: den rige Morten Berner) paa den eene Side og afgangne Capitaine Colletts forhen iboende Leyegaard paa den anden Side med 15 istaaende Jernkackelofne og en til Gaarden liggende Engeløkke" til 4000 Rdl., hvilket for de Tider var en temmelig stor Sum[4]).

---

[1]) Før sin Udnævnelse kaldtes han blot „Seigneur J. C., velfornemme Handelsmand udi Chria.," men *efter* denne tituleredes han: „Velædle og velbyrdige J. C., Kgl. Majestæts Commerce-Raad."

[2]) Med 2 Aars Afbrydelse, 1759 til 1761, hvorom mere nedenfor under James Collett. Skjødet |i 1703 omfattede Hjørnegaarden „med paastaaende og hosliggende Bygning, Gaardsrum, Urtehave i Gaarden, item Dam og Vandposter, som derudi forefindes, — — — tilligemed den Kornløkke paa 4 Tønders Sæd, ved Akers Kirke beliggende, som under Gaarden hører." — — (Chria. Pantebog for 1703.)

[3]) Se „Det gamle Christiania," S. 154.

[4]) Husets 12 Værelser — hvoriblandt en Sal paa 8 Fag — vare efter Byens daværende smaa Forholde stadseligt møblerede med høiryggede Ruslæders Stole, Damaskes Forhæng, Gueridon'er, forgyldte Skabe og hollandske do. af Valnøddetræ, Speile med Glasrammer og Guldkroner over, Løibænke, røde Plydses Tabouretter og Lænestole, en hel Del Familieportrætter og „hollandske Skilderier," etc. etc. — Til Værelsernes Udsmykning hørte derhos efter den Tids Skik kunstige Porcelænsopsæt med snirklede Krukker og Løver. Sølvservicet var meget rigt; deriblandt var 1 Opsæt, vegtigt 140 Lod, 7 svære Kander, hvoraf nogle paa henved 100 Lod, 8 massive Fade, de største paa omkr. 70 Lod, en hel Del Bægere, tildels forgyldte og paa Fødder, endvidere Kopper, Smørbrikker, Øser med Louisd'orer indfattede i Skaftet, Skeer etc., alt tilsammen vegtigt over 1200 Lod Sølv. — I Baggaarden fandtes 1 „Karosse," værdsat til 100 Rdl., en Halvvogn (60 Rdl.) forskjellige Arbeidsvogne, Slæder og Karrioler. Endvidere 2 sorte Kjøreheste (vurderede for tils. 100 Rdl.) „en gammel blakket Hest" (vurd. f. 4 Rdl.!), en Ko (5 Rdl.!) og 2 Grise (1¼ Rdl. hver!). (Se Skiftet efter Kommerceraad Collett i Chria. Skifteprot. for 1727.)

Colletts væsentligste Handel[1]) med Udlandet gik paa England, Holland, Hanse-stæderne og Danmark, og det lader til, at han hovedsageligt har handlet med Trælast, Korn, Metaller og Salt, og at han allerede tidligt har drevet Forretningerne en gros[2]). James sad derhos i en større Virksomhed som Skibsreder. I 1705 og føl-gende Aar nævnes han som Medreder i Skibene „Christiania,“ „Sancte Johannes,“ „Catharina“ og „Jomfru Anna,“ af hvilke de to første vare armerede og hørte til de saakaldte Defensionsskibe, der i Krigstider kunde bruges som Orlogsmænd, hvorfor de nød endel Privilegier med Hensyn til Told og Skibsafgifter. Fremdeles eiede han Parter i Skibene „Alby,“ „William & Mary,“ „Oldener“ og „The constant Ann,“ om hvilke det heder, at de stedse vare i udenrigsk Fragtfart og altid overvintrede i Eng-land. Paa Grund af Navigationsakten[3]) var det ogsaa fordelagtigst for Handelen paa det nævnte Land, at Skibene seilede under engelsk Flag.

I Krigen med Svenskerne (1709—1720) led Kommerceraad Collett betydelige Tab. Den 3 Mai 1721 omsendtes paa Kongens Befaling en Liste til Christiania Bor-gere, hvorpaa de skulde optegne de Tab, de havde lidt i Krigsaarene, og James angav da at have mistet Varer og Skibe for et Beløb af 32,467 Rdl. 26 β[4]).

---

[1]) Engang synes han at have været indviklet i en for Christianias Handelsstand overhovedet tem-melig kompromitterende Sag. I 1705 blev nemlig en derværende Tolder sat under Tiltale for en større Toldsvig, og efterat en almindelig „Pardon“ var bleven tilsagt alle dem, der maatte have kolluderet med Tolderen, naar de kun vilde meddele alle fornødne Oplysninger, kom det frem, at over 60 af Byens Borgere og Embedsmænd vare mere eller mindre implicerede i Sagen. Blandt de Navne, der nævnes ved denne Leilighed, er ogsaa James Colletts. Se Daae: D. gl. Chria. S. 58—59.

[2]) Saaledes findes han den 3 Jan. 1688 i Chria. at have afsluttet en Kontrakt med Landkommis-sær Frederik Mercker om at levere 200 Sk℔ engelsk Bly til Staten for en Pris af 1900 Rdl. Af denne Kontrakt, der findes i det norske Rigsarkiv, sees det, at James skrev sit Familienavn med 2 l'er og 2 t'er, og Seglet underneden er ogsaa overensstemmende med Familiens nuværende.

Kommerceraadens Fuldmægtig var Henrich Henrichsen Calmeyer, der døde 1747 som Stadsmajor i Christiania, og fra hvem Calmeyer-Familien nedstammer. En anden betroet Mand var Tjeneren Peder Gjerdrum.

[3]) Se om dennes hemmende Indflydelse paa Chrias. Handel og Skibsfart „D. gl. Chria.“ S. 81—82.

[4]) Nemlig ved: a) Skibet „Jomfru Anna,“ 225 Læster, taget af Svensken paa
en Reise til Portugal; heri eiede han ¼ = ... 5000 Rdl. „ ℔ „ β
   b) Skibet „Treenighed,“ ligeledes opbragt 1710; eiede ¼ af
Ladningen = ... 1017 — 1 - 2 -
   c) Skibet „Cathrine,“ opbragt af Svensken; med dette tabt
Varer for . . . . 375 — „ - „ -
   d) Et af Fienden jaget Skib, der af den Grund forliste i
Beltet med 140 Sk℔ Jern og Bly . . . . 1247 — 2 - „ -
   e) Et Skib, opbragt af Svensken, deri Jern for . . . . . 680 — „ - „ -
   f) Ligesaa tabt Ladning i et Skib 1711 . . . . 1147 — 2 - „ -
   g) Et strandet Skib 1711; deri ¼ og hele Ladningen . . . 6000 — „ - „ -
   h) Et do. do. 1715; deri ¼ . . . . 2000 — „ - „ -
   i) Ladninger i befragtede Skibe for . . . . 7000 — „ - „ -
   k) Ved Fiendens Ophold i Christiania berøvet i Varer og Penge 8000 — „ - „ -

   Tilsammen 32,467 — 1 - 2 -

(Rigsarkivar Langes Samlinger i Rigsarkivet.)
Nogen Skadeserstatning har han dog neppe faaet. Derimod tillod Kongen under 15 Mai

I 20-Aarene arþeidede han sig atter betydeligt op, og af Byens Skifteprotokoller synes at fremgaa, at han paa den Tid var Christianias rigeste Kjøbmand. Foruden Bygaarden og den førnævnte, af Sønnen Stadskaptein James Collett, beboede Leiegaard (vurderet til 1000 Rdl.) besad han følgende Eiendomme: 1) Sex Søboder og to Jernboder paa Bryggerne samt en Lade ovenfor „Grændsen" (tilsammen værdsat for 2500 Rdl.). 2) Sollerud Gaard ved Lysakerelvens Udløb, (kjøbt den ³⁰⁄₉ 1724), med tilhørende Kværn samt en Sag, hvorpaa der aarlig blev skaaret 5400 Bord (tils. 1500 Rdl.). 3) Gaarden Furusæt i Akers Pgj. (600 Rdl.). 4) Engestykket Holtet sammesteds (400 Rdl.). 5) Trosvig Gaard paa Rolfsøen ved Fredriksstad, med Bygsel og Herlighed. (Denne betydelige Eiendom, der før ham synes at have været eiet af Englænderen, Kommerceraad Arthur, blev vurderet til 4400 Rdl.). 6) 2de Bygninger paa Stranden sammesteds, opbygget med Bolverk (1081 Rdl.). 7) Varilds- og Merildsbruget i Eidskogen. 8) Sigdals Tiende (1000 Rdl.). Endelig eiede han ⅛ i Odals Jernverk, der imidlertid var „bekjendt at være af fast ingen Værdi, formedelst Verket ligger øde." En Tidlang var Kommerceraaden ogsaa Eier af en „Urtehauge med hosstaaende Vaaning, beliggende strax uden Volden" (kjøbt af Torsten Aronsen d. ⅑ 1703) samt af en betydelig Tomt ligeoverfor det forrige „Hôtel du Nord" med Façade baade mod Dronningens Gade og Skippergaden. Denne Tomt solgte han til Monⁿ Johannes Theiste d. 10 Mai 1720.

Nogle Aar før sin Død forærede James sammen med 3 andre Borgere al den Tagsten, hvormed Vor Frelsers Kirke i Chria. dengang blev tækket. Ligeledes skjænkede han til denne Kirke 6000 Lastebord og endelig Bly for over 200 Rdl. (Justitiarius Bergs Genealogica i Rigsarkivet.)

Kommerceraad Collett døde i Christiania den 5 Juni 1727, henved 72 Aar gammel. Paa det Portræt, der findes efter ham, er han afbildet som en alvorligt udseende Mand med mørk Hudfarve og Paryk à la Louis XIV. Han bisattes i et af ham for Familien opbygget Gravkapel, til hvis Vedligeholdelse han havde bestemt, at der aarlig skulde anvendes et vist Beløb. Kapellet var opført i Rokoko af huggen engelsk Sandsten, og i Muren var indfældet Familiens Vaaben i Marmor. Det stod paa den Del af Byens gamle Kirkegaard ved vor Frelsers Kirke, der nu optages af Brandvagten, men blev af Kommunen nedrevet omkring Aaret 1835[1].

1722 „efter Os elskelige James Collett vores Kommerceraad, hans herom allerunderdanigst gjorte Ansøgning og Begjæring og udi allernaadigst Henseende til den store Skade, som han udi seneste Krigstider haver lidt — — —, at hans Søn Peter Collett og hans Kompagnon Peter Leuch af vor Kiøbsted Christiania maa for alle borgerlige og Byes Bestillinger og Forretninger være fri og forskaanede, dog skal de derimod være forpligtet deres Borgerskab der at tage" etc.

[1]) Senere ud i forrige Aarhundrede fulgte Familierne Leuch og Anker Exemplet og opbyggede hver sit Gravkapel ved Siden af det Collettske. Alle 3 Bygninger nedreves omtrent samtidig; Kisterne nedsattes i Kjælderen under vor Frelsers Kirke. Marmor-Vaabenet findes indmuret paa Justitssekretær Colletts Eiendom Framnæs ved Christiania.

Hans Bo udgjorde i ren Nettoformue 84,034 Rdl. 55 β,, hvortil kom de uvisse Fordringer, der beløb sig til 26,662 Rdl. 25 β. Man fandt efter ham en egen Regnskabsbog over de kommercielle Tab, han havde lidt fra Aaret 1676 — da han efter eget Opgivende begyndte sin Virksomhed som Kjøbmand — indtil 1726, og deri var opregnet alle Slags Skade for tilsammen over 92,000 Rdl.[1]).

Hans Enke fik af den efterladte Formue 49,656 Rdl. 75 β og blev derved bl. A. Eier af begge Bygaardene og af Trosvig og Furusæt (som hun dog den ⅕ 1729 for 600 Rdl. solgte til Arnt Thorstensen), samt endelig af Hakedals Jernverk, hvilket hun maatte overtage for den forrige Eiers, Sidsel sal. Lars Robsahms Gjæld til Kommerceraadens Bo. Den ₁₋₁₁ 1733 fik hun af Bergamtet Skjøde paa dette Verk, som hun drev i Fællesskab med sin Brodersøn Peder Leuch, og som hendes Dødsbo atter den ¾ 1748 solgte til Kammerraad Hans Sverdrup for 8000 Rdl. Foruden Hakedals Jernverk drev hun ogsaa endel Jord- og Sagbrug, hvoraf de vigtigste vare: Hære[2]), Levesby, Kværk (med tilhørende værdifulde Tømmerlændse), den betydelige forhenværende adelige Sædegaard Ulveland[3]) med underliggende Søndre Skot og Kopperud, alle i Ekers Præstegjeld, Trosvig ved Fredriksstad og Merilds- og Varildsbruget i Eidskogen. Den øvrige, af Kommerceraad Collett drevne, Handel opgaves af Enken og blev overtaget af deres ældste gjenlevende Søn Peter, der i Kompagni med Fætteren Peder Leuch allerede i flere Aar havde drevet Forretninger under Firma „Collett & Leuch."

Karen Collett overlevede sin Mand i 18 Aar og døde først i Christiania den 26de Oktober 1745, over 79 Aar gammel. Hun blev foreløbig bisat den ₁₋₁₁ 1745, men indsattes senere med megen Høitidelighed i det Collettske Gravkapel. Familien fik ved denne Leilighed i aabent Brev af 17 Jan. 1746 Kgl. Dispensation fra Budet i Forordningen af 7 November 1682 § 14 om, at foruden Forældre, Børn, Søskende eller Arvinger kun 6 Par Mandfolk, men ingen Kvindespersoner maa følge den Afdøde til Graven.

Resid. Kapellan, Professor Hans Alexandersen Bork har i sine „Grav-Skrifter over endeel av-dødde Venner av adskillige Kjøn, Stand og Vilkor," udgivne i Chria. 1751, skrevet følgende Gravskrift over denne Collettfamiliens Stammemoder her i Landet:

„Over
„Vel-ædle og Velbyrdige, nu Salige Frue
„*Karen Leuch*,
„Fød
„udi Christiania den 5 Augusti 1666

---

[1]) Bogen omtales i Skiftet. Se Chria. Skifteprotokol for 1727 i Rigsarkivet.

[2]) Den solgtes ved hendes Død af Boet.

[3]) Stiftamtmand Wilhelm de Tonsberg, der eiede Ulveland ved sin Død i 1731, skyldte Kommerceraad Collett 9581 Rdl. 44 β ifølge Pantebrev af ½ 1724. Se Skiftet efter Kmceraaden i Chria. Skifteprot., Rigsarkivet. Formodentlig har Tonsbergs Arvinger overdraget Gaarden til Karen Collett.

„Gift
„med Vel-ædle og Velbyrdige, nu Salige
„*James Collett* den 21 Julii Anno 1686,
„Død
„Sammesteds den 26 Octobris Anno 1745.

„En gammeldags og denne Tids ærværdige Matrone,
„Som paa Retfærdighedens Vej bar graa Haars Æres-Krone,
„Navnkundig Ind- og Uden-lands i Øst Syd Vest og Norden,
„Av Børn og Børne-Børns Flok, som blomstrer over Jorden,
„Berømmelig i denne Stad blandt Højeste og Lave,
„Som skiønner paa den ædle Dyd og Naadens rige Gave,
„Paa Glædens Dag i Ægte-stand, sagtmodig imod alde,
„I Sorgens Nat, og Enke-stand taalmodig drak sin Galde,
„Mod sine Egne Moderlig, mod sine Venner kjærlig,
„Imod den Arme Hjælpe-rig, imod Jevn-Christen ærlig;
„En Soel udi sit eget Huus, en Stierne i GUds Tempel,
„Hvis Lys i Liv og Lidelse staaer Verden til Exempel,
„I Tro, i Haab, i Kiærlighed, som kiæmpede bestandig,
„Indtil den sidste Fiende hun övervandt saa mandig,
„At Hun var aldt fra Verden død, før hun av Verden.dødde,
„Men sin Attraa til JEsu Skiød med Aandens Giensvar fødde:
„Kort sagt: Saa skiøn en Lammets Brud gaar nu til Gravens leje.
„Vi Rygtet har, men Siælen GUd i Salighed til Eje.“

Boet efter Karen Collett udviste en Netto-Formue af 33,662 Rdl. 16 β, der udloddedes til 21 Arvinger, 3 Børn og 18 Børnebørn. Collettgaarden kjøbtes af den eneste gjenlevende Søn, John Collett i London, for 3520 Rdl., og Leiegaarden ved Siden af solgtes til Visitør Petersen; Trosvig afhændedes til Familien Wærenskjold, Ulveland med Skot og Kopperud blev tilskjødet Gabriel Smith i Drammen, og Merilds- og Varildsbruget overtoges af Huset Collett & Leuch.

James Collett og Karen Leuch havde følgende 9 Børn, alle fødte i Christiania:

1) *James*, født d. ⁹⁄₇ 1687, blev Kjøbmand og Stadskaptein i Christiania; gift med Karen *Berg* og † d. ⁴⁄₇ 1724.

2) *Peter*, f. d. ²¹⁄₅ 1688, † d. ²³⁄₈ samme Aar.

3) *Peter*, f. d. ¹⁄₆ 1689 (døbt d. ⁸⁄₆), † d. ²⁴⁄₈ samme Aar.

4) *Anna*, f. d. ¹⁄₈ 1690, gift med Kbmd. og Stadsmajor i Christiania Anthoni *Müller* og † i Aachen d. ¹⁴⁄₁₁ 1729.

5) *Peter*, f. d. ⁶⁄₈ 1691, † d. ¹⁹⁄₁₀ samme Aar.

6) *Peter*, f. d. ⁹⁄₇ 1694, blev Kjøbmand i Christiania, g. m. Anna Catharina *Rosenberg* og † d. ⁸⁄₇ 1740.

7) *Maria*, f. d. ²⁴⁄₁₁ 1695, g. m. 1) Zahlkasserer i Christiania Poul *Weyby*, 2) Magistratspræsident i samme By, Justitsraad Peter *Resen*; † d. ¹⁴⁄₁₁ 1762.

8) *John*, f. d. ²³⁄₇ 1698, blev Kjøbmand i London, g. m. Ambrosia Bornemann f. *Michelsen* og † i London d. ⁹⁄₇ 1759.

9) *Sara*, f. d. ¹⁄₇ 1702, g. m. Etatsraad, Kbmd. i Tr.hjem Lorents *Angell*, og † d. ¹⁴⁄₃ 1756.

De af disse Børn, der bleve voxne, findes anførte under 2den Generation.

2den Generation.

Kommerceraad James Colletts Børn.

I. Stadskaptein JAMES COLLETT og Hustru KAREN BERG.

Den ældste af Kommerceraadens Børn, *James Collett* — „junior,“ som han kaldtes i Modsætning til Faderen, — fødtes i Christiania den 19 Mai 1687, men findes ikke anført i Ministerialbogen som døbt i denne By. Han var Kjøbmand i Christiania ligesom sin Fader og boede i dennes Leiegaard i Toldbodgaden ved Siden af „Collett-gaarden,“ men synes at have drevet Handel uafhængig baade af Kommerceraaden og af sine tvende yngre Brødre. James var gjennem flere Aar Stadskaptein i sin Fødeby, ɔ: han stod i Spidsen for Borgervæbningen, drog Omsorg for Byens Brandvæsen og var den, der samlede Borgerne til offentlige Møder. Da dette ulønnede kommunale Hverv medførte baade Udgifter og Tidsspilde, var dets Indehaver efter gammel Sæd fritaget for at betale Skatter[1]). Stadskaptein Collett døde i Christiania før sine For-ældre d. 4 Juli 1724 og blev begravet Dagen efter. Hans ringe Bo viste et Underskud af 333 Rdl. 81 β.

22 Aar gammel var han d. 17 Sept. 1709 i sin Fødeby bleven gift med *Karen Madsdatter Berg*, født i Christiania 1687 — døbt d. 10 Febr. — og Datter af Kjøbmand *Mads Olsen* († 1693) og *Dorothea Pedersdatter Müller*, en Søster af nedennævnte Stadsmajor Anthoni M. Paa Skiftet efter Bedstefaderen, Raadmand Peder Pedersen Müller, der døde 1714 og efterlod sig en Netto-Formue paa over 65,000 Rdl., arvede Karen Berg 1214 Rdl. 65 β. Hun overlevede sin Mand i 20 Aar og boede som Enke i længere Tid paa Gaarden Øvre By i Fet Sogn, hvor hun døde den 9 Marts 1744 (begravet i Christiania d. $\frac{28}{3}$ s. A.). Hendes Bo var høist ubetydeligt.

Stadskaptein Collett og hans Hustru havde 6 Børn, alle fødte i Christiania:

1) *Mathias*, gift med Beata *Løwe* og † som Amtmand over „Oplandenes Amt“ Vaa-ren 1759.
2) *James*, døbt d. $\frac{6}{8}$ 1710, † i Christiania 1713 (blev begravet d. $\frac{27}{11}$ s. A.).
3) *Karen*, født d. $\frac{16}{12}$ 1711, g. m. Byskriver i Chr.sand Iver *Tyrholm* og † d. $\frac{23}{2}$ 1761.
4) *James*, døbt d. $\frac{18}{12}$ 1713, † i spæd Alder.
5) *James*, døbt d $\frac{24}{1}$ 1715, begravet i Christiania d. $\frac{28}{4}$ 1715.
6) *James*, døbt d. $\frac{8}{11}$ 1717, † paa Søen den $\frac{2}{6}$ 1738.

De af disse Børn, der bleve voxne, findes anførte under 3die Generation.

---

[1]) Der var sædvanligvis 2 Stadskapteiner og undertiden over dem en Stadsmajor. I 1714 var James Stadskaptein sammen med sin Morbroder Morten Leuch. — Skattefriheden bortfaldt ved Rescript af $\frac{11}{10}$ 1745.

II. ANNA COLLETT, gift med Kjøbmand og Stadsmajor ANTHONI MÜLLER.

Anna Collett, Kommerceraadens ældste Datter, var født i Christiania d. 11 Aug. 1690 (døbt d. 14 s. M.). 19 Aar gammel blev hun i sin Fødeby — d. 14 Aug. 1709 — gift med Kjøbmand og Stadsmajor (ɔ: Stadshauptmand)[1] i Christiania *Anthoni Müller*, født der i September 1678 (døbt d. 13 s. M.). Han var en Søn af Kjøbmand i denne By, Raadmand *Peder Pedersen Müller* og Hustru *Karen Olsdatter Gjerdrum* († 1694). Hans ældre Broder, Løitnant Ole M., var gift med Christine Ancher, en Datter af denne Families Stamfader her i Landet, Erich Ancher. — Fra sin tidlige Ungdom laa Anthoni paa Søreiser til Udlandet, idet han paa eget Fartøi selv førte sine Varer til den fremmede Markedsplads. Senere gik han ogsaa Faderen tilhaande i dennes omfattende Virksomhed som Brugseier og Trælasthandler. Peder M. døde d. ⁴⁄₇ 1714 og efterlod sig en Formue paa 65,592 Rdl. 16 ß, hvoraf der tilfaldt Anthoni 14,576 Rdl. 16 ß[2]). Løitnant Ole Müller var egentlig som den Afdødes ældste Søn den Nærmeste til at overtage de faste Eiendomme, men den 27 Nov. 1708 havde Raadmand Müller med Kgl. Bevilling oprettet et Testament, hvorefter hans Søn, Anthoni, som han havde „befunden døgtigst og bedst til at forestaae Saugbrug og Jordegods at bevare,“ og som „længst udi disses Drift fornøielig havde betient“ ham, efter hans Død for 8,940 Rdl. skulde overtage de fleste af Brugene. Ifølge dette Testament og ved senere Kjøb i Broderens Dødsbo blev Anthoni bl. A. Eier af følgende Landeiendomme: Løes, Sørbye, Grøstad og Kurud i Næsoddens P.gjæld, Midtsjø og Taraldsrud i Krokstad, Slaastad med Qvisler i Søndre Odalen, Strøm, Moe, Nordre Holm og Houger i Skedsmo, Grorud og Søndre Ammerud med tilhørende Sagbrug i Aker (begge kjøbte efter Broderen), og endelig *Stubbe-Ljan* ved Bundefjorden, det betydeligste af alle Eiendommene. Ljan eller Hvidebjørn, som den dengang kaldtes efter det største af de underliggende Sagbrug[3]), havde Raadmand Müller i 1669 kjøbt af Kommandant paa Akershus Fæstning, Oberst Opitz, men dette Gods værdsattes endnu i 1739 — da Priserne dog stode lavt — kun til 5 à 6000 Rdl. Paa Ljan boede Müller om Sommeren, men hver Høst flyttede han ind til Christiania, til sin Bygaard i Kongens Gade.

Anthoni Müller og Anna Collett havde 8 Børn, hvoraf følgende 7 bleve voxne:
1) *Peder* Müller, f. 1713, blev Kjøbmand i Christiania; gift; 1 Søn og 2 Døtre[4]).
2) *James*, f. 1714, blev borte paa Søen.
3) *Frederik* Christian Anton, f. 1716, blev Officier; gift med Ingeborg *Daries*, 1 Søn og 1 Datter.

---

[1]) Se Noten paa forrige Side.

[2]) Ved Svigerfaderens, Kommerceraad Colletts Død arvede derhos hans Hustru 3819 Rdl. 3 ß.

[3]) Under Ljan laa desuden Øvre Prinsdal, Fløisbond, Sandbugten, Vasbunden, Ekornrud og Kullebunden.

[4]) Af Døtrene blev den ene, Anna Magdalena, gift med Etatsraad og Stiftamtm. Schouboe, Fader til Statsraaden og Statssekretæren af samme Navn.

4) *Morten*, f. 1718, Assessor og Sorenskriver, g. m. Else Cathrine *Tobiesen*. 4 Sønner og 3 Døtre[1]).

5) Peter *Johan*, f. 1719, Sognepræst til Gjerdrum, g. med en *Krogh*.

6) *Karen*, f. 1722, blev g. m. Sorenskriver paa Eker Otto Larsen *Daries*. 4 Sønner.

7) *Sara* Marie, f. 1726, g. m. Kammerraad og Kbmd. i Trondhjem, Flensborgeren Hilmar *Meincke*[2]), der har gjort sig fortjent ved at skjænke endel Legater til Stiftelser i Trondhjems By.

Moderen, Anna Müller, døde den 14 Nov. 1729 i Aachen, hvor hun var reist hen for sin Sundheds Skyld. I 1739 skiftede Anthoni med Børnene, og Boets beholdne Formue blev da anslaaet til 16,415 Rdl. 3 ₰, hvoraf han selv fik Halvparten samt en Broderlod af Resten. Han døde i Christiania d. 8 Juni 1748, 70 Aar gammel, og efterlod sig 8013 Rdl. 70 β. Bygaarden solgtes paa Skiftet til nedenanførte Præsident Feddersen for 2355 Rdl. Det halve Grorud og halve Ammerud kjøbtes af Iver Elieson for tils. 2420 Rdl., og paa Stubbe-Ljans og Hvidebjørns Hovedbrug fik Justitsraad Poul Vogt d. 29 Dec. 1749 Skjøde for 3911 Rdl. De mindre Brug afhændedes til Forskjellige.

III. Kjøbmand PETER COLLETT og Hustru ANNA CATHARINA ROSENBERG.

Peter, den mellemste af Kommerceraad Colletts 3de Sønner, der naaede voxen Alder, fødtes i Christiania d. 29 Juli 1694 og blev døbt d. ⅔ s. A.

Han valgte sin Faders Levevei og blev ligesom denne Kjøbmand i Christiania. Ved Aaret 1716 findes han at have gaaet i Kompagniskab med sin omtrent jevnaldrene Fætter, *Peder Mortensen Leuch*[3]), og det af dem stiftede Handelshus „*Collett & Leuch*[4]) fortsattes senere af deres Sønner James Collett og Morten Pedersen Leuch, ja Navnet

---

[1]) En af Sønnerne var Sorenskriver John Collett M., hvis Datter Anne Cathrine M. blev gift med Eidsvoldsmanden, Amtmand Blom.

[2]) Af deres 2 Børn blev 1 Søn voxen: Justitsraad og Kommitteret i Rentekammeret Lor. Angell Meincke.

[3]) I Stiftsprovst Otto Holmboes utrykte Dagbogsoptegnelser for d. 24 Jan. 1768 kaldes han „den brave og berømmelige Peder Leuch." — I en af N. Dorph forfattet trykt „Liigtale over sal. Madame Karen Tanke, sal. Hr. Berent Anchers Efterleverske" benævnes han som „den af Dyder berømmelige, udi Handel anseelige og for Chria. Bye u-mistelige Mand Sr. Peder Leuch." Talen, der findes paa Univ. Bibl., er holdt i 1758, 12 Aar efter Leuchs Død.

[4]) Huset „Collett & Leuch" nævnes i Anledning af en større Vexelforretning d. ⁴⁄₇ 1716. Kommerceraad C. synes ikke at have været Medlem af Firmaet; i 1727 anføres saaledes „Messrs Collett & Leuch" at være Kommerceraadens Dødsbo skyldige omtr. 5,400 Rdl. Heller ikke Peters 2de Brødre vare delagtige i dette Handelshus.

bibeholdtes endog efter den Sidstes Død i 1768 og ombyttedes først henved Aaret 1785 af Firmaet „*Collett & Søn.*" — Ved Kommerceraadens Død i 1727 blev Husets Virksomhed betydeligt udvidet, idet Peter som ældste gjenlevende Søn da indtraadte i Faderens omfattende Forretninger og optog disse i Fælleshandelen med Leuch. Paa det fædrene Skifte tilfaldt der ham forøvrigt en Arvelod af 7639 Rdl. 2 ₰, hvorfor han bl. A. overtog Boets Søboder i Christiania, Skibsparterne og Gaarden Sollerud[1]) ved Lysakerelvens Udløb. · Hertil føiede Peter Collett endvidere Dælenengen i Aker og det i Skedsmo beliggende Braatebrug, bestaaende af Gaard og Sag, og kjøbt for 7000 Rdl.

Begge Kompagnon'er vare driftige Kjøbmænd, der efterlode sin Slægt en for de Tider overordentlig Formue, og under dem og deres Børn hævede de to Familier sig overhovedet til et høiere Trin af social og kommerciel Betydning inden Christianias „Kjøbmandspatriciat"[2]). Dertil bidrog vistnok specielt for Collettfamiliens Vedkommende, at et Par af Peters Sønner sloge ind paa Embedsbanen, og at alle hans 5 Døtre bleve gifte med høierestaaende Embedsmænd og Rangspersoner, Noget som efter de daværende Forhold virkede i særlig Grad til at give Slægten Anseelse.

Collett & Leuchs væsentligste Forretninger bestod i Handel med Trælast, der fornemmelig gik til England. Lasten blev for en Del produceret i Husets egne Skove og tilskaaret paa dets talrige Sagbrug. Af saadanne Eiendomme nævnes foruden ovenanførte tillige: Dals Sag ved Akerselven, Barbøls Sagbrug i Enebak, en Part i Troldhulbruget i Fet, Slattum Gaard med Sag og Pladsen Markerud i Nittedalen[3]) samt Halvparten af Løitens og Rommedals Almenninger.

De tvende Kompagnon'er forsøgte sig ogsaa — men med langt mindre Held — i en herfra forskjellig Bedrift. Den ⅔ 1737 fik de nemlig som Hovedmænd for et i dette Øiemed dannet Interessentskab Kongens Tilladelse til under Ekeberg ved Christiania paa den saakaldte „Tolderløkke" at oprette et *Alunverk*, formodentlig det eneste Anlæg af dette Slags i vort Land indtil denne Dag. For Afstaaelsen af Tolderløkken erlagdes en aarlig Afgift af 92 Rdl. 10 β til den Kgl. Kasse. Med Bevillingen erholdt Verket, som efter Kongen og Dronningen kaldtes „Christians og Sophia Magdalenas Alunverk," Told- og Tiendefrihed, hvorhos Interessenterne fik Tilladelse til frit at tage Alunskiferen i Ekeberg paa Oslo Hospitals Grund. De havde imidlertid, trods sine store Privilegier, kun liden Lykke med det nye Anlæg. De udenlandske Mestere, som vare antagne i dyren Domme, begik nemlig flere Feil i Tilvirkningen, hvilket gjorde, at Alunverket ikke kunde konkurrere med Udlandet, og efter nogle Aars uheldig Drift blev Interessentskabet endelig nødt til med et Tab af 20—30,000 Rdl. ganske at nedlægge Verket. Dette skede dog først efter Peter Colletts Død. Senere, i 1758,

---

[1]) Atter afhændet af hans Enke d. ⅔ 1741 til Torger Eriksen for 2000 Rdl.

[2]) Jfr. „Det gl. Chria." S. 58.

[3]) I Christiania eiede Collett & Leuch den Gaard i Raadhusgaden, som nu tilhører Grosserer Hesselberg. Den afkjøbtes d. ¹⁰⁄₃ 1736 Alexander Gjerdrum for 1150 Rdl. og solgtes atter d. ¹²⁄₉ 1748 af Boet til Marc. Møller for 700 Rdl. I Begyndelsen af dette Aarhundrede eiedes Gaarden en kort Tid af nedennævnte (titulær) Overkrigskommissær Otto Collett.

kjøbte hans Søn, James, hele Alunverket ved Auktion for 362 Rdl.[1]).   Peter var lige-
ledes interesseret i et andet Bergværksforetagende, idet han d. 2 Jan. 1740, faa Dage
før sin Død, ved Kjøbet af 12 Kuxer blev Medlem af et da oprettet Interessentskab i
Frederiksgaves Kobberverk i Gudbrandsdalen.   Dette blev et Par Aar efter slaaet sam-
men med Foldalens Kobberverk i Østerdalen og dreves senere med afvexlende Held,
men undertiden ogsaa med Tab, indtil det i 1826 kjøbtes af Røraas Kobberverk[2]).
Paa Skiftet efter Peter Collett og hans Hustru værdsattes hver enkelt Kux til 1000
Rdl., og Verket regnedes paa den Tid for et meget lønnende Foretagende.

Den 18 November 1722 ægtede Peter Collett i Christiania sin 23aarige Kusine,
Anna Catharina Rosenberg. Et Par Maaneder før Giftermaalet havde han — d. 3 Juli
1722 — paa Auktion for 1000 Rdl. kjøbt en Gaard paa Hjørnet af Raadhusgaden og
Nedre Slotsgade, og i denne Bolig flyttede Ægtefællerne ind.   Ligeledes eiede han en
Have med et lidet møbleret Hus i „Vaterlands Storgade" (o: den nuværende Storgade).
Bygaarden talte 12—14 Værelser, og Indboet[3]) maa ifølge Christiania Skifteprotokol (for

---

[1]) Se om Alunverket Rektor Rosteds Beretning i „Topographisk Journal" 1793, 3die Hefte.

[2]) Se Krafts Norges Beskrivelse 2den Udg. I. Side 335 o. flg.

[3]) Husets Udstyr og øvrige Anordning, der betegner Smagen inden Christianias rigere Kjøbmands-
kredse i første Halvdel af forrige Aarhundrede, var omtrent saaledes:
„Storstuen" — paa 8 Fag — var møbleret med „engelske" forgyldte Speile og Kon-
soller med tilhørende Lampetter, „engelsk" Thebord og Guldlæders Stole; for Vinduerne
blommede og stribede Kammerdugs Gardiner og udenpaa dem hvide Damaskes do.   Blandt
Værelsets Prydelser nævnes et Sæt kinesisk Porcelæn med Løver, Figurer og Krukker samt
et japanesisk Chokoladestel.   Derfra kom man til „Visitstuen," hvis Møblement bestod af
Guldlæders Stole „med Billedhuggerarbeide" samt Lænestole og Taburetter omkring et Mar-
morbord med forgyldt Fod.   Mellem Vinduerne med sine „Kammerdugs- og grønne Bastes"
Gardiner hang et „engelsk" Speil med hvid lakeret Ramme og Lampetter paa Siderne.   Væg-
gene vare prydede med Portrætter af Kongehuset, Kobberstik og Rødkridtstegninger.   „Dag-
ligstuen" var udstyret omtrent paa samme Maade.   I det saakaldte „Brudekammer" fandtes
Speil med sort lakeret og forgyldt Ramme, 1 Sengested med grønt og hvidt Damaskes Om-
hæng og et andet med brunt do., udstoppede „engelske" Stole, betrukne med rød Camelot,
Taburetter, Natbord, 5 store Lampetter, Gardiner besatte med hvide Silkesnorer etc.   „Seng-
kammeret" var udstyret med Chatol, Skabe med Glasdøre, Sengested, Speile, Borde med grønt
Fløiels Dække, Stole med grønne Kallemankes Puder, Skilderier, Porcelænsopsæt, Marmorbord
med forgyldt Fod m. m.   I „Salen" paa 4 Fag fandtes ligeledes Marmorborde, Speile, Malerier
etc.   Op til „Skolen" stødte „Jomfru-Kammeret," hvor der var adskillige Speile, Skabe, The-
bord, 1 „ostindisk" Natbordspeil med Chatol etc.   „Collett'ernes" (o: Sønnernes) Kammer var
solid møbleret med Slagbord, Stole, 1 Topseng m. m.   I Huset fandtes forresten „Kontorstue,"
Tjenerkammer, Pigekammer, Drengestue, Kjøkken, Fadebur og ydre Bekvemmeligheder.   I
Gaarden var en „Helvogn med 12 Speilglasruder," 1 Halvvogn, 3 „hollandske" Karrioler, flere
Chaiser, Arbeidsvogne og Slæder, hvoriblandt en Fruentimmerslæde med „Billedhuggerverk,
forgyldt og med prægtigt Skind"; endelig 2 røde Stadsheste, 1 Ko, Grise etc. — I Husets Sølvtøi
var der udfoldet megen Rigdom.   Der fandtes saaledes 2 Sølvopsæt, det ene paa 134 Lod; 3 The-
kjedler af Sølv, hvoraf den største veiede 112 Lod; 3 Kander paa 70 Lod og nedover; 3 Sølv-
lamper; 15 Bægere og Boller paa 144 Lod og nedover; fremdeles 5 Fade paa mellem 50 og 60
Lod hver, henimod 100 Sølvskeer, 3 Dusin Sølvknive med Gafler, 4 Par Armstager, de største
paa 118 Lod. m. m. m.   Den samlede Vegt udgjorde omtr. 2700 Lod Sølv.   Blandt Prætiosa
nævnes flere kostbare Daaser, indlagte i Guld, Ringe med „Stene" i, Gulduhr og Braceletter,
Spænder og Balsombøsser af Guld, besatte med Perler, Guldæg, Skildpaddes Skrin, indlagt i

1747) for hine Tider have været meget luxuriøst. Møblerne vare for en væsentlig Del anskaffede fra England, og i det Hele synes engelsk Smag og engelske Skikke at have været fremherskende inden Familien, Noget som — foruden at det laa i Tidsaanden — vistnok særlig maa tilskrives Landsmandskabet og Husets nøie Handelsforbindelse med det nævnte Land.

Peter Collett[1]) døde i Christiania den 8 Januar 1740 og blev d. ⚳ 1740 bisat i det af Faderen opbyggede Collettske Gravkapel. Den foran (Side 8) nævnte Præst, *Hans Alexandersen Bork* har i sine trykte Gravskrifter givet ham følgende Eftermæle:

„En Christen uden Hykleri,
    En Mand af reent Gemytte,
For Verdens Ræve-Rænker fri,
    Vi nu til Graven flytte.

En Mand u-mistelig for det
    Almindelige Bæste,
Som Haand og Hjerte aabned let
    For sin betrængte Næste.

Forsynlig Huusbond for sit Huus,
    For sin bedrøvet Mage
Et glædeligt og yndigt Lus,
    Som hun maa slukt beklage.

En Fader kjærlig med Forstand
    For sine otte Poder,
En lydig Søn, ja meer end Mand
    For sin bedaget Moder.

Mod sin Med-Broder Broderlig
    Sam-Sind i Lyst og Nøden

Som Jonathan og David sig
    Forbandt i Liv og Døden.

Trofast imod hver udvalt Ven,
    Mod alle Folk oprigtig,
I Omgang og i Handelen,
    I Ting og Tid forsigtig.

Uryggelig paa Sandheds Grund
    Han stod ved Tro og Love,
End Mangens en meer paa hans Mund
    Man torde sikker vove.

Fornøiet og forligt med GUd
    Han Liv med Død forandred,
Da Hjertet brast ved Smerte-Skud
    Til Himm'len Sjælen vandred.

Den Dette skrev ej kunde meer,
    Men haaber at Han nyder
Deel i hans Borgerskab og seer
    Den Salighed ham fryder.“

Hustruen, Anna Catharina Rosenberg, var en Datter af Kjøbmand i Christiania og Eier af Gaarden *Fladeby* i Enebak *Peder Iversen Rosenberg*, en Borgermestersøn fra Tønsberg, og Peter Colletts Moster *Kirsten Leuch*[2]), der tidligere havde været gift med Raadmand Christen Eschildsen. Anna Catharina var født i Christiania d. 3 Marts 1699 (døbt d. 9de s. M.) og har sandsynligvis bragt sin Mand nogen Formue, da hendes Fader, der døde i 1718, sad i en betydelig Virksomhed som Trælasthandler og

---

Sølv, 2 „Halsetoure“ af Agat med Guldarbeide og tilhørende Ørenringe og Armbaand med indfattede „Skilderier“ etc.

    Selve Gaarden, der dengang tør have været stadselig nok, declinerede i en senere Tidsalder betydeligt. Det er den samme Bygning, som i vore Dage — foruden sin nuværende Omkalfatring — beboedes af en Mængde Studenter og sædvanligvis gik under Navnet „Røverborgen.“

[1]) Peter Collett findes ikke at have beklædt noget kommunalt Ombud, da baade han og hans Kompagnon Peder Leuch efter Kommerceraad Colletts Ansøgning vare fritagne herfor ved Kgl. Bevilling af 15 Mai 1722. Se foran Side 7 i Noten. Bevillingen konfirmeredes af Christian d. VI d. 27 Aug. 1731.

[2]) Collett-Slægtens Forbindelse med Familierne Leuch, Elicson, Anker, Müller og Heltzen m. fl. sees af den i Anhanget indtagne Stamtavle.

Sagbrugseier. Det var ogsaa gjennem hendes Broder, Mathias Rosenberg, at Collett-familien ved Aarhundredets Midte kom i Besiddelse af Fladeby-Godset, hvorom mere nedenfor.

Anna Catharina skjænkede sin Mand følgende 11 Børn, alle fødte i Christiania:

1) *James*, f. d. $\frac{19}{8}$ 1723, (døbt d. $\frac{2}{4}$), † der i Dec. 1724 (begravet d. $\frac{11}{12}$).

2) *Karen*, f. d. $\frac{18}{2}$ 1725, g. m. Konferentsraad og Deputeret i Rentekammeret Poul *Heltzen* og † i Sjælland d. $\frac{19}{1}$ 1785.

3) *Christine* Sophie, f. d. $\frac{24}{7}$ 1726, g. m. Geheimeraad og Deput. i Generalitets- og Kommis.-Kollegiet Hjeronymus Johan v. *Schultze* og † i Khavn d. $\frac{4}{1}$ 1756.

4) *Ditlevine*, f. d. $\frac{19}{7}$ 1727, g. m. Konferentsraad og Magistratspræsident i Christi-ania Nicolai *Feddersen* og † i Khavn d. $\frac{11}{12}$ 1803.

5) *James*, f. d. $\frac{28}{8}$ 1728, Kjøbmand i Christiania, g. m. Karen *Leuch* og † i Chria. d. $\frac{11}{12}$ 1794.

6) *Peter*, f. d. $\frac{11}{12}$ 1729, Kancelliraad, Eier af Rønnebæksholm i Sjælland, hvor han døde ugift d. $\frac{2}{1}$ 1763.

7) *Anna*, f. d. $\frac{23}{8}$ 1731, g. m. Kjøbmand, Justitsraad Peter *Elieson* til Hafslund, † der d. $\frac{19}{1}$ 1772.

8) *Johan*, f. d. $\frac{13}{2}$ 1734, Kammerraad og Kommitteret i General-Toldkammeret, g. m. Else Elisabeth *Jensen* og † paa Kongsberg d. $\frac{23}{2}$ 1806.

9) *Mathia*, døbt d. $\frac{15}{3}$ 1735, † s. A., begravet d. $\frac{1}{4}$.

10) *Mathia*, f. d. $\frac{23}{8}$ 1737, g. m. 1) Kjøbmand Morten *Leuch* til Bogstad, 2) Kam-merherre Bernt *Anker* og † i Christiania d. $\frac{2}{4}$ 1801.

11) *Peter*, f. d. $\frac{1}{4}$ 1740, Eier af Buskerud, g. m. 1) Maren Kirstine *Holmboe*, 2) Johanne Henrikke *Ancher* og † paa Buskerud d. $\frac{16}{5}$ 1786.

Børnene[1]) opdroges ved Privatlærere, saaledes som Skik og Brug dengang var i de mere velstaaende Familier baade her og i Danmark. Det ansaaes nemlig ikke passende at sende Sønnerne i de offentlige Skoler, hvor Undervisningen gaves gratis, og hvor Eleverne maatte synge i Kirken og gjøre Opvartning ved Bryllupper og Be-gravelser[2]).

Ved sin Mands Død fik Anna Catharina Collett Tilladelse til at sidde i uskiftet Bo, hvorefter hun fortsatte Handelskompagniet med Peder Leuch. Denne afgik 6 Aar

---

[1]) De af disse Børn, som bleve voxne, findes nærmere omhandlede under 3die Generation.

[2]) Jfr. Holbergs Udsagn i hans „Stat,“ S. 19: „Her skal Familien gemeenligen have Skolemester udi Huset, thi det lader ilde at sætte fornemme Borgerbørn udi publiqve Skoler.“ Se ogsaa „Det gl. Chria.“ S. 237 & 271. — I et Brev fra Jacob *Leuch* til den berømte Lærde Hans *Gram*, dat. Chria. d. $\frac{23}{1}$ 1742, heder det: *„En fornem Kjøbmands Enke her af Byen, Mad. Collett, har tre Sønner, til hvem hun ønsker en Informator; at de med Tiden kunde blive be-kvemme til at gaae til Academiet, endskjønt hendes dessein ikke er at employere nogen af dem til den geistlige Stand. Hun vil med Fornøielse give saadan en Karl aarligen 100 Rdl. og til Nytaar 10 Rdl., foruden at han har et godt Huus, hvor han nyder fri Alting undtagen Tvæt, baade til Nødvendighed og til sømmelig Fornøielse. Skulde der findes nogen dansk eller tydsk Student osv.“* (Orig. til Brevet findes paa det Kgl. Bibl. i Khavn. — Meddelt af Univ. Bibl. Daae.)

efter ved Døden d. 17 Oktober 1746, i hvilken Anledning Præsten Bork — med Hentydning til Peter Collett — blandt Andet skrev Følgende:

„Saa faldt dog Træet om med Stamme, Top og Skygge,
Hvor udi fattig Fugl sin Reede kunde bygge;
Halv-Parten revned før paa dette Velfærds Træ,
Nu brast den anden Deel med al sin Lyst og Læ.
Imod syv Aar herfra en Tvilling-Broder dødde:
Med Klippe-Navn og Gavn de vare Begge fødde,
Jeg Peder Collet meen, nu Peder Leuch i Aar
Den Yngre fore gik, den Ældre efter gaar.“ — —

Juleaften 1747 døde Anna Catharina Collett og bisattes i Familiekapellet den 3die Januar 1748. Ogsaa over hende har Præsten H. A. Bork skrevet Gravskrift. Den lyder saa:

„Skal da for skarpe Vinter-Kuld
Den røde Rose blegne?
I Gravens Mørk' og Jordens Muld
Den Rosens Blom nedsegne?

Skal Jule-Stuens Leege sig
Nu til Liig-Stue vende?
Lær Livs og Dødens Herre mig
Da tænke paa min Ende?

De To u-mistelige Mænd,
Som denne Stads Indvolde,
Ja Bye og Bøjd begræder end,
Vi maatte ej beholde.

Hver lod en Enke efter sig
Med en umyndig Skare,

Hvis Fædres Arv i Himmerig
For-rentes uden Fare.

GUd, som er Fader over hver
I Him'len og paa Jorden,
Befal Dem Venner Hierte-kiær,
Til Dyd og GUdsfrygts Orden!

Den Førstes Enke Dyde-fuld
GUds Fiorten Aars Kors-drager,
Besmykt med Troens ægte Guld,
Nu Siælens Brudgom tager:

I Grund faldt da det første Huus,
Det andet staar paa Hælde,
Hielp JEsu, naar vort sidste Lius
Udbrænde skal til Kvælde.“

Paa Grund af den stedfundne Fælleshandel med Leuch og Boets øvrige „Vidtløftighed“ fik Arvingerne Kgl. Bevilling til at lade dette behandle ved 2de Kommissarier. Skiftet varede fra 1 Februar 1748 og lige til 1760. Peter Colletts Børn fik ved Opgjøret tilsammen 156,497 Rdl. i vis Formue (og 11,100 Rdl. i usikre Fordringer). De 4 gjenlevende Sønner arvede saaledes hver 24,076 Rdl. 44 β, og de 5 Døtre fik hver Halvdelen af dette Beløb. Bygaarden kjøbtes den 19 Marts 1748 af Svigersønnen, Præsident Feddersen for 1499 Rdl. 72 β, og Haven i Storgaden afhændedes for 700 Rdl. Handelshuset Collett & Leuch, der nu styredes af Peters ældste Søn, James og Peder Leuchs Søn, Morten, overtog Skibsparterne og de fleste af Boets faste Eiendomme[1]) for tilsammen 22,000 Rdl. Kuxerne i Frederiksgaves Kobberverk fordeltes ligeligt mellem Arvingerne.

---

¹) Til de sidste hørte ogsaa Merilds- og Varilds-Bruget, som Huset i 1746 havde kjøbt efter Kommerceraad Colletts Enke.

IV. MARIA COLLETT, gift med 1) Zahlkasserer, Krigskommissær POUL WEYBY, 2) Magistratspræsident, Justitsraad PETER RESEN.

Maria, den mellemste af Kommerceraad Colletts og Karen Leuchs 3de Døtre, fødtes i Christiania den 27 November 1695.

Den 22 Septbr. 1716 blev hun i sin Fødeby gift med Zahlkasserer *Poul Weyby*, der tidligere havde været gift med Margaretha Maria Waach († i Christiania i November 1711). I sit første Ægteskab havde han 2 Sønner, af hvilke den ene i 1716 var 8, den anden 7 Aar gammel [1]). Ægteskabet med Maria C. var børnløst.

Weyby var først „Oberproviantmester“, men udnævntes d. ²/₃¹ 1714 til „Kasserer udi Norge“ og fik senere Titel af Krigskommissær. Han var bosat i Christiania, hvor han foruden en Gaard i Raadhusgaden ligeledes eiede den gamle Latinskolebygning „ved Torvet,“ hvilken Gaard i 1722 brugtes til „Vedhus.“ Om Sommeren boede han med sin Familie i Aker paa Gaarden Ulven, af hvis Bygninger han var Eier.

Ved Reskr. af ₁²/₀ 1722 blev det paalagt Biskop Deichmann og Etatsraad Nobel at reise til Trondhjem for at konferere angaaende Matrikulen, Kobbertolden og Kirkernes Salg, og det bestemtes tillige, at Kasserer Weyby under den gamle Nobels mulige Forfald og Tilbagereise for at aflægge Indberetning skulde indtræde i hans Sted som Deichmanns Medkommitterede. Weyby kom dog ikke til at blive brugt i dette Kommissorium, thi kort efter blev der reist Sag mod ham for en større Kassemangel. Han havde nemlig indladt sig i Bergverkspekulationer [2]) med en vis Nils Josten (Justesen), der sad i en stor Virksomhed som Eier af Baaselands (nu kaldet Næs) Jernverk i Nedenæs samt Smølens Kobberverk i Nordmøre. Josten forstod saaledes at tilvende sig Weybys Tillid [3]), at denne først gav ham Forskud for Jernleverancer til Staten, men senere laante ham betydelige Summer baade af egne Midler og af Zahlkassen. En væsentlig Del af Forstrækningerne gik til Smølens Kobberverk, men dette viste sig ikke drivværdigt, og da Josten derhos kom i et større Kautionsansvar for en uvederhæftig Foged, kunde han ikke opfylde sine Løfter. Den ¹⁸/₁₀ 1722, da Weyby paa

---

[1]) Begge bleve Officierer. Den Ældre, Peder Severin Weyby, var ansat i Kongens Livregiment og blev d. ₁/₇ 1759 karakteriseret som Major i Infanteriet. Den Yngre, Thomas Fredr. W., fik d. ⁴/₄ 1767 Afsked med Karakter af Oberst i Jnfanteriet. Maria Collett testamenterede d. ¾ 1759 1000 Rdl. til den Sidstes Datter, Maria Catharina, dengang bosat i Frederikshald.

[2]) Weyby var tillige Interessent for ½ i det Odalske Kobberverk.

[3]) I en Indberetning om Sagen til Kongen fra Statholder Vibe heder det, at Josten ogsaa havde vidst at indtage Andre end Weyby, „som han saa at sige har forhexet og bragt til *ruin*, „hvilket hos W. er desmere at forundre, som han ellers er en vittig og fornuftig Mand, saa „akkurat i hans Sager og saa flittig, at jeg sandeligen tror, Manden har mere arbeidet end „tre Andre af de flittigste“. (Konceptet til Indberetningen findes i Rigsarkivet under Kommissionssagen mod Weyby).

Jostens Vegne skyldte 50,000 Rdl. til Zahlkassen og efterhaanden ogsaa var kommet i anden Underballance, saa han sig nødt til at indberette sin Kassemangel. Begge Skyldnere bleve nu satte i Arrest, og den ⅔ 1723 anordnedes en Kommission til at behandle Sagen, der holdtes gaaende til 1728, da omtrent ⅜ af W.s Gjæld var dækket. W. skyldte ved Siden deraf sin Svigerfader, Kommerceraad Collett, 11,668 Rdlr., men herfra afgik i 1727 3,819 Rdlr. 3 ℔, som ved Kommerceraadens Død skulde tilfaldt hans Hustru i Arv. Weyby sad arresteret paa Akershus i mere end 10 Aar, men løslodes d. ⅚ 1733 under Christian d. VI' Besøg i Christiania, hvorhos den resterende Gjæld til det Offentlige blev ham eftergivet. Han synes senere at have boet hos Svigermoderen, og her døde han d. 18 Novbr. 1739 [1]).

Den 15 Februar 1741 blev Maria i Christiania anden Gang gift med Magistrats-præsident, Justitsraad *Peter Resen*, formodentlig en Descendent af de bekjendte Sjæl-landske Biskopper, Hans Povelsen Resen og (dennes Søn) Hans Hansen Resen (død 1653) [2]). Peter R. var født i Kjøbenhavn Juleaften 1692, fulgte d. ⅔ 1721 med den danske Envoyé Berkentin som Legationssekretær til Stockholm, blev senere Kancelli-raad og udnævntes d. ¹⁶⁄₁₀ 1731 til Magistratspræsident i Christiania. Han var tillige Assessor i Overhofretten sammesteds og tituleredes i 1735 Justitsraad. Resens boede i „Collettgaarden“, men allerede 2 Aar efter Brylluppet blev Maria Enke for anden Gang, idet Præsident Resen d. ²⁶⁄₃ 1743 afgik ved Døden. Ogsaa dette Ægteskab var børn-løst. Den Afdøde efterlod sig et meget betydeligt Bibliothek, hovedsagelig bestaaende af franske, tydske, latinske og danske Verker. Boets Indtægt udgjorde 2832 Rdl. 52 ß, men Gjælden viste sig uventet at gaa op til 3347 Rdl. 29 ß, og Enken maatte derfor ogsaa her (d. ¼ 1743) fragaa Arv og Gjæld. Præsten Hans Alexandersen Bork skrev følgende Gravskrift over Resen:

„Gudsfrygt, Retfærdighed og Fred
　Besad det Legems Hytte,
Som Døden nylig kasted ned
　Og vi til Graven flytte.

Med Sandhed og Samvittighed
　Skal Ven og u-Ven sige:
Justitz-Raad Resens Ærlighed
　Hos faa kun fandt sin lige.

Retsindig var han i sit Kald
　Ej nogens Rett omvrængte,

Hans Kiærlighed gik over-ald,
　Særdeles til de Trængte.

Hans Fromhed maa hans Ægte-Ven
　Og gamle Moder klage,
Os vidne bør, som er igjen
　Den havde neppe Mage.

Men GUd ham tog ved Sygdoms Vold
　Fra dette Livs Elende,
Og er nu selv hans Soel og Skiold
　Og Liv foruden Ende.“

---

[1]) Enken og Sønnerne gik strax fra Arv og Gjæld, og den første fremlagde paa Skiftet et Kgl. Benaadningsbrev af ⁴⁄₇ 1737, hvorefter den Arv, der i sin Tid maatte tilfalde hende efter Mo-deren, ikke skulde komme til Weybys Værge eller anvendes til Dækkelse af hans Gjæld.

[2]) Af Hans Hansen Resens 9 Sønner var Historikeren, Præsident i Kjøbenhavn Peder Resen den ældste Han døde børnløs. Flere af Familien kom til Norge. Se om de ældste Led af denne Familie, der skrev sig fra Byen Resen i Skodsborgs Herred, Jylland, men nu siges uddød, „Det siellandske Cleresie af D. G. Zwerg, I. S. 242, Khavn 1754.“

　Nærværende Justitsrahd Resen siges i Christiania Skifteprotokol (1743) at have til Sø-skende „2de Majorer, ved Navn Hammeløv, ved de danske Dragonregimenter, en Halvbroder, Raadmand Rasmus Graae i Trondhjem og en Halvsøster, som er gift, hvis Navn ikke vides.“

Ved sin Moders Død i 1745 arvede Maria Resen 3740 Rdl. 23 *ß*, og efter Broderen, Kjøbmand John Collett i London tilfaldt der hende endvidere en større Arvelod, saa hun ved Testament (konfirmeret d. 2 Oktbr. 1761) kunde disponere over næsten 12,000 Rdl. til Legater, hvoriblandt 1000 Rdl. til Christiania Fattigkasse [1]).   Til Universalarvinger indsatte hun Sorenskriver i Eker, Modum og Sigdal Laurentius Daries og Hustru Karen Müller (hendes Søsterdatter).   Executores testamenti vare Cheferne for Handelshuset Collett & Leuch, James Collett og Morten Leuch.

Maria Resen døde „efter mange Lidelser" i Christiania d. 17 Novbr. 1762, 67 Aar gammel.

V. Kjøbmand i London JOHN COLLETT og Hustru AMBROSIA MICHELSEN.

Den yngste af Kommerceraadens Sønner, *John*[2]) *Collett*, fødtes i Christiania d. 23 Januar 1698 (døbt d. 25 s. M.).   Han blev Kjøbmand ligesom sine 2 ældre Brødre, men medens disse forbleve i Norge, besluttede John sig til at søge tilbage til og bosætte sig i Faderens oprindelige Hjemland, et Exempel, som omtr. 60 Aar senere fulgtes af hans Brodersøns Søn af samme Navn.   I Januar 1720 drog han saaledes over Holland, Belgien og Frankrig til London [3]), hvor han nedsatte sig som Kjøbmand og erhvervede sig en meget betydelig Formue.

I London havde der siden 1686 bestaaet et skandinavisk Kirkesamfund — den saakaldte „danske og norske evangelisk-lutherske Kirke" — [4]), der væsentlig var bygget paa frivillige Bidrag af derboende Kjøbmænd og tilreisende Søfarende.   Den lille Me-

---

[1]) Den til Fattigkassen skjænkede Kapital, hvoraf kun Renterne skulde bruges, udgjorde i 1854 500 Spd.   Testamentet bestemte forøvrigt følgende Legater: 1) Stedsønnen Major Thomas Fredr. Weybys Datter i Fr.hald, Maria Cathar. Weyby 1000 Rdl.; 2) Justitsr. og Præsident Feddersens og Frue Ditlevine Colletts Søn, Peder F., 1000 Rdl.; 3) Sorenskr. Laur. Daries's og Hustru Karen Müllers Søn, Peder Resen D., 2000 Rdlr.; 4) Kapt. Fredr. Müllers og Frue Ingeborg Daries's Datter, Sara Marie M. 1000 Rdl.; 5) Assessor og Sorenskr. Morten Müllers Datter, Karen M., 1000 Rdl.; 6) Peder Müllers Datter, Anna M, 500 Rdl.; 7) Justitsr. Poul Heltzens og Frue Karen Colletts Datter, Anna Cathar. Sophie H., 1000 Rdl.; 8) Frhv. Præst i Gjerdrum Peter Joh. Müller 1000 Rdl.; 9) Generalmajor Bjørsens Datter, Ditlevine Dorothea B, 1000 Rdl.; 10) Antonette Pay, „som er nu i mit Hus," 500 Rdl.; 11) Jomfru Mette Kruckow, „som er nu i Justitsr. og Præsident Feddersens Hus" (1760 blev hun Digteren Tullins Hustru), 500 Rdl.; 12) En Tjenestepige 100 Rdl.; 13) Hver af de andre Tyende 25 Rdl.; 14) 100 Rdl. til 10 fattige, skikkelige og trængende Enker i Christiania.

[2]) I Kirkebogen kaldes han Johan.

[3]) En Journal, som han førte paa denne Reise, findes endnu i Familien.

[4]) Jfr. Nordmanden E. F. Wolffs „Samlinger til Historien af den danske og norske Kirke i London," Kbhavn. 1802, samt „Det gamle Chria." S. 155—156.   Kirken havde Ret til gjennem et Forstanderskab selv at bestyre sine Anliggender og vælge sin Sognepræst.   Reskr. ¹⁄₈ 1692 og ⅜ 1740 m. fl.

nighed havde imidlertid fra den første Tid af havt mange pekunjære Vanskeligheder og andre Kriser at gjennemgaa, og trods jevnlige Tilskud fra Danmark og Norge[1]) havde den endog gjennem et langt Tidsrum havt ondt for at lønne sin Præst og holde Gudshuset vedlige. I Begyndelsen af 1725, da dens Forstanderskab var fuldstændigt opløst, og ordentligt Regnskab ikke var bleven ført paa mange Aar, foreslog Kirkens Beskytter, den danske Biskop C. Worm, for den fungerende Sognepræst, at John Collett skulde beskikkes til Forstander, og i et Brev af ¹⁄₆ 1725 bad Biskoppen Collett om at sørge for at faa brave og vederhæftige Mænd ind i Forstanderskabet. Et Par af dettes Medlemmer havde nemlig tidligere ved Fallissement paadraget Kirken Tab. Fra d. ²⁄₃ 1725 sees John at have staaet i Spidsen for Bestyrelsen, og en Maaned senere blev han ligeledes valgt til Kirkens 1ste Kasserer, hvorefter han fik ordnet Regnskabsvæsenet og bragt de forfaldne Sager paafode. Han var siden i 33 Aar Kirkens virksomme Opretholder og Beskytter, idet han oftere hjalp den med Forskud og Gaver, naar Indtægterne ikke strakte til, og tilsidst skjænkede den et Legat paa 200 £.

I Januar 1728 blev Collett i London gift med *Ambrosia Michelsen*, en Datter af Kjøbmand dersteds og Forstander for Kirken, *George* (Jørgen) *Michelsen*. Hun var født i samme By d. ¹⁄₇ 1702 og var ganske ung bleven gift med Menighedens Sognepræst, *Philip Julius Bornemann*[2]), efter hvem hun blev Enke d. ²⁄₅ 1725. John Colletts Ægteskab var børnløst. Ambrosia døde i London d. ²⁄₇ 1740.

Ved sin Faders Død i 1727 arvede John 7639 Rdl. 2 ℔, og efter Moderen tilfaldt der ham i 1745 et Beløb af 7480 Rdl. 46 β. Paa Auktionen efter denne Sidste kjøbte han „Collettgaarden“ i Christiania for 3520 Rdl.

Han døde i London d. ¹⁄₇ 1759 og bisattes i den evangeliske Kirke[3]).

---

[1]) Kommerceraad James Collett og i en senere Tid Huset Collett & Leuch samt nedennævnte Etatsraad Lorentz Angell vare gjennem flere Aar Kirkens Kommissærer for de Bidrag, som efter Kgl. Befaling indsamledes for den her i Landet.

[2]) Født 1680, en Søn af Stiftsprovst i Kbhavn, Mag. J. A. Bornemann og E. C. Bartholin.

[3]) Gravskrifterne over J. Collett og hans Hustru lyde ifølge Wolffs oven citerede Bog saaledes:

„Partem
Coelestem coelo terrenam terræ
reddit
Morte, cum mortalitatem deponeret,
Ambrosia,
Filia Georgy *Michelsen*,
Conjux olim Revd Philippi Julii *Bornemann*
Postea Johannis *Collett*,
Nata die XVII Febr. MDCCII,
Placido sopita fato die XXIV Julii
MDCCXL Æt. XXXIX,
Cujus piis manibus monumentum hoc,
Novissimum officii et amoris pignus,
Gemebundus erigi curavit maritus
J. Collett.“

„Cole deum.
Fessus de via procubuit
Multisque negotii fractus laboribus
Æternæ se dedit qvieti
Johannes Collett,
Nuper mercator Londinensis,
Natus Christianiæ Norvagorum
Die XXIII Jan. MDCXCVIII,
Ex hac vita migratus
Die XII Januarii MDCCLIX.
In vita
Pie sancteque coluit Deum,
in morte
Deo animam refocillandam
tradidit“

Den 13 Aug. 1756 havde han oprettet et Testament, hvorved han skjænkede sin Familie i Norge 205,000 Rdl. [1]   Til Universalarving og Executor testamenti indsatte han en norskfødt Kjøbmand i London, *Claus Heide* [2]), med hvem han synes at have staaet i nøie Forbindelse.   Heide blev derved ogsaa Eier af „Collettgaarden", som han dog snart efter solgte til Testators Brodersøn, Kjøbmand i Chri.a James Collett.

VI. SARA COLLETT, gift med Etatsraad LORENTZ ANGELL.

Sara, den yngste af Kommerceraad Colletts Børn, fødtes i Christiania d. 3 Juni 1702.   Efter sin Fader arvede hun i 1727 3819 Rdl. 3 ℔ og efter Moderen 18 Aar senere 3740 Rdl. 23 ß.   Den 1 Juni 1729 blev huu i sin Fødeby gift med daværende Kancelliraad *Lorentz Angell*, der var bosat i Trondhjem, hvor han drev store Handelsforretninger.

Angell var født i Trondhjem den 21 Jan. 1692 af Forældrene, Kjøbmand i denne By, *Albert Lorentzen Angell* [3]) og Hustru *Sara Hammond*. Faderen, der ved Handel og et rigt Gifte havde erhvervet sig en betydelig Formue, døde 1705 som Magistratspræsident, Kancelliraad og Assessor i Bergamtet og efterlod sig 2 Sønner, Lorentz og Thomas, af hvilke den Sidste og Yngre, der var ugift, har gjort sig bekjendt ved sine

---

[1]) Se O. H. Moller: „Von den adelig. Geschlecht derer von Suhm." (Flensburg 1775) S. 186—88. — Nedennævnte Bernt Anker beretter i en Anmærkning ved en trykt Hyldningssang til Martine Elieson, som var gift med John Collett til Ullevold: „Afgangne J(ohn) C(ollett), efter hvilken vor J. C. er opkaldt, boede, hvor denne bor, i London og efterlod sig 100,000 £." — Om Fordelingen af de 205,000 Rdl. mellem Familiens Medlemmer vides Intet sikkert. Ved Testators Død levede følgende af hans nærmeste Slægt: I. **2** Børn efter hans forlængst afdøde Broder James, nemlig 1) Amtmand Mathias C. og 2) Karen Tyrholm, g. m. Byskriver Iver T. i Christianssand; II. **4** Sønner og **4** Døtre efter hans afdøde Broder Peter, nemlig 1) Kjøbmand James C., **2**) Kancelliraad Peter C., 3) Johan C. (senere Kammerraad), 4) Peter C. (senere Herre til Buskerud), 5) Karen Heltzen, g. m. Konferentsraad Poul H., 6) Ditlevine Feddersen, g. m. Præsident F. i Christiania, **7**) Anna Elieson, g. m. Justitsraad Peter E. til Hafslund, **8**) Mathia Leuch, g. m. Morten L. til Bogstad; III. **4** Sønner og **2** Døtre efter hans forlængst afdøde Søster Anna Müller, g. m. Stadsmajor M.; IV. Søsteren Maria Resen, Enke efter Præsident R. i Christiania; V. Karen Suhm, Datter af hans afdøde Søster Sara Angell og g. m. Historikeren P. F. Suhm. Blandt disse Slægtninger er det rimeligt, at hans Broderbørn og hans eneste gjenlevende Søster, Maria Resen, have faaet Størsteparten. Paa Bagsiden af John Colletts Portræt er anført, at Brodersønnen James fik 40,000 Rdl. efter ham, og det er sandsynligt, at det væsentligst var ved Hjælp af disse Penge fra England, at Kancelliraad Collett i !761 kunde kjøbe Herregaarden Rønnebæksholm, at Peter Collett i 1763 kunde erhverve Buskerud, og endelig, at Maria Resen kunde bortskjænke henved 12,000 Rdl. i Legater.

[2]) Claus Heide, der blev Kirkens Forstander efter John, døde som formuende Kjøbmand i London d. ⅓ 1774, 74 Aar gammel.

[3]) Dennes Fader, Lorentz Mortensen, Kjøbmand og Raadmand i Trondhjem, antog Navnet Angell efter sit Fødested Angel i Slesvig.

storartede Legater til Trondhjems By. Det synes, som om Brødrene have handlet i Kompagniskab. Thomas, der overlevede sin Broder i 16 Aar, eiede ved sin Død i 1767 omtrent 3 Tønder Guld. — Lorentz Angell blev den ²⁄₁⁰ 1724 udnævnt til Kancelliraad, fik d. ²⁄₃⁸ 1733, kort efter Christian d. VI⁸ og Sophia Magdalenas Ophold i Trondhjem, Titel af virkelig Justitsraad og udnævntes d. ⅓ 1746 til Etatsraad. Han havde 2de Døtre, af hvilke den ældre, *Sara*, døde strax efter Fødselen d ²⁄₁¹ 1731. Den yngre, *Karen*, voxede derimod op og blev 19 Aar gammel forlovet med den berømte danske Historiker *Peter Frederik Suhm* [1]), der var draget til Trondhjem alene for at fri til hende.

Suhm har i sine samlede Skrifter [2]) meddelt følgende Oplysninger om sin Hustru og hendes nærmeste Paarørende: „*Karen Angell er fød i Trondhiem d. 16 Maji 1732. Hendes Forældre vare Hr. Etatsraad Lorentz Angell og Frue Sara Collett, begge ordentlige, forstandige og christelige Folk. Faderen var overmaade from og goddædig, Moderen mere sparsommelig og noget hastig. De opfødte derfor denne deres Datter, som var deres eneste Barn, med al Flid og Omhu. Hun lærte godt Tydsk og Fransk, som og at spille paa Clavicembal og at dandse heel ziirlig, i hvilke tvende Ting hun dog ei øvede sig mere, efterat hun var bleven givt. Hun sang ei heller ilde. Men især blev hun af sin Moder underviist i at føre en ordentlig og god Huusholdning, samt anholdt til et ærbart, indgetogent og christeligt Levnet. Hun bar derfor altid største Ærbødighed og Omhu for sine Forældre og lærte især Taalmodighed, Standhavtighed og Paapasselighed for Syge i hendes Faders langvarige og haarde Sygdom, som og endede hans Dage 1751 d. 9 Martii. Saasom Gud havde begavet hendes Forældre med anseelig Rigdom, saa havde hun mange og adskillige Friere. Endeligen lykkedes det Etatsraad Peter Frederik Suhm at vinde hendes Hierte og blive forlovet med hende 1751 d. 29 Jul., hvorpaa de og havde Bryllup 1752 d. 19 April, men avlede ei sammen uden een eeneste Søn, Ulrik Frederik, født i Trondhiem 1761 d. 21 Nov. og død i Kiøbenhavn 1778 d. 3 Jan., til Forældrenes store Hiertesorg, da han tegnede og artede sig meget vel. Aarsagen, hvi Etatsraad Suhm drog saa lang en Vei, fra Kiøbenhavn til Trondhiem, for at frie, var den Lyst, han havde til Studeringer* [3]*), Frihed og Uafhængighed, hvilke giorde det nødvendigt for ham at søge efter en rig Brud for at kunne undvære kgl. Tieneste. Og at hans Tanker just faldt paa Trondhiem og paa Frøken Angell, dertil fik han Anledning ved sin beslægtede General-Lieutenant Frølich, som boede i Trondhiem. Vilkaarene ved Givtermaalet vare, at han skulde forblive i Trondhiem, saalænge Moderen levede. — — De bleve og boende der i 14 Aar til Julii 1765, da de fløttede ned til Kiøbenhavn, end*

---

[1]) Suhm var Søn af Admiral Ulrik Frederik von Suhm og Hylleborg Cathrine Lerche. Han var født i Kbhavn d. ¹⁸⁄₁₀ 1728, blev Hofjunker d. ¹¹⁄₁₂ 1747; Assessor i Hofretten d. ³⁄₇ 1748, Kammerjunker d. ¹⁸⁄₁₂ 1749, Etatsraad d. ²⁄₇ 1751, Konferentsraad d. ⁷⁄₇ 1769 og Kammerherre d. ⁹⁄₁ 1774. Medlem af Videnskabsselsk. i Trhjem, som han var med at stifte (1760), af det Kgl. Videnskabsselskab i Kbhavn m. m.

[2]) 4de Bind S. 361 o. flg. „Characteer af Frue Karen Suhm fød Angell. Skreven 1788."

[3]) Han samlede sig ogsaa et Bibliothek paa over 100,000 Bind, der kort før hans Død kjøbtes af Regjeringen og indlemmedes i det store Kgl. Bibliothek i Khavn.

skiøndt Moderen imedens døde d. 14 Aug. 1756. Det andet Vilkaar var, at han skulde lade Moderen sidde i uskiftet Boe, hvilket havde slemme Følger, fordi Thomas Angell, Broder til Svigerfaderen, og hvilken boede i Huset, havde tilegnet sig en Art af Herredømme over sin Broder og hans Hustrue og efterladte Enke, med hvilken han levede i Fællig og Compagnie, saa at han forestod alle Ting, og de maatte tage hver Skilling af hans Haand, hvilket og vedblev efter begge de Gamles Død." — Det antoges, at Fru Suhm skulde arve sin Farbroder, men denne, som efter Suhms vistnok farvede Beretning „ved tiltagende Alder og Skrøbelighed var meget knurvurn", blev pludselig stødt paa ham og hans Kone, skiftede i 1762 det fælles Bo og gik dem uventet forbi i sit Testament[1]. Karen Suhm døde i Kjøbenhavn, „agtet og æret af alle Retskafne", den 11 Juli 1788 [2].

3die Generation.

I. Kjøbmand og Stadskaptein James Colletts Børn.

1. Amtmand MATHIAS COLLETT og Hustru BEATA LØWE.

Mathias Collett var ældste Søn af Stadskaptein i Christiania, *James C.* og Hustru *Karen Berg*, men Fødselsaaret vides ikke bestemt, ligesaalidt som hans Daab findes anført i Christiania Ministerialbog. Ved Faderens Død i 1724 angives hans Alder til 16 Aar, og under Skiftet efter Kommerceraad Collett (hvor han arvede 3055 Rdl. 77 β), sagdes han i 1728 at være 21 Aar gammel, saa han altsaa skulde være født i Slutningen af 1707 eller i Begyndelsen af 1708. Hermed stemmer det ogsaa, at hans Alder ved Begravelsen i Mai 1759 opgaves til 52 Aar.

---

[1] Traditionen beretter, at Suhms en Aften, da de havde stort Selskab, glemte at give den gamle Thomas hans sædvanlige Grød, hvorfor denne af Ærgrelse flyttede ud af Huset og besluttede at forbigaa dem i Testamentet. Deraf den Trondhjemske Talemaade i Anledning af de Angellske Stiftelser: „Den velsignede Grøden". (Se F. E. Storm: „Om Fattig- og Understøttelsesvæsenet i T.hjem" S. 21).

[2] Hun var ifølge Suhms Skildring (loc. cit.) ikke smuk, men „hendes Ansigtstræk vare milde, levende og rolige og af god Farve, endskjøndt Smaakopperne havde fra hendes tidlige Aar fordærvet hendes Hud, ja endog forvandlet hendes blaae Øine til brune". Hun var alvorlig, gudfrygtig og husholderisk, og „hendes Mand havde intet andet at gjøre end studere og fornøie sig, da hun med al muelig Ømhed sørgede for ham i alle Ting, hvorfor han og altid elsker og ærer hendes kiære Ihukommelse." — 4 Maaneder efter hendes Død giftede Suhm sig med Christiane Becker, Datter af Hofapotheker B. i Kjøbenhavn. De havde 1 Datter. Suhm døde d. ⁂ 1798. (Se N. M. Petersens „Bidrag til den danske Literaturs Historie i Oplysningens Tidsalder", 2den Afd. S. 88. Kbh. 1861).

Mathias blev opdraget for den akademiske Bane, tog Examen artium ved Kjøbenhavns Universitet og studerede derpaa ved dette og flere fremmede videnskabelige Instituter, idet han bl. A. i August 1736 besøgte Oxforder-Akademiet[1]). Specielt lagde han sig efter Mathematik og Filosofi, og i disse Fag synes han gjennem flere Aar at have manuduceret i Kjøbenhavn, indtil han i 1745 ved at arve 4986 Rdl. 95 β efter sin Bedstemoder, Karen Collett, kom i en mere uafhængig Stilling.

Den 7 Jan. 1746 blev han udnævnt til Konrektor ved Christiania Kathedralskole, men modtog ikke dette Embede, hvorimod han d. ⅛ s. A. blev ansat som Sekretær ved General-Havnekommissionen i Kjøbenhavn, i hvilken Stilling han endnu i 1750 fungerede. Den ⅔ 1750 blev han efter Forslag fra Professor Stampe optaget som Medlem af det i 1743 oprettede Kgl. danske Videnskabsselskab (hvilket var en stor Ære), og d. 28 Sept. 1750 udnævntes han til Amtmand i „Finmarken" ɔ: de nuværende Tromsø og Finmarkens Amter.

Omtrent ved denne Tid giftede han sig i Kjøbenhavn med *Beata Løwe*[2]), født 1703 og Enke fra 1747 efter Kjøbmand i den nævnte By, *Joh. Georg Büchler.* Hun bragte sin anden Ægtefælle 2de Stedbørn, Johan Georg og Helene Cathrine Büchler.

Som Amtmand[3]) i Finmarken skal Mathias Collett have vist sig som en brav og duelig Embedsmand[4]), der navnlig gjorde meget for at ophjælpe Fiskerierne. Under ⅘ 1752 fik han det Paalæg, fra Amtets offentlige Funktionærer at indhente Efterretninger og Forslag til Forbedringer vedkommende disse fjerntliggende Egne af Landet, og som Følge heraf indgav han d. ²⁄₂¹ 1757 til Kancelliet en „Relation angaaende Finmarken", indeholdende dels Uddrag af de indhentede Efterretninger, dels Amtmandens egne Bemærkninger[5]).

Den 22 Februar 1757 forflyttedes Mathias til „Oplandenes Amt" (hvilket først i 1787 deltes i Hedemarkens og Christians Amter). Kun i 2 Aar beklædte han dette Embede, idet han Vaaren 1759 afgik ved Døden paa Gaarden Kvæke i Vangs Præstegjeld paa Hedemarken. Han blev begravet d. 19 Mai samme Aar. Amtmand Collett var den

---

[1]) I det Boleyanske Bibliotheks Protokol i Oxford læses: „1736 Aug. — Mathias Collett Norvagus." (F. Sneedorffs saml. Skr. I. S. 523).

[2]) I 1751 sees Mathias at have gjort Enkekasseindskud for hende. Om den private Understøttelsesindretning, hvori Indskuddet gjordes, og som førte Navn af „den civile og adskillige Stænders Enkekasse", findes en Beretning i Bernt Moes „Tidsskrift for den norske Personalhistorie", Ny Række 1ste Hefte S. 21—58, hvor det oplyses, at Understøttelse (i Henhold til Stiftelsens forandrede Fundats af ¹⁄₇ 1804) ogsaa tilkommer trængende Paarørende af Kassens oprindelige Indskydere.

[3]) Som et Exempel paa, med hvilken Myndighed en Overøvrighed i de Dage turde optræde i disse Egne, kan anføres, at Collett Mikkelsdag 1751 fra Kirkebakken i Alten lod oplæse en Befaling, hvori han — under Straf af Bøder og Gabestok i Overtrædelsestilfælde — forbød Kortspil og paalagde Forældre at opdrage deres Børn i Gudsfrygt. (Rigsarkivets Saml.)

[4]) Se Justitiarius Bergs Udsagn i „Saml. t. d. Norske Folks Sprog og Hist." III. S. 262.

[5]) Manuskriptet findes i det Kgl. Bibl. i Khavn. Se Thaarups „Danske Monarchie's Statistik", IV. S. 229.

sidste mandlige Ætling af Familiens ældste Linie. Kort før sin Død — d. 12 Marts 1759 — havde han paa Kvæke oprettet saadant Testament: — — „Min elskværdige Kone, Beata Løwe, skal efter min Død være min eneste Arving, da det ikke har behaget Gud i dette mit kjærlige Ægteskab at velsigne mig med Børn, og naar min Kone, Beata L., ved Døden afgaar, da skal hendes 2de Børn, navnlige Johan Georg Büchler og Helene Cathrine Büchler, være hendes eneste Arvinger, naar 1000 Rdl. af min Kones efterladte Bo betales til min Søster, Karen Collett, og efter hendes Død til lige Deling mellem hendes med Hr. Raadstueskriver Iver Tyrholm avlede Børn, saafremt nogen af dem er ilive, og efter deres Død deres nærmeste Arvinger, ligesom og 1000 Rdl. forlods tilfalder bemeldte min velfortjente Stedddatter, Helene Cathrine Büchler, da hun derefter gaar i lige Arv med hendes Broder Joh. G. Büchler. Bemeldte J. G. Büchler nyder ikke uden Renterne af den Arv, som efter dette mit Testament kan tilfalde ham efter sin Moder, min kjære Kone, Beata L., som det staar til at gjøre den Foranstaltning, hende godt synes, til den Arvecapitals Conservation, som maatte tilfalde ham[1]). — —"

Den 20 Juli 1759 udstedte Beata „salig Colletts" paa Kvæke et Dokument saalydende: „Min elskelige og kjære Datter, Helene Cathrine Büchler, som under al Lydighed til megen Nytte og Tjeneste stedse har været hjemme, hvorved hun har menageret sine Forældre mange Depenser i adskillige Tilfælde, giver og leverer jeg herved til en nogenlunde Belønning for hendes Flid og Vindskibelighed, saavelsom og, at hun maatte have nogenledes Vederlag mod, hvad der allerede er kostet paa hendes Broder, J. G. Büchler, baade med at lade ham studere og ellers i adskillige Maader, alt hvis her opskrevet er, uden Decort, udi hvis hende efter min Død kan tilfalde[2]) — —". Derefter opregnes en hel Del Indbo, hvoraf Gaven altsaa bestod.

Amtmand Colletts Enke boede i sine sidste Leveaar i Christiania, hvor hun eiede en Gaard, og her døde hun Høsten 1777, 74 Aar gammel, og blev begravet d. ⅒ s. A. Hendes Datter Helene († 1831) blev i 1762 gift med Kancelliraad, Viceborgermester Mogens Larsen Monsen til Linderud i Aker, og deres eneste Datter, Marthe Beate Monsen ægtede tit. Generalkrigskommissær Haagen Mathiesen.

2. KAREN COLLETT, gift med Byskriver IVER TYRHOLM.

Stadskaptein James Colletts eneste Datter, Karen, der var født i Christiania d. 19 Okt. 1711 (døbt d. 24 s. M.), kom nogle Aar efter Faderens Død (1724) i Huset til sin

---

[1]) Testaments-Vidner vare Sognepræst til Stange, Peder Schielderup og den Afdødes Amtsfuldmægtig Johan Adolph Pram. Test. konfirmeredes d. 18 Mai 1759. (Rigsarkivets Saml.).

[2]) Dokumentet er underskrevet af Enken og hendes Lagværge, Justitsraad Chr. Ancher samt af Præsten Schielderup og Sgr. H. Heide som Vidner. (Rigsarkivets Samlinger).

Bedstemoder, Karen Collett [1]), og blev fra „Collettgaarden" d. 22 Marts 1741 gift med sin Faders Fætter, daværende Prokurator *Iver Tyrholm*, en Søn af Kjøbmand i Drammen *Nils Iversen Tyrholm* [2]) og Hustru *Anne Leuch*.

I en gammel Familiebibel har Tyrholm selv berettet følgende om Hovedbegivenhederne i sit Liv: „Aar 1700, d. 26 Aprilis, er jeg Iver Tyrholm fød udi Bragernæs. — 1713, in Aprili, blev jeg oversendt til London, hvor jeg var til næste Aars Sommer. — 1720, d. 26 Nov., nedreiste jeg til K.havn og kom tilbage derfra in Majo 1722. — 1726, d. 28 Junii blev jeg allernaadigst bevilget at være Prokurator ved alle Retter i Norge. — 1735, in Februario, indflyttede jeg til Christiania. — 1741, d. 22 Martii, blev jeg ved Guds Forsyn samlet udi Ægteskab med Karen Collett — — —, og blev vores Bryllup holdt udi min Hustrues Fadermoder og min Moster, Karen, afgangne Commerceraad James Colletts Efterleverskes Hus osv." En Maaned før sit Giftermaal havde han af Ulrich Schnell for 1700 Rdl. kjøbt den Gaard i Kirkegaden, som nu eies af Kjøbmand Knud Graah, og her flyttede Ægtefællerne ind. De havde 6 Børn [3]), hvoraf kun de 2 ældste Døtre bleve voxne. Den ²⁄₁₄ 1756 udnævntes Tyrholm til By- og Raadstuskriver samt Skifteskriver, Auktionsdirektør og Notarius publicus i Christianssand. Han afhændede derfor (d. ⅜ 175S) sin Gaard i Christiania (for 2500 Rdl. til Prokurator Brønlund) og kjøbte og tilflyttede paa sit nye Bosted en Gaard i Byens „østre Kvarter" ved Siden af Bisperesidentsen. Karen Tyrholm døde her i Christianssand d. 23 Februar 1761 („nedsat i Kirken" d. ⅔), og hendes Mand fulgte hende d. 19 Juli 1763 (ligeledes„ nedsat i Kirken" d. 22 s. M.). Paa Skiftet efter ham viste Boets Overskud sig at være 13,984 Rdl. 12 β, der deltes mellem hans to gjenlevende Døtre, *Karen* og *Anna*. Den Førstnævnte (†1790) var da gift med Kjøbmand Brinch († 1786), og Anna var trolovet og skulde det følgende Aar giftes med Kancelliraad Valentin Christian Valentinsen (senere bosat i Bergen).

---

3. JAMES COLLETT.

Stadskaptein Colletts og Karen Bergs yngste Søn, *James*, blev født i Christiania i Begyndelsen af November 1717 og døbtes den 8de s. M. I 7 Aars Alderen mistede han

---

[1]) Efter Bedsteforældrene arvede hun (i 1727 og 1740) tils. 4021 Rdl. 38 β og efter sine Brødre 1574 Rdl. 46 β.

[2]) N. I. Tyrholm var f. i Frederiksstad 1664, g. m. 1)·Anne Leuch (f. 1679 † 1701), 2) Anne Madsdtr. Wiel, 3) Boel Sophia Røiem, 4) Dorothea Heinsdatter Friis fra Khavn.

[3]) Børnene vare ifølge Optegnelserne i Familiebibelen: 1) *Karen*, f. 1741, g. 1761 m. Kbmd. i Chr.sand Christian Brinch; 2) *Anna*, f. 1743; 3) *Bolette Dorothea*, f. 1744 † 1747; 4) *Nils*, f. 1746 † 1759; 5) *Jakob* („fik Navn efter min Hustru's Fader"), f. 1747 † 1748; 6) *Sophia Dorothea*, f. 1749 † s. A.

sin Fader, og 3 Aar senere døde hans Bedstefader, Kommerceraad C. og efterlod ham en Arv af 3055 Rdl. 77 β, for hvilke Farbroderen, Peter, overtog Værgemaalet. Ligesom den ældre Broder Mathias holdtes ogsaa James til at studere, men han viste sig ustadig, gjorde Gjæld og paadrog sig sin Families Misnøie, hvorfor han i en Alder af 19 Aar bestemte sig til at gaa tilsøs. I et angerfuldt Brev bad han dog først sin Onkel om Tilgivelse og Reisetilladelse, „tænkende da ved en længere Udeblivelse at blive bedre og igjen at komme i hans Gunst" [1]). Peter Collett tilgav ham ogsaa og lod ham reise til Kjøbenhavn, hvor han tog Tjeneste som Volontør paa det dansk-vestindiske & guineiske Kompagnis Fregatskib „Grevinden af Lauerwigen", idet han fik Løfte om den første Officierspost, der maatte blive ledig. Skibet, der førtes af Jac. Nic. Holst, afgik for en engelsk Befragters Regning til Vestindien i Juni 1737. Derfra seilede det til Madagascar og „de Africanske Custer", men paa Overreisen dertil døde James den 3 Juni 1738 i sit 21de Aar. Skiftet efter ham holdtes i 1740, og hans Bo viste da en beholden Formue af 2872 Rdl. 27 β. Moderen og Mathias C. fik heraf hver en Broderlod og Søsteren Karen en Søsterlod (altsaa her ⅕).

II. Kjøbmand Peter Colletts Børn.

1. KAREN COLLETT, gift med Deputeret i Rentekammeret, Konferentsraad POUL HELTZEN.

Kjøbmand Peter Colletts og Anna Catharina Rosenbergs ældste Datter, *Karen*, fødtes i Christiania d. 18 Februar 1725 (døbt d. 22 s. M.) og blev i sin Fødeby d. ⅜ 1744 gift med *Poul Heltzen*, født i Christiania d. 25 Marts 1711 (døbt d. 28 s. M.).

Han var en Søn af Kjøbmand i denne By *Helle Michelsen* († 1725) og *Sophie Christiane Poulsdatter Vogt* († 1723), Datter af en fra Sønderborg indvandret Kjøbmand i Christiania, Kommerceraad Poul Pedersen Vogt (den nuværende Familie V.s norske Stamfader paa mødrene Side). Poul Heltzen blev d. ¹³⁄₆ 1741 „Kommitteret" i Rentekammerets Kammerkollegium, fik snart efter Titel af Kammerraad, udnævntes d. ¹⁄₁⁵

---

[1]) Kort før sin Bortreise sendte han Onkelen et nyt Brev, saalydende: „*Ædle Herre! Jeg maa bruge Ovidii Ord, naar han siger:* „*hej mihi quid faciam ut, nomine lecto, durus et aversa coetera mente legas*". *Men dette maa jeg ikke frygte for og derfor forsømme min Pligt. Jeg tilstaaer, at jeg har fortørnet hjerte Farbroder med saa mange Feil, jeg har begaaet, men jeg bekjender mine Feil og beder om Forladelse, jeg haaber, at Gud vil tilgive mig, og venter, at alle Mennesker ville gjøre det samme, og derfor beder hjertelig, I vil forlade mig, helst nu, jeg skal paa en lang Reise, og Gud veed, enten jeg nogen Tiid maa have den Ære og Lykke at see nogle af mine Venner igjen, derfor venter jeg Forladelse. Forlad! forlad! skal blive min idelige Raaben, indtil jeg har bevæget Eders Hjerte. — — — Af Eders ydmyge og lydige Fætter James Collett.*" (Ch.nia Skifteprot. for 1740. S. 196).

1745 til virkelig Justitsraad, avancerede derpaa til „Deputeret" i Rentekammeret, blev d. $\frac{21}{12}$ 1759 Etatsraad og udnævntes tilsidst d. $\frac{2}{4}^9$ 1768 til Konferentsraad. Heltzen var paa Grund af sin Embedsstilling bosat i Kjøbenhavn, og her tog han efter Svigermoderens Død 1747 til sig to af· sin Hustrus yngre Søstre, Christine og Anna Collett, hvilke begge nogle Aar efter bleve gifte fra hans Hus, den første med daværende Justitsraad Schultze, den anden med Justitsraad Elieson til Hafslund. Heltzens vare formuende Folk. Karen arvede saaledes efter sine Forældre 1'2,038 Rdl. 22 β, og fik i 1759 rimeligvis et større Legat efter Farbroderen. John Collett i London (se Side 22 i Noten). I 1753 tilfaldt der hende ved Morbroderens, Mathias Rosenbergs Død et Beløb af omtr. 700 Rdl., og ligeledes fik hun endel efter sin Broder, Kancelliraad Peter Collett, der døde i 1763 som Eier af Herregaarden Rønnebæksholm. Heltzen arvede derhos selv meget betydelige Midler efter sin Morbroder, Konferentsraad og Assessor i Overhofretten i Christiania, Peter Vogt, der døde børnløs i 1767 og efterlod sig en Formue paa 221,000 Rdl.

Konferentsraad Heltzen døde d. 10 Mai 1772 under et Ophold hos Svigersønnen, Kammerherre Lillienskjold, paa Herregaarden Lilliendal i Nærheden af Vordingborg, og blev bisat i det Lillienskjoldske Gravkapel. Den 19 Septbr. 1785 døde ogsaa hans Enke paa denne Gaard, hvor hun ligeledes bisattes i Svigersønnens Familiekapel. Hendes Søster, Ditlevine Feddersen, dengang boende i Kjøbenhavn, skildrer os i et efterladt Brev Karen som „den elskværdigste, dydigste, uligneligste Søster" og fortæller, at „en hidsig Feber røvede. hende bort midt i en Sundhed og Munterhed, som sjelden følger hendes Alder."

Af Heltzens 7 Børn bleve følgende tvende voxne:

1) *Christian* Ernst, f. 1745, blev Berghauptmand i Norge, ægtede 1772 Anne Christine *Haxthausen*, en Datter af Generalmajor Fredrik von H., og fik i 1812 Afsked med Konferentsraads Titel; † i Trhjem. 1825. En Søn blev Sorenskr. i Aker og en Sognepr. til Ranen; en Datter, Pauline, blev g. m. Statsminister Dues Fader.

2) Sophie *Charlotte*, f. 1753, g. 1771 m. Kammerh. R. D. O. Hans Gustav *Lillienskjold* til Lilliendal og † 1834. En af deres Døtre blev gift med Prof., Apoth. Maschmann i Chria, 4 andre med danske Officierer. Sønnen, Frederik blev Kapt.

2. CHRISTINE SOPHIE COLLETT, gift med Deputeret i Generalitets-Kollegiet, Geheimeraad HIERONYMUS JOHAN von SCHULTZE, R. D. O.

Christine Sophie, Kjøbmand Peter Colletts og Anna Catharina Rosenbergs næstældste Datter, var født i Christiania d. 24 Februar 1726 (døbt den 28 s. M.). Efter

Moderens Død 1747 kom hun til sin ældre Søster, Fru Heltzen i Kjøbenhavn, og fra dennes Hůs blev hun omkring Aaret 1754 [1]) gift med *Hieronymus Johan von Schultze.*

Den 8 Marts 1756 oprettede Schultze og hans Hustru i Kjøbenhavn et reciprokt Testament, hvorefter den Længstlevende skulde arve den Anden, dog med det Forbehold, at om han døde først, skulde hans Søskende faa 100 Rdl. hver (tilsammen 300 Rdl.), og om hun døde først, da skulde hendes Søskende til lige Deling faa 1000 Rdl. en Gang for alle. Da Christine en Maaned efter afgik ved Døden i Kjøbenhavn d. 6 April 1756, traadte følgelig Schultze op i hendes Sted som Fordringshaver i Peter Colletts og Hustru's Dødsbo. Med Fradrag af de nævnte 1000 Rdl. tilfaldt der ham i dette 11,038 Rdl. 22 β.

Schultze var født i 1716. I 1745 fungerede han som Kancellist i Krigskancelliet og Auditør ved Drabant-Garden og Landkadetkorpset, hvorhos han gjennem flere Aar var Medlem af den Kgl. Slotsret. I 1746 blev han Krigsraad, avancerede derpaa til Sekretær i Krigskancelliet, udnævntes d. $\frac{1}{1}$ 1754 til virkelig Justitsraad og blev d. $\frac{3}{5}$ 1757 Deputeret i Landetatens Generalkommissariat (Generalitets- og Kommissariats-Kollegiet). Den $\frac{1}{1}$ 1759 fik han Titel af Generalkrigskommissær med Rang af Oberst, og den $\frac{3}{8}$ 1763 blev han Medlem af det da oprettede Generalkrigs-Direktorium. Han var nu gjennem en længere Aarrække Direktør ved Landetatens Varemagasin, udnævntes d. $\frac{1}{1}$ 1767 til Etatsraad, d. $\frac{2}{9}$ 1768 til Konferentsraad og tilsidst — i 1781 — til Geheimeraad. Den $\frac{2}{1}$ 1774 blev han Ridder (ɔ: Storkors) af Dannebrog og valgte i den Anledning til Symbol „Candide, sed caute".

Schultze blev gift 2den Gang med *Anne Susanne von Fabritius,* f. 1737 † 1792, en Datter af Etatsraad og Bankkommissær Gotthilf Just von F. og Hustru Mariane Bruyer; men ogsaa dette Ægteskab var børnløst. Den $\frac{1}{9}$ 1796 fik han Afsked i Naade som 1ste Deputeret i Kollegiet og døde d. 27 Sept. 1803 i Kjøbenhavn, 87 Aar gammel.

---

3. DITLEVINE COLLETT, gift med Magistratspræsident, Konferentsraad NICOLAI FEDDERSEN.

Kjøbmand Peter Colletts og Anna Catharina Rosenbergs 3die ældste Datter fødtes i Christiania d. 19 Juli 1727 og blev ved Daaben d. 24 s. M. opkaldt efter Statholder Ditlev Vibe, som stod Fadder til hende. *Ditlevine* var en fin, sjælfuld Kvinde

---

[1]) Under Skiftet efter Morbroderen, Mathias Rosenberg, heder det d. $\frac{1}{1}$ 1753, at Christine da endnu var hos Heltzens.

31

med et varmt Hjerte og en poetisk anlagt, livlig og smagfuld Aand. Denne uddannede hun ved en omfattende Læsning, hvad der ogsaa fremlyser af hendes efterladte (i Universitets-Bibliotheket opbevarede) Excerptbog, hvis Indhold er hentet fra franske, tydske og danske samt nogle faa engelske og svenske Forfattere. Man har tillige endel velskrevne Breve fra Ditlevines Haand, i hvilke man navnlig lærer hende at kjende som en Dame, begavet med et sundt Omdømme og varme Interesser for Literatur og Kunst.

Samtiden synes at have sat megen Pris paa hende. Digteren *Tullin*, der hørte til Familiens nærmeste Omgangskreds, har saaledes skrevet flere Hyldningsdigte til hende under Benævnelsen „Dorinde"[1]. Gjennem Tullin stiftede den som Forfatter bekjendte Professor og Sognepræst Jac. Nic. Wilse Bekjendtskab med Ditlevine, og han omtaler hende i sine „Reise-Iagttagelser" (I. S. 197) som en Dame, der „dyrkede Sprog og Videnskaberne, hvilket Moden kuns tillader Kjønnet incognito." Hun er ogsaa bleven literært bekjendt[2] ved nogle trykte Oversættelser og poetiske Smaaarbeider. I Oktober 1765 udgav hun anonymt en Oversættelse fra Fransk af Goldonis Komedie „Pamela," der „for dens Ypperligheds Skyld" blev aftrykt i Christianias eneste daværende Avis „Nordske Intelligents-Sedler" (Aarg. 1766 No. 14 o. flg.). I „Hermoders" 5te Bind 14de Hefte (K.havn 1800) findes endvidere tre af Ditlevine forfattede, anonyme Digte, af hvilke det ene, der er skrevet til Tullin 1760 i Anledning af Bryllupsdigtet „Maidagen," bærer Titelen „Et Høyagtnings Vidne fra nogle Hyrdinder i Norden til den norske Ovidius" og er underskrevet „Dorinde," hvorefter følger Forbogstaverne paa 7 af Christiania By's Damer af den høiere Societet. Det andet Digt[3] er et Fødselsdagsvers til hendes Mand.

Den 5 Januar 1749 blev hun i Christiania gift med daværende Justitsraad og Magistratspræsident i denne By, *Nicolai Feddersen*, født i Flensborg d. 18 Oct. 1699. Han var en Søn af Raadmand i Flensborg *Peter Feddersen* (f. 1664, † 1732) og *Lucia Ditlevsdatter Suling* (f. 1674, † 1739) og havde 17 Søskende, blandt disse en Søster, Magdalene, som blev gift med Præsten Peter Kruckow paa Langeland, og hvis Datter Mette Kruckow[4] blev Digteren Tullins Ægtefælle.

---

[1] I hans samlede Verker I. findes S. 113: „Impromptu paa Frue F**s Fødsels-Dag," og S. 134: „Ingen Fabel til Dorinde, forfattet i Anledning af Frue F**s Fødsels-Dag."

[2] Se S. 174—76 i „Det gamle Christiania," hvis Forfatter her har sat Ditlevine et smukt Minde.

[3] Begge disse Poemer ere indtagne i Anhanget. — Et Par af hendes utrykte Digte findes i den Fayeske Samling i Rigsarkivet. — Endelig kan det anføres, at Ditlevine ifølge Rektor Jens Boalts Indledningsdigt til Tullins Skrifter sammenholdt med N. M. Petersens danske Literaturhistorie V. 2. S. 274 under Navnet „Doris" skal have skrevet „den bekjendte Sang": „Min Philander! Tiden minder" etc. — „Philander" (o: Feddersen) — heder det sammesteds — „menes at være Autor til": „Skal Dalens Lillie" etc.

[4] Hun var en Tid i Huset hos Ditlevines Tante, Præsident Resens Enke, Maria, der testamenterede hende 500 Rdl. Se oven S. 20 i Noten. Jfr. ang. Slægten Feddersen O. H. Mollers: „Geneal. Tabellen von den Vorfahren und Nachkommen des Herrn Peter Feddersen." Flensb. 1774.

Feddersen var en Tid Informator for de Kgl. Pager, forfremmedes d. $\frac{14}{9}$ 1735 til deres Hovmester og blev samtidig Medlem af den Kgl. Slotsret. Den $\frac{21}{7}$ 1746 udnævntes han til Magistratspræsident i Christiania og fik den $\frac{7}{10}$ s. A. Titel af Justitsraad. Den $\frac{18}{6}$ 1760 blev han Etatsraad og d. $\frac{4}{1}$ 1764 „virkelig Etatsraad." Feddersen skildres som en „fint dannet og kundskabsrig Mand" og var, heder det, den Første, som her i Norge har arbeidet for Stiftelsen af en historisk Forening[1]), hvilket dog dengang ikke lykkedes.

Præsident Feddersen, som alene af sit Embede havde rundelige Indtægter[2]), kom derhos gjennem sin Hustru i Besiddelse af ikke ubetydelig Formue, idet Ditlevine i Løbet af Aarene 1745 til 1763 — bl. A. efter Bedstemoderen, Forældrene, Morbroderen Mathias Rosenberg, Onkelen John C. i London, og Broderen, Kancelliraad Peter C. til Rønnebæksholm — arvede Kapitaler, der maa antages tilsammen at have udgjort over 30,000 Rdl. Se forøvrigt, hvad herom er anført under hendes ældste Søster, Konferentsraadinde Heltzen. Kort før sit Giftermaal kjøbte Feddersen tvende Gaarde i Christiania, nemlig Anthoni Müllers Bygaard, (kjøbt for 2355 Rdl.), og Svigerforældrenes Gaard (kjøbt d. $\frac{13}{9}$ 1748 for 1499 Rdl. 3 β, men atter d. $\frac{5}{7}$ 1750 afhændet til Borgermester Stødt for 1499 Rdl.). Ved Akerselven drev han en Papirfabrik, kaldet „Jerusalems Mølle" og var derhos i Aker Eier af følgende Gaarde: 1) Diesen (kjøbt d. $\frac{8}{9}$ 1754 efter Andreas Album for 2010 Rdl. og af Enkefru Feddersen igjen d. $\frac{27}{7}$ 1775 solgt til Jens Larsen for 4000 Rdl.), 2) Frydenberg (kjøbt efter Mathias Rosenberg for 1446 Rdl. 1 β og afhændet til Overkrigskommissær Fyhn d. $\frac{13}{3}$ 1773 for 3150 Rdl.) og 3) Hougerud (kjøbt 1765 efter Carl Carlsen Steen for 1900 Rdl. og atter solgt til Arne Asper d. $\frac{28}{4}$ 1787 for 2250 Rdl.).

Efterat have beklædt Præsidenturet i Christiania i 21 Aar blev Feddersen i 1767 indviklet i en uheldig Strid med den af sin Deltagelse i Sammensværgelsen mod Struensee bekjendte Eventyrer, Grev Carl Schack Rantzau-Ascheberg[3]), der i et halvt Aars Tid var kommanderende General her i Landet. Denne Mand havde mægtige Forbindelser ved Hove, og ved Hjælp af disse fik han d. $\frac{1}{10}$ 1767 den gamle Præsident ganske uformodet og uden Lov og Dom afsat („forløvet") fra Embedet[4]), hvilket fremkaldte megen Misfornøielse i Byen, hvor Rantzau var ilde anseet, medens omvendt Feddersen stod i særdeles Gunst hos Borgerne. Aaret efter fik denne dog et Slags Opreisning ved en Udnævnelse til Konferentsraad. Feddersen døde i Christiania den 4 Marts 1769. Bisættelsen gik for sig med overordentlig Høitidelighed, idet Byen

---

[1]) Se „Det gamle Christiania" S. 175.

[2]) Han var tillige gjennem flere Aar Direktør for Akershus Stifts Toldforpagtningsselskab.

[3]) Se „Det gamle Christiania" S. 182—83.

[4]) Ditlevine skrev i den Anledning d. $\frac{3}{8}$ 1767 et langt Poem til Kongen, i hvilket hun skildrer den Uret, der er skeet hendes Mand. Digtet findes blandt G. Schønings (og B. Dass's) Collectanea i det Kgl. danske Bibliothek. Manuskr. 985 Fol. (Meddelt af Universitets-Bibliothekar L. Daae.)

benyttede Anledningen til at demonstrere mod det Regimente, som havde fjernet ham fra Præsidentpladsen[1]).

Feddersens havde 4 Sønner og 1 Datter. Denne Sidste døde i sin spædeste Barndom, og en af Sønnerne druknede 17 Aar gammel ved den førnævnte Papirmølle 2 Maaneder efter Faderens Død. Da de 3 gjenlevende Sønner, som alle havde faaet akademisk Uddannelse, ved Studier og Virkekreds vare knyttede til Kjøbenhavn, bestemte Ditlevine sig til at følge efter og bosætte sig i samme By. Henved 4 Aar efter Feddersens Død brød hun derfor op fra Christiania og flyttede ned til Danmark, hvor hun desuden havde anden Familie, nemlig sin Broder, Kammerraad Johan Collett, Søsteren, Karen Heltzen og Svogeren, Geheimeraad Schultze. Ligeledes var hun besvogret med Historikeren, Kammerherre Suhm, som var gift med hendes Kusine, Karen Angell.

Under Opholdet i Danmark korresponderede hun jevnlig med sin Søster Mathia, Bernt Ankers Hustru, og 11 af disse allerede foran berørte Breve findes endnu. De ere daterede Kjøbenhavn og gaa fra Høsten 1785 til 16 Mai 1801, da de bleve afbrudte ved Søsterens Død. Af Brevene ser man, at Ditlevine har levet et inderligt og opofrende Samliv med sine 3 voxne Sønner, af hvilke de to yngste vare noget sygelige. Den mellemste af dem havde hun den Sorg at miste. Selv var hun heller ikke stærk af Helbred[2]), men blev ikke destomindre en gammel Dame, idet hun overlevede alle sine Søskende paa Kammerraad Collett nær. Lige op i sin høie Alder syslede hun med poetiske Smaaarbeider. Endog i Foraaret 1801 — da hun altsaa var henved 74 Aar gammel — følte hun sig ved den fiendtlige engelske Flaades Nærmelse til Kronborg inspireret til Digtning. Hun døde i Kjøbenhavn d. 18de Novbr. 1803 „efter mange Aars Lidelser.“

De tre af Feddersens Sønner, som bleve voxne, vare:

1) *Peter*, f. 1750, blev Justitiarius i den danske Høiesteret og døde i Jan. 1822 i K.havn som Geheimekonferentsraad og R. (ɔ: Storkors) D. O. Ugift.

---

[1]) „Intelligentssedlerne“ beretter herom i sit Nummer for **22 Marts 1769**: — — — „*Den salige Herres Liig blev sidste Mandags Morgen, den 21de Martii, med en standsmæssig og ellers her i Staden usædvanlig Pragt bisat i sin Frues Fædrene-Begravelse. Aftenen tilforn havde ikke alene en stor Deel af Borgerskabet, men endog andre Stadens Indvaanere illumineret deres Vinduer til Ære for deres i 21 Aar retsindige og elskede Præsident, og i Sørgehuset saaes midt for Hoved-Porten en ind efter i Gaarden forlænget grøn Buegang, behængt med en stor Mængde Lanterner paa Siderne, og i Slutningen saaes paa en ziirlig sort Piedestal den Afdødes Navn i enkelt Træk, stærkt forgyldt og behængt med Lamper; det var omgivet med en Glorie indfattet af Skyer, hvorfra en Haand frembragte en Laurbærkrands. Øverst i Hvælvingen var Vaabenet anbragt, og nedenunder Navnet paa Piedestallen læstes følgende illuminerede Inscription: „Jeg blev lyksalig førend mine Fiender.“ Da Liget blev udtaget, blev af Skibet „Den norske Klippe“ saluteret med 9 Skud, hvorefter fulgte Minutskud, indtil den ganske Ligceremoni var tilendebragt.“* Derefter følger en Gravskrift, som er temmelig polemisk affattet, med Hentydninger til den pludselige Afsættelse.

[2]) „Sundheden,“ siger hun selv i et af Brevene, er „et Gode, som jeg næsten lidet eller intet har vidst af at sige.“

2) *James*, f. 1753, var Fuldmægtig i Økonomi- og Kommerce-Kollegiet, † ugift i sidste Aarti af forrige Aarhundrede.

3) *Ditlev* Frederik, f. 1754, Assessor i Hof- og Stads-Retten, senere „Kongens Foged“; blev gift den 18de Juni 1790 med Dorothea *Staal*, men efterlod sig ingen Børn.

---

4. Kjøbmand JAMES COLLETT og Hustru KAREN LEUCH.

James, Kjøbmand Peter Colletts og Anna Catharina Rosenbergs ældste Søn af dem, der bleve voxne, var født i Christiania d. 28de August 1728. Medens et Par af hans yngre Brødre gik den akademiske Bane, bestemte James sig til at fortsætte den Virksomhed, som Faderen med saa meget Held havde drevet, og i sin Ungdom opholdt han sig længe i Udlandet for at uddanne sig i denne Retning.

Ved Peter Colletts Død i 1740 havde Huset „*Collett & Leuch*“ mistet sin ene Styrer, og i 1746 faldt ogsaa den anden Chef, Peder Leuch, fra. Et Par Aar senere havde James naaet den Alder, at han kunde indtage Faderens Plads i Firmaet, og snart efter gik Peder Leuchs Chefspost over til hans ældste Søn, *Morten Pedersen Leuch*, som da ligeledes netop var bleven voxen. Kompagniskabet var saaledes gjen-oprettet, og det gamle Firma bibeholdtes uforandret, selv efter Morten Leuchs Død i 1768. Først henimod Aaret 1785 blev det ombyttet med „*Collett & Søn*,“ idet James ved denne Tid associerede sig med sin ældste Søn Peter og siden — efter hans Død i Marts 1792 — med Sønnen, John Collett (til Ullevold).

Handelshuset havde et godt Navn inden Forretningsverdenen. Da der i 1760 opstod Spørgsmaal om Deltagelse fra norsk Side i en Udvidelse af Banken i Kjøben-havn, fik Firmaerne Chr. Ancher og Collett & Leuch Bemyndigelse af Kjøbmændene i Christiania og Drammen til at optræde paa deres Vegne i denne Sag, og disse to Huse indgave derfor Forslag til Oprettelsen af en „Auxiliair- eller Nebenbanqve“ for Norge[1], uden at det dog dengang lykkedes at drive Sagen igjennem. Ligeledes kan det her nævnes, at James d. 16 Okt. 1770 sammen med en anden Kjøbmand fik Brev fra Kon-gen om at indkomme med Forslag til Handelens Opkomst i Norge[2].

Husets væsentligste Forretning var nu som tidligere den, fornemmelig paa Eng-land drevne, Handel med Trælast. Paa Skiftet efter Peter Collett og hans Enke over-toges Størsteparten af Boets Skove og Sagbrug samt Skibsparterne (for tilsammen

---

[1] Se „Meddelelser fra det Norske Rigsarkiv“ I. S. 434 o. flg. Først i 1813 gik som bekjendt Nord-mændenes Ønsker om en Bank igjennem.

[2] Af Stiftsprovst Holmboes utrykte Dagbogs-Optegnelser.

22,500 Rdl.), og hertil føiedes i Aarcnes Løb flere betydelige Eiendomme, hvoriblandt Halvparten af Bjølsens Sagbrug ved Akerselven (Auktionsskjøde ¾ 1765) samt Bybruget i Fets Præstegjeld (kjøbt 1785). Firmaets største Skove vare beliggende omkring Øieren, i Odalen, Eidskogen og Trysil[1]) — overhovedet i Glommentrakten.

Efter i længere Tid at have ligget nede fik Trælasthandelen under den nordamerikanske Frihedskrig et betydeligt Opsving, men ved denne Tid bleve Trælasthandlerne indviklede i en uheldig Feide med Stiftamtmand i „Agershuus Stift" Albrecht Philip v. Lewetzau, som arbeidede for at skaffe de oplandske Bønder, der solgte Tømmer til Grossererne, en gunstigere Stilling ligeoverfor disse end hidtil. I dette Øiemed fik Lewetzau for sit Stift udvirket Reskr. af ¹⅜ 1776, der fastsatte strenge Regler om prompte Betaling til Bønderne og tillige indeholdt flere for Trælast-Magnaterne saarende Hentydninger om Mangel paa Akkuratesse i Kjøbmandskabet m. m. Dette fremkaldte naturligvis megen Forbitrelse, og 9 af Hovedstadens og Frederiksstads første Huse — hvoriblandt James Collett — udsendte derfor d. ²¹⅜ s. A. et trykt Manifest, som de lode omdele med „Intelligentssedlerne," og hvori de protesterede mod Reskriptets Hentydninger, idet de ved disse erklærede sig forulempede paa sin Kredit og sit gode Navn og Rygte. De sluttede Protesten med at stevne alle Bønder, der maatte have Noget at fordre hos dem, til inden en kort Frist at fremmøde til Betaling, og udsatte endelig en Præmie af 500 Rdl. til den, som kunde angive Udsprederen af de i Reskriptet indeholdte fornærmelige Beskyldninger. Da Lewetzau herved følte sig personlig berørt, erhvervede han Bemyndigelse til at tilkjendegive Manifestets Udstedere Kongens Misnøie med deres Optræden i denne Sag, idet det ved Reskr. af ²⁄₅⁶ 1777 erklæredes, at om end et Par af Kjøbmændene — hvoriblandt Collett — vare at regne for gode Betalere, saa kunde det dog ikke lade sig gjøre at opstille en særegen Regel for deres Vedkommende[2]).

Ved Siden af Trælastforretningerne drev James Collett tillige en større Virksomhed som Fabrikherre og Bergverkseier. Ved Akerselven anlagde han saaledes en Uldkardefabrik, „hvor 100 Børn fortjente sit Ophold"[3]), og skjønt denne af Mangel paa tilstrækkelig Afsætning efter nogle Aars Drift maatte nedlægges, havde Anlægget dog den gavnlige Følge, at endel ved Fabrikken oplærte Folk senere som Professionister kunde forsyne Landet med alle de Uldkarder, det tiltrængte. — Paa sin Eiendom Møllenhof i Eker drev han et Sæbesyderi (nyanlagt 1769) og en Oliemølle, og i Oslo anlagde han 1776 et Potaskekogeri (i Forbindelse med Alunverket). — Han var derhos Interessent i Frolands Jernverk i Nedenæs og ligeledes i Frederiksgaves Kobberverk i

---

[1]) Til Lettelse af Tømmerdriften fra Trysil fik James C. og 3 andre større Trælasthandlere efter 20 Aars Underhandlinger d. ¹⅜ 1791 Tilladelse af Gustav d. III. til at fløde Tømmeret et lidet Stykke ind i Sverige for derfra over Halensøen gjennem Flisen at kunne føres i Glommen. (Reskr. af ¹⁄₉ 1785). Udgifterne ved Underhandl. beløb sig i 1782 til 112,446 Daler Kopparmynt.

[2]) Wessel-Bergs Reskr. Saml. II. S. 701 & 713 og „D. gl. Chria." S. 196—98.

[3]) Se Bings Beskrivelse over Norge, 1796. S. 82.

Foldalen, hvilket sidste af og til dreves med overordentligt Held, medens det til andre Tider fordrede betydelige Tilskud. Det mærkeligste Foretagende var imidlertid Driften af *Alunverket* ved Oslo. Dette Verk, hvorpaa der af de forrige Eiere var anvendt saa store Omkostninger (se foran S. 13), havde James, som tidligere berørt, d. ⅟ 1758 faaet sig tilslaaet for 362 Rdl., men dengang fandtes der kun nogle faldefærdige Huse paa Stedet. Han begyndte derefter saa ganske smaat at drive Verket op fra Nyt af, fik ved Kgl. Res. af ⅖ 1763 indrømmet det Tiende- og Toldfrihed for bestandigt og forbedrede og udvidede saa Indretningerne efter en foretagen Undersøgelsesreise til et Par svenske Alunverker. Trods alle Anstrængelser vedblev dog Driften fremdeles at kaste lidet af sig, og i 1771 syntes alt Haab om Trivsel at være udslukket, men da indtraf den overordentlig heldige Omstændighed, at en Englænder, Mr. Colbrue, kom paa den Ide over hele Europa at opkjøbe alt det Alun, han kunde overkomme, for at man siden skulde nødsages til at tage denne Vare hos ham til de Priser, han selv maatte bestemme. Heller ikke det herværende Alunverk undgik hans Opmærksomhed: han kjøbte op hele dets Beholdning og betingede sig tillige al den Alun, det i de 4 følgende Aar kunde producere. Nu begyndte da en for Verket overordentlig heldig Periode, men denne blev dog ikke af synderlig Varighed, da Englænderen selvfølgelig ikke i Længden kunde holde Skridt med Europas Alunproduktion og derfor efter nogle Aars Forløb gik bankerot. James Collett vedblev dog Verkets Drift lige til sin Død, hvorefter den fortsattes af hans Søn John.

Det var i hine Tider ikke usædvanligt, at Private forpagtede de Staten tilkommende Told- og Konsumtionsafgifter for enkelte Distrikters Vedkommende. Ogsaa James findes at have deltaget i disse Spekulationer, idet han i 1764 sammen med Digteren, Raadmand Tullin o. Fl. overtog Forpagtningen af de nævnte Afgifter i „Agershuus Stift" [1]), og i 1776 i Fællesskab med Bernt Anker indgik en lignende Kontrakt angaaende Christiania By's Konsumtionsafgifter.

I Aarenes Løb tilfaldt der James betydelige Arvemidler, nemlig 1150 Rdl. 81 β efter Bedstemoderen Karen Collett, 24,076 Rdl. 44 β efter Forældrene og, som det fortælles, 40,000 Rdl. efter Farbroderen John Collett i London [2]). Ved sin Morbroders, Mathias Rosenbergs Død i 1753 arvede han fremdeles 1387 Rdl. 73 β og fik herfor Udlæg i Eiendommen *Fladeby* [3]) i Enebak. Han udløste kort efter alle Medarvingerne og blev saaledes Eneeier af dette Gods, der dengang vurderedes til 8000 Rdl.

Den 10 Nov. 1756 beseglede han i Christiania den gamle Forbindelse mellem Familierne Collett og Leuch ved at gifte sig med sit Næstsøskendebarn, *Karen Leuch*, en Søster af hans Kompagnon. Hun var født i Christiania d. 19 Dec. 1733 (døbt d. ⅞ 1734) og var Datter af den oftere nævnte rige Kjøbmand *Peder Mortensen Leuch* (af

---

[1]) Han reiste i den Anledning 1764 til Kjøbenhavn med Tullin, som under Opholdet der blev feiret som „Danmarks største Digter." (N. M. Petersens Literaturhistorie V. 2. S. 271. 1ste Udg.).

[2]) Jfr. S. 22 i Noten. James C. arvede ogsaa efter sin Broder, Kancelliraad Peter C. † 1763.

[3]) Kjøbt 1697 af Mathias Rosenbergs Fader, Peder Iversen Rosenberg.

Firma Collett & Leuch) og *Anna Catharina Hellesen.* Karen skjænkede sin Ægtefælle følgende 2de Sønner, begge fødte i Christiania:

1) *Peter,* f. d. ⅛ 1757, g. m. Karen *Elieson* og † d. ²³⁄₃ 1792 ⋅som Kjøbmand i sin Fødeby.

2) *John,* f. d. ²⁹⁄₃ 1758, blev ligeledes Kjøbmand i Christiania, g. m. Martine Christine Sophie *Elieson* og † d. ³⁄₁ 1810.

8 Dage efter sin anden Søns Fødsel døde Karen i Christiania, neppe 25 Aar gammel. Hun blev bisat i det Collettske Gravkapel d. ₁₆⁄₀ 1758, og Tullin skrev følgende Gravskrift over hende:

„Amen!
(Saa svær den som lever)
Roe og Velsignelse skal hvile
over disse Been.
Jeg, som kjender Støvets Værd, siger:
Dette er mig dyrebart.
Jeg dannede det til en Boelig for Dyden,
da min elskelige, nu altid salige
Karen Leuch
kom fra min Haand d. 19 Dec. 1733,
og blev et Mønster paa Kjerlighed,
da jeg forenede hende

med min og hendes elskelige
James Collett, Kjøbmand i Christiania.
En Moder for to Sønner,
en Martyr for den Sidste:
Et Maal for min Viisdom,
da hun faldt igjen i min Haand d. ²⁄₉ 1758.
Menneske!
Kjend din Værd, saa er du dydig;
lær at døe, saa er du viis;
min Almagt er Viisdom, min Viisdom Kjerlighed:
Troe derfor, at det er din Lykke,
at ikke du, men jeg er almægtig!"

James boede i „Collettgaarden," som han d. ³⁰⁄₁₀ 1761 fik sig tilskjødet af sin Farbroder Johns Universalarving, Kjøbmand i London Claus Heide[1], og i dette Hjem, hvor Tullin, Præsident Feddersens og siden Bernt Anker og Enevold Falsen hørte til den nærmeste Omgangskreds, dannede sig i anden Halvdel af forrige Aarhundrede et Centrum for Datidens høiere Selskabsliv i Christiania[2]. Værten var en stor Elsker af Musik — hvilket nedarvedes paa hans ældste Søn —, og Underholdningen har sandsynligvis ofte gaaet i musikalsk Retning[3]. Et andet yndet Tidsfordriv var Komediespillet, der i Begyndelsen var offentligt og udførtes af tilreisende Kunstnere[4], men

---

[1] Se herom S. 22. — Den ¹⁄₉ 1756 fik han Skjøde paa den enetages Bygning i Raadhusgaden, der nu udgjør en Del af Første-Statsraadens Bolig, men d. ¹⁄₈ 1757 solgte han den atter til Svogeren, Morten Leuch.

[2] Blandt større Festligheder i Collettgaarden kan nævnes et i 1772 afholdt Bal for den kommanderende General i Norge, Prinds Carl af Hessen og hans Gemalinde, Christian d. VII⁸ yngste Søster. D. ¹⁴⁄₁ 1788 var der stor Middag for Kronprinds Frederik og Prindserne Carl og Frederik af Hessen, da disse efter det svenske Felttog en kort Tid opholdt sig i Chria. Efter al Sandsynlighed er ogsaa den Fest, som Tullin besynger i „Maidagen" — nemlig Mathia Colletts Bryllup med Morten Leuch — bleven feiret i Collettgaarden, hvor James dengang (i 1758) formodentlig har boet tilleie.

[3] Om et saadant Selskab, hvor der opførtes „en Syngeconcert" med James C. til „Capelmester," se: „Agent Holcks Reise i Norge 1769," trykt i Tidsskr. „For Hjemmet," IV, S. 256. Chria. 1863.

[4] I Sgnpr, Prof. Wilse's „Reise-Iagttagelser," K.havn 1790, I. S. 155 & 201 fortælles, at Collett havde indrettet Væxthuset i sin Have (i „Grændsen") til Skueplads og Koncerter, „hvorpaa endog Virtuoser blandt Fruentimmer undertiden lode sig høre baade i Instrumental- og Vocalmusik."

senere blev optaget i Familiekredsene som en privat Morskab. Interessen for sceniske Forestillinger steg snart til et rent Sværmeri, der for Collett-Kredsens Vedkommende naaede sin Høide under Julebesøgene paa Fladeby, hvor der hver Aften — hyppig under Enevold Falsens eller Bernt Ankers Auspicier — udførtes saakaldte „Optog".

Det oftere nævnte *Fladeby*, til hvis Navn der knytter sig saa mange Minder om en forgangen Kulturperiode, laa paa Vestsiden af Øieren, omtrent 4 Mile fra Christiania, og var Hovedgaarden for et betydeligt Jordegods paa 13 Eiendomme, nemlig: Omberg, Børgen, Rud, Sillebøl, Bergskoug, Houg, Mellegaard, Sundby, Hougsteen, Sikkebøl, Gjestang og 2 Ovind-Gaarde. Den største Herlighed var dog de betydelige underliggende Skove og talrige Sagbrug [1]). Den store 3etages Hovedbygning, der nu er jevnet med Jorden [2]), havde en smuk Udsigt over Øieren og var omgivet af store Haver og Alleer, men benyttedes kun til kortere Besøg, hvorfor den ogsaa af Henr. Wergeland i hans „Norge i 1800 og 1836", hvis 1ste Akt foregaar paa Fladeby, betegnende er bleven kaldt „en Eremitage."

I mere end et halvt Aarhundrede (ligefra Tullins Dage) var Fladeby i Jagttiden og Julen Samlingsstedet for en Kreds af livsglade, fornøiede Mennesker, som her rekreerede sig ved landlige Adspredelser og i utvungen Munterhed aflagde al Bylivets Stivhed og Tvang. Tallet paa de Gjæster, som Gaardens Eier saaledes kunde føre med sig op fra Hovedstaden, beløb sig i Almindelighed til mellem 20 og 30 Mennesker, og det Hele var anlagt efter samme store Maalestok. Jagtpartierne i de omliggende Skove vare meget glimrende — navnlig fordi ogsaa Damer kunde deltage —, og allerede tidligt havde man forfattet egne Jagtlove, der hvert Aar oplæstes for det jagende Selskab og paasaaes strengt overholdte [3]). De største Festligheder afholdtes dog ved Nytaarstide, da et anseligt Tog af Herrer og Damer fra Christiania og Omegn droge derop forat ture Julen ud. Af og til taltes ogsaa europæiske Notabiliteter mellem disse Julegjæster. Saaledes tilbragte den fra St. Jean d'Acre senere saa berømte Sir Sidney Smith Julen 17$\frac{9}{1}$ paa Fladeby, og et Minde herom bevaredes længe ved en Pokal, hvorpaa han havde skrevet sit Navn. Ved Aarhundredets Skifte havde Stedet en anden navnkundig Gjæst i den engelske Statsmand Lord Brougham.

Om Selskabeligheden paa Fladeby i den Tid, da James Collett eiede Gaarden,

---

[1]) Den samlede Skyld beløb sig til 14 Skℳ 5 Lℳ. Om Fladeby fortæller den senere Amtmand Magnus Theiste, som i 1761 reiste i Norge paa offentlig Bekostning: „*Her har Collett 7 Sagbrug, og 2 andre paa en Gaard Barbøl tilhøre Collett & Leuch. Sagmestrene i denne Egn have Ord for at være habiles. Præmier, bestaaende af en Ulveskinds Hue, en rød Klædes Vest o. s. v. lader Collett her uddele offentlig paa Kirkebakken aarlig næste Søndag før Juul til de Bønder og Huusmænd paa hans Grund, som i det forløbne Aar have ryddet og grøftet meest, sat Steengjerder o. s. v.*" (Thaarups Mag. for Danm. og Norges topogr. Beskr. II. S. 51).

[2]) Omkring Aaret 1840 blev Hovedbygningen solgt til Nedrivning, og dens Prydelser spredtes da ud over Bygden.

[3]) Da Stiftamtmand Christie om Høsten 1815 aflagde et Besøg paa Gaarden for efter Indbydelse at deltage i Jagten, vare de Jagtlove, som oplæstes for ham og Selskabet, daterede $\frac{8}{9}$ 1756. („Det gamle Chria." S. 230).

haves en Optegnelse i Sognepræst, Prof. Wilses forannævnte Reiseiagttagelser (B. I. Khavn 1790), hvor det heder: „Her har man i de senere Tider vidst at anrette Divertisse-
„ments af forskjellig og artig Smag. Saaledes paatage en Deel Damer af Selskabet sig
„at være Værtinder hver sin Dag, man spiller, synger, dandser, samtales, ingen Debouche,
„ingen ufornøden Tvang, den gode Opdragelse, utvunget Venskab og Lyst til at contri-
„buere Enhver sit til Selskabets Behag angiver Tonen; men det usædvanlige her i Landet
„ere de Skuespil, Liebhabere af denne Slags Fornøielse blandt Selskabet sammesteds
„anstille, hvorved Kjøbenhavns største Vinterdivertissements, som denne Hovedstad har
„alene for sig, saavidt kun lidet savnes; men hvad endnu er mere synderligt: En paa-
„tager sig, deels i Egenskab af Vært, deels ellers, at spille en Solo-Rulle den Dag, Vært-
„skabet falder ham til, det være sig som Haandværksmand eller en høiere Betjening,
„og paa saadan Maade har selv Paven i Rom været her. Sammesteds anstilles om
„Høsten en selskabelig Jagt, hvori og Fruentimmer tør tage Deel, men om Vinteren an-
„stilles her og overalt kun Jagt paa Sporsnee.“

Julelivet paa Fladeby, der yderligere er omhandlet under Gaardens følgende Eier, John Collett, er ikke gaaet hen uden Kritik. Denne har vistnok for en Del været berettiget, da Tonen i hin nydelsessyge Periode overhovedet ikke var fri for at være frivol, men Rygterne have dog udentvivl været i høi Grad overdrevne og upaalidelige, hvilket ogsaa antages af Forfatteren til „Det gamle Christiania“, hvor der S. 229—234 findes et eget Kapitel, betitlet „Fladeby“ [1]). Ogsaa skal man i det endnu existerende Brudstykke af den paa Fladeby i dette Aarhundredes Begyndelse førte Journal [2]) over hver Dags Begivenheder have vanskeligt for at paapege Steder med endog blot Antyd-ninger til, at noget Anstødeligt har tildraget sig.

James Collett var fra 1765 til 1770 Overformynder i Christiania og bestyrede derhos fra 1767 til sin Død Konferentsraad Vogts og Hustru's Legat paa 2000 Rdl. til Trængende af denne Familie. En Tid lang forrettede han som Medlem af Hovedstadens permanente Brandkommission [3]) paa 5 Mand, og da Byens Toldbod, Kran og samtlige Søboder d. 2/9 1785 gik op i Luer, udnævntes han til Medlem af den Kommitte, der skulde regulere Gjenopbyggelsen. I 1781 forærede han hele Brandkorpset egne Huer og Skilter, ligesom han Juleaften 1793 skjænkede 100 Rdl. til Christiania Opfostrings-og Vaisenhus. Ogsaa for Oparbeidelsen af Veie omkring Byen viste Collett megen Interesse, og for sin Virksomhed i denne Retning fik han 1771 en offentlig (i „Intelli-gentssedlerne“ indrykket) Taksigelse fra General-Veimester G. A. Krogh.

---

[1]) „Tage vi ikke feil, hidrørte de (Rygterne) fordetmeste fra Udenforstaaende, som ikke fik Adgang til at være med, og det har jo alle Tider hørt til det større Publikums sleite Instinkter at lade sin Kritik gaa ud over Forhold og Personer, som det selv er udelukket fra at lære nærmere at kjende.“ („D. gl. Chria. S. 231).

[2]) Brudstykket gaar med nogle Afbrydelser fra 1800 til 1808.

[3]) Det er uden Tvivl i denne Forbindelse, at der ved Ildebrandstilfælde i de Dage skal have gaaet det Ord i Byen, „at gamle Collett, som var saa heldig i alt Muligt, bare behøvede at vise sig og ride omkring Brandstedet paa sin Skimmel, saa fik de snart Bugt med Ilden.“

James døde i Christiania d. 15 Nov. 1794 efter nogle Ugers Brystsvaghed og blev bisat i Familiens Gravkapel ved Vor, Frelsers Kirke d. 21 s. M.[1]).

Svogeren Bernt Anker har forfattet følgende trykte Gravskrift over ham[2]):

„Uden Bestandighed
er Venskab et Irlys, som fører til Afgrunden.
Uden Fred i Hjertet
ere Livets Nydelser et løsladt Helvede.
Uden roelig Anstrængelse
forstyrres alle Planer til at gavne.
Uden Sparsomhed
maa Fyrsterne selv fortvivle.
Derfor var Du

Herr James Collett,
som blev den *28 Augusti 1728*
og hørte op at være den *15 November 1794,*
en trofast Ven, en blid Fader
og en arbejdsom Mand og Borger
i det Kald, som gjør Staterne store.
Dine patriotiske Anlæg hædre Dit Minde,
og Slægter, som trives ved disse,
skal strøe Blomster paa Din Grav.
B. A.“

Hans Bo skiftedes ifølge Kgl. Bevilling ved Samfrænder. I de senere Aar, og navnlig under Kompagniskabet med den ældste Søn, Peter, var det gaaet tilbage med Indtægterne[3]), og ved Boets Opgjør viste en Mængde af Fordringerne sig at være usikre. Den ³⁄₁ 1792 havde han derhos ved Sønnens dødelige Afgang maattet skifte med dennes Efterladte, som ved Delingen fik 24,000 Rdl. af Husets Masse, og den beholdne Formue efter James kunde nu under Samfrændeskiftet blot anslaaes til omtr. 24,000 Rdl. Den gjenlevende Søn John, der efterfulgte ham som Chef for Firmaet „Collett & Søn“, overtog ogsaa hele Boet mod at tilsvare sine Broderbørn deres Arvelod, der tilsammen udgjorde 12,000 Rdl.

5. Kancelliraad PETER COLLETT til Rønnebæksholm.

Kjøbmand Peter Colletts og Anna Catharina Rosenbergs næstældste Søn blev født i Christiania d. 11 Dec. 1729 og fik ved Daaben d. ¹²⁄₁₃ samme Navn som Faderen. Efter privat Undervisning i Hjemmet reiste *Peter* Sommeren 1749 sammen med den yngre Broder, Johan, ned til Kjøbenhavns Universitet for „at udstaa sine Examina og

---

[1]) Det fortælles, at James skal have tænkt paa at gifte sig anden Gang, nemlig med en Jomfru Dampe. Hun var meget yngre end ham, smuk og musikalsk, hvilket sidste særlig maa have tiltrukket James. I sine Memoirer „Gamle Dage“, (Khavn 1871, S. 341—43) beretter Fru Dunker, at Jomfru Dampe (ved Aarhundredets Udgang) boede i en stor Gaard, som J. havde for- æret hende. Familien fik, heder det, forpurret Giftermaalet, „men havde Intet imod, at J. for- ærede hende 10,000 Rdl.“

[2]) Hans Søn, John, reiste ham paa Ullevold et Marmorminde med følgende Indskrift: „*James Collett, nato 28 Aug. 1728, denato 15 Nov. 1794. Monumentum optimo patri, civi merito po- suit 1797 unicus filius.*“

[3]) I en Skatteligning fra 1788 sees han dog, næst efter det Ankerske Hus, at have været Byens høieste Skatteyder med 180 Rdl.s Skat.

videre fortsætte sine Studier under Professor Møllmanns Veiledning"[1]). Efterat have studeret ved det danske og flere fremmede Universiteter, ansattes han ved sin Tilbage-komst fra Udlandet i det danske Kancelli, hvorhos han d. $\frac{29}{11}$ 1756 blev udnævnt til vir-kelig Kancelliraad.

For sine Arvemidler — deriblandt noget over 24,000 Rdl. efter Forældrene og formodentlig en mindst lige saa stor Sum efter Onkelen, John Collett i London[2]) — kjøbte han d. $\frac{11}{6}$ 1761 af Amtmand, Geheimeraad Carl Juel Herregaarden *Rønnebæksholm* i Rønnebæks Sogn i det sydlige Sjælland[3]). Kort efter Kjøbet af dette Herresæde gjorde han en Tur op til sin Familie i Norge og besøgte bl. A. Hafslund, hvor Svoge-ren, Justitsraad Elieson, gift med hans Søster Anna, førte et stort og gjæstfrit Hus.

Kun i halvandet Aar var Peter Collett Herre til Rønnebæksholm. Han var nem-lig en lidenskabelig Jæger, og under en saadan Jagt styrtede han med Hesten og døde af Faldet d. 8 Januar 1763, 33 Aar gammel. Han bisattes i Kapellet ved Rønnebæks Kirke den 31 Januar samme Aar.

I en Notits paa Bagsiden af Peter Colletts Portræt (i Jægerdragt) heder det, at „han saa godt ud, var munter og godmodig,", og at han „altid beflittede sig paa at tækkes det smukke Kjøn," hvorfor han „af Herrerne, der ogsaa fandt ham interessant, for Spøg kaldtes Pigernes Peer." — Han var ugift, og efter hans Død eiede hans Sø-skende Rønnebæksholm i Fællesskab, indtil den ene af Brødrene, Kammerraad Johan Collett i 1764 udløste de andre Arvinger og overtog Gaarden som Eneeier. I 1777 gik Herresædet ved Salg ud af Familien, men siden 1863 tilhører det atter en Ætling af denne Slægt. (Se nedenfor under Peter Ferdinand Collet.)

---

6. ANNA COLLETT, gift med Justitsraad PETER ELIESON til Hafslund.

Anna, Kjøbmand Peter Colletts og Anna Catharina Rosenbergs fjerde Datter, fødtes i Christiania d. 28 Marts 1731 (døbt d. 31 s. M.). Efter sine Forældres Død kom hun og Søsteren Christine i Huset til den ældste Søster Karen, som var gift med Konferentsraad Heltzen i Kjøbenhavn. I dennes Hus stod hendes Bryllup den 22 Nov. 1754 med Slægtningen, den norske Kjøbmand *Peter Elieson*, tit. Justitsraad siden 5 April s. A.

---

[1]) Af Skiftet efter Forældrene i Christiania Skifteprotokol for 1748.

[2]) Med Hensyn til disses og flere Arvelodders Størrelse henvises til Broderen James Collett, S. 36, og til Farbroderen John C., S. 22 i Noten.

[3]) Dette Gods, der støder op til Næstved By og Herlufsholm, og som skal have faaet Navn efter Holsteneren Tue Rynebeck, der boede der i 1ste Halvdel af det 14de Aarhundrede, var indtil 1571 et kongeligt Lehn, men har siden været i Privates Besiddelse.

To lange — og formodentlig godt honorerede — Bryllupsdigte priste Brudens og Brud-gommens Fuldkommenheder[1]).

Peter Elieson var født i Christiania d. 30 Juni 1727 (døbt d. ⁷⁄₇) af Forældrene, Kjøbmand i nævnte By *Iver Elieson*[2]) († 1763) og *Karen Mortensdatter Leuch* († 1765). Da denne Sidste var en Kusine af begge Anna Colletts Forældre, vare Ægtefællerne saaledes Næstsøskendebørn, — et nyt Exempel paa de i Collettfamilien usædvanligt ofte forekommende Giftermaal mellem nære Slægtninger.

Justitsraad Eliesons havde 5 Børn, alle fødte paa Hafslund, nemlig:

1) *Iver*, f. d. ₁²₁ 1755, blev blind som Barn, døde i Tyveaarsalderen.

2) *Karen*, f. d. ¹⁄₅⁴ 1760, g. m. 1) Fætteren, Kjøbmand i Christiania, Peter *Collett*, 2) Major Poul Peter *Lindemann* til Holleby; † d. der ²⁄₃⁰ 1823.

3) *Anne* Cathrine, f. d. ³⁄₈ 1762, g. m. Kjøbmand i Christiania Søren *Horster* og † sammesteds d. ²⁸⁄₁₆ 1842.

4) *Martine* Christine Sophie, f. d. ¹¹⁄₃ 1764, gift med sin Fætter, Kjøbmand John *Collett* til Ullevold og † der d. ²⁄₁¹ 1826.

5) *Peter*, f. d. ²⁸⁄₈ 1770, tit. Krigsassessor, Postmester paa Moss, R. V. O., Eier af Evje i Smaalenene, g. m. Kirstine *Kjønig* og † d. ⁷⁄₈ 1833[3]).

Peter Elieson handlede ligesom Faderen hovedsagelig med Trælast, som han huggede i sine egne Skove og sagede paa egne Sage. Ved Siden af denne Virksomhed drev han paa Skibsrederi og eiede tillige 12 Kuxer i Frederiksgaves Kobberverk i Fol-dalen samt Aktier i Frederikshalds Sukkerverk og Herrebø Fajancefabrik. Efter sine Forældre arvede han en betydelig Formue, og denne blev end yderligere forøget ved Giftermaalet med Anna Collett, idet der Tid efter anden i Løbet af Aarene 1745 til 1763 tilfaldt hende Arvelodder, der tilsammen antagelig kunne anslaaes til over 30,000 Rdl.[4]).

I 1754 kjøbte Eliesons ældre Broder, daværende Kancelliraad Morten Leuch E.[5]) Eiendommen *Hafslund* i Skjeberg af General Huitfeldts Enke, Karen f. Wærenskjold. Justitsraad Elieson „gik ind i dette Kjøb og fik Skjøde derpaa den ⁴⁄₅¹ 1756 for

---

[1]) Begge findes i en Univ. Bibliotheket tilhørende Samling af Vers etc. Det ene er „i dybeste Ærbødighed forfattet af det Høyædle Brude-Pars underdanige Tienere, Hans Wilhelm Kaalund,“ det andet findes indtaget i Anhanget.

[2]) Slægten Elieson nedstammer fra norske Bønder. Justitsraad Eliesons Farfader, Elias Iversen, eiede Gaarden Lillo i Aker. Hans Sønner Iver og Anders E. nedsatte sig begge som Han-delsmænd i Christiania og skulle have lagt Grunden til sin Rigdom ved Salg fra Lillo's Skove. Boet efter Iver E. og hans Kone sluttedes 1767 med en Indtægt af over 160,000 Rdl. Deres Datter, Karen, var gift med den rige Justitsraad Chr Ancher, og nærværende Peter Elieson var saaledes Bernt Ankers Morbroder.

[3]) Børn: 1) Anna Dorothea E., g. m. Baron Wilh. Wedel-Jarlsberg til Ellinggaard. 2) Kapt. Peter E. til Fredensborg paa Jeløen ved Moss, g. m. en Roverud (ingen Børn). 3) Caroline Andrea E., g. m. Amtmand i Nordland Stabell. 4) Sorenskriver John Collett Posthumus E., g. m. Ingeborg Eivindsdatter fra Sillegjord (1 Søn og 3 Døtre). 5) Karen E., g. m. Kgl. Fuldmægtig Warenstedt.

[4]) I denne Henseende henvises til Søsteren Fru Heltzen, hvor Beløbene ere specificerede.

[5]) Født 1724, g. m. Dorothea Monsen og død 1763 som Justitsraad og Overretsassessor i Chria.

100,000 Rdl. og 800 Specie-Dukater"[1]). Her paa Hafslund holdt han siden Dug og Disk, men fik ved Kgl. Res. af ⁵⁄₈ 1763 tillige Ret til ved Fuldmægtig at handle i Frederiksstad. Hafslund, beliggende tæt ved Sarpsfossen, var ifølge Krafts Norges Beskrivelse (l. c. S. 78—82) „en gammel og anselig adelig Sædegaard, og den største af alle søndenfjeldske Herregaarde." Den havde langt tilbage i Tiden „været beboet af mægtige Høvdinge," eiedes i det 15de Aarhundrede af Slægten Gyldenhorn, senere efterhaanden af Familierne Gast, Rosénsværd, Bildt og Wærenskjold, og var endelig fra denne sidste Slægt ved Giftermaal kommet til General Huitfeldt. Under Hovedgaarden, hvis Skyld var 60 Sk℔ Tunge (71⅘ Skylddaler gl. Skyld), laa 12 Bondegaarde i Skjeberg, 12 Gaarde med betydelig Skov i Østerdalen og 5 Gaarde paa andre Kanter. Ligeledes hørte til Godset Skjebergs Hovedkirke og Ingedals Annexkirke samt Kaldsret til disse Kirker[2]), men dets største Herlighed var dog de fordelagtige Sag og Kværnebrug (i 1773 21 i Tallet). Hafslund selv beskrives af Kraft (l. c.) som en „ældgammel, anselig Kampestens Bygning, lig et Slot," men af denne er der nu kun tvende Mellemfløie tilbage, idet Resten ødelagdes af Ildebrand i Aaret 1764. Gaarden blev derpaa opbygget i sin nuværende Skikkelse, og Opførelsen skal have krævet lang Tid, da den stolte, pragtsyge Husfrue knap kunde faa Bygningen storartet nok. Datteren, Karen Collett, beretter ogsaa i sine efterladte Optegnelser, at det nye Hus kostede Forældrene 100,000 Rdl. Over Indkjørselsporten staa endnu Elieson- og Collett-Familiens forenede Skjoldemærker, hugne i Sten.

Sommeren 1772 reiste Eliesons med sin ældste Datter en Tur over til London. Ved Tilbagekomsten blev Anna syg og døde paa Hafslund den 12 September 1772. Hun bisattes først i Skjebergs Kirkes murede Hvælving, men blev senere flyttet ud paa Kirkegaarden. Hun skal have været en herskesyg, men klog og vellært Dame, der ligesom Søsteren, Ditlevine Feddersen, dyrkede Poesien[3]), fremmede Sprog og Videnskaberne, og paa et Miniaturportræt afbildes hun derfor omgivet af Bøger og videnskabelige Apparater; foran hende ligger Udkastet til det nye Hafslund, i hvis Udseende hun skal have havt en væsentlig Del.

Faa Maaneder efter Hustruens Bortgang døde ogsaa Justitsraad Elieson paa Hafslund den 2 Februar 1773. Han bisattes i Skjebergs Kirke, men begravedes senere paa Kirkegaarden.

Da de 5 Børn alle vare umyndige, og da den ene Søn var blind og sygelig, den anden kun 2 Aar gammel, besluttede Værgerne, Generalkrigskommissær Peder

---

[1]) Se „Topogr.-statist. Beskr. over Kgr. Norge af Jens Kraft," I. S. 79, 1ste Udg. Chria. 1820.

[2]) Amtmand Niels Wærenskjold kjøbte 1726 Kirkerne paa Auktion. D. ²⁴⁄₁₂ 1752 fik General Huitfeldts Enke, Karen, for sig og efterfølgende Eiere af Hafslund jus vocandi til disse Kirker, og d. ⁵⁄₁ 1767 fik Peter Elieson Konfirmation paa denne Ret. — Da Præsten *Jonas Rein* i 1792 reiste til sit Præstekald i Kautokeino, reddede Hafslunds daværende Eier, Generalauditør Wessel ham fra dette Forvisningssted ved at antage ham til Præst i Skjeberg.

[3]) Hendes Versebog opbevares endnu i den Elieson'ske Familie.

Holter og Bernt Anker at sælge de vidtløftige Eiendomme. De bleve imidlertid kun daarligt betalte. Holter og Anker kjøbte ved Auktion i 1774 Hafslund Gaard og Gods, men den sidste afstod 2 Aar efter sin Part til Holter for 60,000 Rdl.

---

7. Kommitteret i General-Toldkammeret, Kammerraad JOHAN COLLETT og Hustru ELSE ELISABETH JENSEN.

Johan, den næstyngste af Kjøbmand Peter Colletts og Anna Catharina Rosenbergs Sønner, fødtes i Christiania den 12 Februar 1734 og blev døbt d. ⅔ s. A. Sommeren 1749 reiste han i Følge med sin ældre Broder Peter ned til Kjøbenhavn for at gaa til Universitetet, blev samme eller det følgende Aar indskrevet mellem de akademiske Borgere og nød derefter i nogen Tid privat Undervisning, bl. A. af den bekjendte Historiker, Prof. Gerhard Schøning[1]). I 1754 tog han — 20 Aar gammel — juridisk Embedsexamen med Karakteren Laudabilis, udnævntes den ¹⁸⁄₈ s. A. til Sekretær ved det danske Kancelli og reiste derpaa udenlands for at studere ved fremmede Universiteter. I April 1755 sees han af et Stambogsblad at have opholdt sig i Göttingen, og han bereiste ligeledes Frankrige, England og Holland. I 1760 var han en Tur oppe i sit Fødeland, hvor han blandt Andre besøgte Eliesons paa Hafslund[2]). Ved Hjemkomsten ansattes Collett i det Kgl. vestindiske og guineiske samt General-Toldkammer, og efterat være bleven udnævnt til virkelig Kammerraad d. ¹⁄₄ 1761 blev han den 18 s. M. Kommitteret i Kammerets nordenfjeldske Departement. Dog erholdt han for det Første ikke Gage som Kommitteret, men da der i Tidens Løb ved Arv var tilfaldt ham nogen Formue[3]), maa han alligevel have havt et rundeligt Udkomme. Nogle Aar efter den sidste Udnævnelse haabede Kammerraad Collett ved sin Formands, Etatsraad Barchmanns Død at skulle stige op til 1600 Rdl.s Gage, men han fik kun 500 Rdl., idet en Anden blev ham foretrukket paa Grund af sin høiere „Karakter" af Justitsraad[4]). Da han nogen Tid iforveien var bleven Godseier, har han formodentlig valgt denne Leilighed til foreløbig at forlade Embedsbanen. I Statskalenderen for 1765 findes han saaledes ikke længer nævnt som Toldkammer-Kommitteret, men kun som Kammerraad og Kancelli-Sekretær.

---

[1]) Se Schønings Norges Historie B. III i Fortalen.

[2]) Her stod han i Marts 1760 Fadder til Søsterdatteren, Karen Elieson.

[3]) Efter Bedstemoderen, Kommerceraad Colletts Enke, arvede han 1745 1150 Rdl. 81 β, efter Forældrene 24,076 Rdl. 44 β og efter Morbroderen Mathias Rosenberg 1387 Rdl. 73 ß; derhos fik han antagelig en større testamentarisk Arv efter sin i 1759 afdøde Onkel, John Collett i London (Se S. 22 i Noten), og endelig arvede han i 1763 sin Broder, Kancelliraad Peter C. til Rønnebæksholm.

[4]) Meddelt af Universitets-Bibliothekar L. Daae.

I Januar 1763 afgik hans ældre ugifte Broder, Kancelliraad Peter Collett, plud-
selig ved Døden paa sin Eiendom *Rønnebæksholm* ved Næstved i det sydlige Sjælland.
Johan Collett overtog strax paa egne og Søskendes Vegne Bestyrelsen af denne Herre-
gaard, og den 1 Mai 1764 blev han Eneeier af Godset[1]) ved at afkjøbe de andre Ar-
vinger deres Parter.

Omtrent 2 Aar derefter (antagelig i 1766) giftede han sig med *Else Elisabeth
Jensen*, en Datter af Sognepræst til Vestenskov og Cappel paa Lolland, *Mathias Jensen*
(f. 1709 † 1776) og dennes anden Hustru *Magdalene Cathrine Ramus[2]*) (f. 1721 † 1755).
Elisabeth, der var født i Vestenskov den 19 December 1746, skal have været en elske-
lig og forstandig Kvinde. Svigerinden, Ditlevine Feddersen, omtaler hende i sine efter-
ladte Breve med Høiagtelse og Kjærlighed. I en af Frøken Franzisca Carlsen udgivet Bog
om „Rønnebæk Sogn" (K.havn 1861) fortælles der ligeledes (S. 251), hvorledes hun som
Husfrue paa Rønnebæksholm tog sig af Almuens Oplysning, idet hun et Par Gange
om Aaret hentede Børnene op paa Gaarden og overhørte dem i deres Katekismus og
anden Læsning. De flittigste af dem gav hun da Belønninger, ligesom de alle efter
Overhøringen fik et rigtigt godt Middagsmaaltid. Om Collett heder det sammesteds,
at han var en særdeles dygtig Bestyrer af Eiendommen, og at ogsaa han forstod at
gjøre sig elsket af sine Undergivne. „Han gav dem Sæd, naar de manglede, og hjalp
dem paa alle Maader," og det sagdes om ham, at „bedre Herremand end han var
ved Bønderne, havde de længe ikke kjendt paa Rønnebæksholm." I 1771 forøgede
Kammerraaden sit Gods med et Jordstykke, kaldet Raadmandsvænget, hvilket han
kjøbte af Næstved Magistrat, og i 1776 tilskjødede han sig endvidere Rønnebæks Sogns
Kongetiende. Medens Collett eiede Herregaarden, bortrev en Kvægpest 200 Stkr. af Be-
sætningen, men efter Frøken Carlsens Beretning (l. c.) ødelagde dette ham ikke, da han var
„en meget velhavende Mand." 14 Aar efter hans Tiltrædelse af Rønnebæksholm maa
det ikke destomindre være gaaet ud med ham, og det i den Grad, at han saa sig nød-
saget til at skille sig ved den smukke Eiendom. Grunden til Formuestabet er bleven
forskjelligt angivet, nemlig som Kautionsansvar, høit Spil eller Spil i Lotteriet. Hvordan
det nu end har forholdt sig med dette Tab, saa meget er vist, at han den ⅔ 1777
solgte[3]) Rønnebæksholm for 42,800 Rdl. til den fra sin Deltagelse i Intrigerne ved
Struensee's Fald berygtede Eventyrer, Kammerherre Magnus de Beringskjold, som
senere blev sat paa Munkholmen.

Efter Salget flyttede Kammerraad Collett med sin Familie, bestaaende af Hustru
og 6 Børn til Kjøbenhavn, hvor han atter, men som det synes forgjæves, søgte sig

---

[1]) Se mere om Rønnebæksholm under Kancelliraad Peter Collett. Side 41. Eiendommen anslo-
ges ved Midten af dette Aarhundrede til 161½ Tdr. Hartkorn.

[2]) Datter af Nordmanden, Jubellæreren, Christian Ramus, Biskop i Fyen, og Grandniece af Anna
Colbjørnsdatters Mand, Sognepræst Jonas Ramus.

[3]) Skjødet udstedtes den 18 Juni 1778. I 1863 er denne Herregaard atter kommet i Collettfami-
liens Eie. Se nedenfor under Peter Ferdinand Collet.

ind i Kgl. Tjeneste[1]). Vinteren 1777—78 blev han rammet af endnu haardere Slag, idet han i Løbet af en Maaned mistede 3 Børn i Skarlagensfeber. 2 Sønner vare døde som smaa paa Rønnebæksholm, og 3 Børn, som fødtes ham efter Bosættelsen i Kjøbenhavn, gik ogsaa bort i spæd Alder. Børnene vare:

1) *Peter*, f. paa Rønnebæksholm Sommeren 1767, Justitsraad, Assessor i Hof- og Stadsretten m. m., g. m. 1) Margrethe Caroline *Holm*, 2) Christine Constance *von Wickede;* † paa St. Thomas d. ²⁄₁ 1823.

2) *Mathias*, f. paa Rønnebæksholm 1768, † kort efter Fødselen og begravet i Kapellet ved Rønnebæks Kirke d. ²⁄₅ s. A.

3) *James*, f. paa Rønnebæksholm 1769, døbt d. ₁²⁄₁, † i Kjøbenhavn Jan. 1778.

4) *Anna Catharina Magdalena*, f. paa Rønneb. d. ¹⁶⁄₁₁ 1770, † i K.havn d. ¹²⁄₁ 1777.

5) *Jonas*, Statsraad, f. paa Rønnebæksholm d. ²⁄₅ 1772, gift med Maren Christine *Collett* og † i Christiania d. ³⁄₁ 1851.

6) *Johan*, f. paa Rønnebæksholm 1773 (døbt d. ²⁄₁₂), † der i Februar 1774 (begravet i Kapellet ved Rønnebæks Kirke d. ²⁄₆ s. A.).

7) *Johan*, Amtmand, f. paa Rønnebæksholm d. ³⁄₂ 1775, gift med Christiane Birgithe *de Stockfleth* og † i Christiania d. ¹⁄₆ 1827.

8) *Karen Mathia*, født i August 1776, † i Kjøbenhavn den ³⁄₁ 1777.

9) En Datter? (Mathilde?); † spæd.

10) *James*, døbt i Nikolai Kirke i Kjøbenhavn d. ⁸⁄₆ 1782, † i spæd Alder.

11) *Ditlevine Dorothea Elisabeth*, døbt sammesteds d. ²⁄₉ 1787, ligeledes † spæd.

Vel et halvt Aar efter det sidste Barns Fødsel mistede Kammerraaden ogsaa sin Hustru Elisabeth, der døde i Kjøbenhavn efter længere Tids Sygdom[2]) den 10de Marts 1788. Endnu i 9 Aar forblev Collett boende i Kjøbenhavn, hvor hans 3 gjenlevende Sønner imidlertid betraadte Embedsbanen, men i 1797 blev den ældste af disse, Assessor i Hof- og Stadsretten, Peter Collett, for Presseforseelser pludselig afsat fra sit Embede (hvorfor han senere med sin Familie reiste til Vestindien), og da den mellemste, Jonas, nogen Tid iforveien var bleven forflyttet til Norge, hvor den yngste ogsaa

---

[1]) Svogeren, *Bernt Anker*, anbefalede ham i dette Øiemed til sin Fætter, den senere Statsraad Carsten Anker, der dengang var ansat i Kjøbenhavn. Anbefalingsbrevet, som er dat. 13 Okt. 1777 og affattet i B. A.'s eiendommelige Stil, lyder saa: „Kammerraad Collett, en Mand, fait pour le „siècle, discret et taciturne, bringer dette. Se Du kan hjælpe denne værdige Mand, hvis Fata „Indlagte viser, og præsenteer ham for Guldberg, hvor han ikke er kjendt. Hans smukke Børn „og hans liden Fortune berettiger ham til at hjælpes og uden ... ? ? ? ... i Kgl. Tjeneste „kan han ikke leve af sine Renter." — Desværre er „Indlagte" bortkommet. — (Meddelt af Universitets-Bibliothekar L. Daae.)

[2]) *Ditlevine Feddersen* skriver herom d. ⅓ 1787 til Søsteren Mathia Anker i Norge: — — „Den „stakkels Søster Collett — — — falmer og svinder daglig hen af en tærende Syge. Intet uden „rudera af hendes Skjønhed er mere at see, og hun taler om sin Død med en Kjækhed, som „forundrer mig; mindst havde vi troet, at den lille uskyldige Glut, hun bragte til Verden, „skulde være saa trivelig og skjøn, som hun er, men arme Barn! Erfarenhed viser altfor meget, „at Du har indsuget din Moders Gift." — — —

søgte sig hen, drog den gamle Mand op til sit Fødeland og bosatte sig paa Kongsberg hos Sønnen Jonas, daværende Foged i Numedal og Sandsvær. Da den yngre Søn, Johan ved Udgangen af 1802 var bleven Foged i Buskerud, opholdt Kammerraaden sig ogsaa i længere Tidsrum i hans Hjem paa Sandaker i Lier. Han døde 72 Aar gammel paa Kongsberg den 22 Mai 1806 efter 8 Dages Sygeleie. Han var saaledes den Længstlevende af de 11 Søskende. Paa sine gamle Dage skal han have været meget faamælt og indesluttet.

8. MATHIA COLLETT, gift med 1) MORTEN LEUCH til Bogstad og 2) Kammerherrre BERNT ANKER, R. D. O.

Den yngste af Peter Colletts og Anna Catharina Rosenbergs Døtre fødtes i Christiania d. 28 Mai 1737[1]) og blev i Daaben d. 3 Juni s. A. kaldet *Mathia*. Faderen døde, før hun var 3 Aar gammel, og da hun 7 Aar derefter ogsaa mistede sin Moder, kom hun i Huset til Fasteren, Maria Resen, Enke efter Magistratspræsident i Christiania, Peter Resen. Ved Skiftet efter Forældrene arvede hun 12,038 Rdl. 22 β, og efter andre Slægtninger tilfaldt der hende i Aarenes Løb lignende Arvelodder, som foran S. 29 ere anførte under Søsteren, Karen Heltzen.

Den 6 Mai 1758 blev Mathia i Christiania gift med sit Næstsøskendebarn, hendes ældste Broders Kompagnon, Kjøbmand *Morten Pedersen Leuch* til Bogstad. Brylluppet, der formodentlig stod i „Collettgaarden" hos Broderen James, er bleven vide bekjendt derved, at Digteren *Christian Braunmann Tullin* i Anledning af denne Høitidelighed skrev sit berømte, paa Tydsk, Fransk og Islandsk oversatte, Bryllupsdigt „*Maidagen*"[2]), hvortil han skal være bleven inspireret under en Vandring paa Voxenkollen ovenover Bogstad. Morten Leuch benævnes i Digtet Menalcas, og Mathia skildres under Navnet Melicinda som „fornuftig, deilig, dydig, rig." Tullin var stedse Husets fortrolige Omgangsven og har skrevet flere andre Digte til Leuch og hans Hustru; se f. Ex. S. 108 & 111 i 1ste Bind af hans samlede Skrifter[3]).

Morten Leuch var født i Christiania d. 15 April 1732 og var en Søn af Peter Colletts før (S. 12) omtalte Kompagnon, den „brave og berømmelige" *Peder Mortensen Leuch* (f. 1692, † 1746) og *Anna Catharina Hellesen*, en Søster af ovennævnte Konferentsraad Poul Heltzen. Saasnart han var bleven voxen, indtog han sin Faders Plads i Firmaet *Collett & Leuch* og styrede siden — til sin Død — dette Handelshus i Fællesskab

---

[1]) Hendes Fødselsdag, „Vilhelmsdagen," høitidligholdtes altid paa Ullevold hos John Collett.

[2]) Se om Tullin og „Maidagen" L. Daae: „Det gamle Christiania." S. 165—176.

[3]) Jfr. ogsaa Rektor Jens Boalts Indledningsdigt til Tullins Skrifter samt 1ste Bind af disse S. 133, hvor der findes et „Impromptu" fra Bogstad.

med Svogeren James Collett. Husets Virksomhed i denne Periode er nærmere om-
handlet S. 34—35, hvor dets vigtigere Eiendomme ligeledes findes opregnede.

Efter sine formuende Forældre maa Leuch have modtaget en ikke ubetydelig
Arv og deriblandt sandsynligvis Familiens Bygaard, den senere saakaldte „Stiftsgaard"
i Raadhusgaden i Christiania[1]). Paa Skiftet efter Bedstemoderen, Karen Leuch, der døde
d. $\frac{30}{11}$ 1756, arvede han 8,525 Rdl. 38 β, hvorhos han efter hende som nærmeste Aasædes-
berettigede d. $\frac{16}{12}$ 1757 for 40,000 Rdl. overtog Eiendommen *Bogstad*, beliggende 1
Mil i Nordvest fra Christiania. Til denne Gaard, som i næsten et Aarhundrede havde
været i hans Families Eie[2]), hørte et betydeligt Jordegods paa omkring 25 Gaarde[3])
(de fleste i Sørkedalen) samt store Skovstrækninger i Nordmarken; Trælasten udski-
bedes fra den underliggende Ladeplads Vækkerø. I Løbet af nogle faa Aar føiede
Leuch hertil følgende større Eiendomme: 1) Glemming Skov (erhvervet ved Skjøde af
$\frac{30}{9}$ 1762); 2) Askers Hovedkirke med Haslums og Tanums Annexkirker og tilliggende
Kirkegods (Skjøde frå Joh. Fridr. Lassen af $\frac{1}{1}$,7 1768); 3) Gaarden Jahr med Møllebrug
ved Lysakerelven (Auktionsskjøde af $\frac{1}{6}$,0 1766) og 4) Lille Øxenøen ved Fornebo. En-
delig kjøbte Leuch i Fællesskab med Zahlkasserer Peder Holter og Friderich Clauson
efter Herm. Kreftings i 1766 afgangne Enke Bærums Jernverk med tilhørende Gods
samt Kjørbo, Gommerud, Ende, By, Helsæt og Burud, alle i Bærum; Andelen i disse
Eiendomme solgtes atter efter Leuchs Død af Enken (Skjøde af $\frac{2}{1}$ 1772) til den 3die
Participant, Clauson[4]), der samtidig overtog Holters Del. Kjøbesummen for Begges
Parter tilsammen var 74,153 Rdl. 44 β.

Morten Leuch døde under et Besøg hos sin Fætter, Justitsraad Elieson paa
Hafslund d. 24 Jan. 1768, neppe 36 Aar gammel. Hans Ægteskab var barnløst. Slægt-
ningen Bernt Anker skrev følgende Gravskrift[5]) over ham:

> Led mig du store Aand, som kjender Ormes Svaghed
> og lær mig at knæle for Skjæbnens Helligdom.
> Et Blik paå Urnen, som gjemmer min Ven, Menneske-Vennen,
> Herr *Morten Leuch's* Aske,
> aabner for min Sjæl de skræksomste Scener,

---

[1]) Den $\frac{1}{4}$,8 1757 kjøbte han af sin Kompagnon, James Collett Huset ved Siden af (den enetages
Hjørnegaard). — I 1780 blev Leuch'ernes gamle Bygaard offentlig Eiendom, og her holdtes i
en senere Tid Akershus Stiftsoverret, deraf Navnet „Stiftsgaarden."

[2]) Bogstad blev d. $\frac{1}{1}$,3 1649 af Kronen tilskjødet Sorenskriver i Aker, Morten Lauritssøn, udskif-
tedes efter ham til Datteren, Martha Mortensdatter, og overdroges af hende den $\frac{1}{5}$ 1665
(Skjøde d. $\frac{3}{1}$ 1673) til Raadmand Peder Nilsen Leuch, der var gift med Søsteren, Anna Mor-
tensdatter. Eiendommen vurderedes dengang kun til 1500 Rdl. Jfr. oven S. 3—4.

[3]) Af Gaardene vare de vigtigste: Øraker og Lilleaker (senere tilhørende Kjøbmand i Christiania,
Peter Collett), Nordre Rød, Tangen, Vender med Kværn, Øvre og Nedre Lyse, Aamodt, Tømte,
Brenne, Stubberud, Grøttum, Pindsli, Hadeland, Ringerike, Strøm, Grini, Eg, Aas, Nordby,
Dæhli, Østern, Fossum, Ous, Stubdal og Dybendal. Derhos Hougsæters, Lakvandsaasens og
Heggeli's Skove.

[4]) Fr. Clauson var gift med Eleonore Leuch, som senere ægtede Sognepræst Bernt Sverdrup.

[5]) Findes blandt hans efterladte Manuskripter i Universitets-Bibliotheket i Khavn.

ja skræksomme for Udødelige selv, om Venskab dyrkes saa i deres Boliger.
Suk i Enrum ere flere Smerters Tolk end de fæleste Skrig: ædle Lidelser ere tause.
Saadanne ere dine
Frue *Mathia Leuch.*
I din opløftede Sjæl virker den Guddom, Du føler,
Dyd, Fornuft og Ømhed kappes vel om Fortrin,
men i dine stille Sindsbevægelser glimter dog Viisdommen,
som har helliget sig en Tempel i dit Hjerte.
Faderløses Fortvivlelse maa være dine Sukke og Følesløse selv maa sukke med Dig,
thi her ligger den Ædelmodige, den Udkaarne blandt Sjæle af høiere Art,
som Himlen skjænker Jordens Ulyksalige til Trøst.
Tys! Nu krøb Avind i Skjul, nu saae jeg Engle smile,
da Rygtet klappede sine Vinger, og Luften gav denne Gjenskrald:
Fortrængtes Lovtaler skal eviggjøre dit Minde,
og den sildigste Efterverden af bedrøvede Slægter fremsætte Dig til Mønster.
B. A."

I „Nordske Intelligentssedler"s Nekrolog af ¹⁄₇ 1768 kaldes Morten Leuch „Videnskabernes skjønsomme Elsker." Han var ved sin Død en af Hovedstadens „12 eligerede Mænd"[1]).

Mathia blev 2den Gang gift i Christiania den 11 April 1773 med sin Slægtning[2]) Kjøbmand, Justitsraad *Bernt Anker.* Til Brylluppet[3]) oversatte Sognepræst, Prof. Wilse „Maidagen" paa Fransk og præsenterede den for Brudeparret med en efter de forandrede Omstændigheder passende Indskrift.

Bernt Anker[4]) — eller Ancher, som han skrev sig indtil 1778, da han ophøiedes i Adelstanden, — hørte til en Familie, som i kommerciel, politisk og social Henseende har indtaget en anselig Plads i vor Samfundsverden. Stamfaderen her i Landet, Erich Ancher, som var født i Gøtheborg 1644 og indvandrede hid nogle Aar før den ældste Collett, skal have hørt til en gammel svensk Adelsæt. Han døde som Kjøbmand i Christiania i 1699. Sønnesønnen, *Christian Ancher*[5]), der ligeledes var Kjøbmand i denne By, og som navnlig ved Trælasthandel havde erhvervet sig en stor Formue, døde

---

[1]) Se om Byens „tolv Mænd," der dannede et Slags Formandskab, „D. gl. Chria." S. 94—95.

[2]) Jevnfør Stamtavlen i Anhanget.

[3]) Om Brylluppet beretter Traditionen: D. ¹⁄₇ 1773 var der stort Selskab hos Mathia Leuch. Det var Gjæsterne paafaldende, at der foran Døren til et af Selskabsværelserne var anbragt et stort Speil, men Alt gik dog i det Hele som ellers, indtil med Et Bernt Anker traadte frem af Kredsen og spurgte, om der var Nogen, som vilde række ham Haanden. „Ja, vil ingen Anden, saa vil Værtinden," svarede Mathia og gav ham sin Haand. Pludseligt gled da Speilet tilside, og i næste Værelse var Alt istand til den høitidelige Vielse, som strax paafulgte.

[4]) Ved Skildringen af Bernt Anker er hovedsagelig benyttet B. Moe's Personalhistorie, 1ste Række S. 368 o. flg., samt „Det gamle Chria." S. 235—262.

[5]) Christian A.s Forældre vare Provst og Sgnpr. til Land, Bernt Ancher og Karen Tanke; han var f. 1711 og „*kom efter sin Faders Død til den af Dyder berømmelige, udi Handel anseelige og for Christiania Bye u-mistelige Mand, Sr. Peder Leuch* (ɔ: Peter Colletts Kompagnon i Firma Collett & Leuch), *hos hvilken han ved sin dydige og troe Opførsel profiterede endog at blive indlemmet udi hans honorable Familie ved at nyde hans Søster-Dotter og Sr. Iver Eliesens Dotter til Ægte.*" (Af N. Dorph's „Liig-Tale over sal. Madame Karen Tanke, sal. Hr. Berent Anchers Efterleverske." Univ. Bibliotheket.)

1765 med Titel af Justitsraad og efterlod sig Hustruen *Karen Elieson* (f. 1723 † 1806, Næstsøskendebarn af Mathia Collett) samt 4 Sønner, af hvilke vor Bernt A. var den næstældste[1]).   Denne var født i Christiania d. 22 Nov. 1746 (døbt d. $\frac{29}{11}$), blev d. $\frac{x}{x}$ 1764 indskrevet ved Kjøbenhavns Universitet og foretog derpaa en længere Udenlandsreise gjennem Sverige, Tydskland, Italien, Frankrige, Storbritannien og Irland[2]).   Under denne Reise skal Bernt Anker have fattet Beslutning om at ville gaa den diplomatiske Bane, og det var, heder det, allerede vedtaget, at han skulde drage til Paris som Legationssekretær — i hvilken Anledning han den $\frac{16}{8}$ 1767 fik Titel af virkelig Justitsraad —, da Moderens indtrængende Opfordringer bragte ham til at opgive denne Plan og kaldte ham tilbage til Hjemmet for at overtage Ledelsen af det fædrene Handelshus.   Dettes betydelige Forretninger, der dreves under Firma „Karen sal. Chr. Anchers & Sønner,“ styrede han siden i omtrent 16 Aar og viste sig herunder i Besiddelse af et overlegent Handelstalent, hvilket i Forbindelse med de daværende gunstige Konjunkturer hævede det Ankerske Hus til Byens og maaske Landets største Trælastfirma.

Ved Giftermaalet med den rige Mathia Leuch fik hans Formue en stærk Tilvext, hovedsagelig bestaaende i Jordegods, Skove og Sagbrug.   De værdifuldeste af disse faste Eiendomme bleve dog snart efter realiserede, idet Mathia allerede tidligere var kommet overens med sin senere Svoger, Peder Anker, om at sælge ham Bogstad med tilliggende Brug, samt Glemming Skov, Jahr og Askers trende Kirker for en Kjøbesum af 90,000 Rdl., og dette Salg fuldbyrdedes nu ved Skjøde af 31 Marts 1775.

I 1783 blev Karen Ancher og hendes 3 Sønner enige om at skifte og ophøre med Fælleshandelen.   Ved Delingen faldt der paa Bernt Ankers Part bl. A. faste Eiendomme til en Værdi af 128,913 Rdl.   Han handlede fra nu af paa egen Haand og svang sig lidt efter lidt op til at blive Landets uden Sammenligning rigeste Mand.   Det var især ved Trælasthandel, at han erhvervede sig Rigdomme[3]), men han spekulerede ogsaa med Held i Bergverks- og Fabrikdrift, af hvis Opkomst i vort Land han har indlagt sig stor Fortjeneste.   Hans betydeligste Eiendom var Mosse Jernverk (kjøbt d. $\frac{22}{11}$ 1776

[1])   Den Ældste, Iver A., f. 1745, døde ugift 1772.   De to Yngre vare Statsminister Peder A., f. 1749, † 1824, og Kjøbmand Jess A., f. 1753, † 1798.

[2])   Jvfr. Samling af Meddelelser om Familien Hvas. K.havn 1861. I. S. 6—8.

[3])   Familiesagnet fortæller, at han en Dag erklærede det for en „daarlig Time,“ hvori han ikke kunde „tænke sig til 2000 Rdl.“   Hans Kusine og Pleiedatter, Marthine Elieson (senere gift med John Collett til Ullevold) skal da have sagt: „Aa, tænk en Time for mig da!“   „Det er allerede gjort,“ svarede B. A.   I hans Testament var hun ogsaa betænkt med 10,000 Rdl.

   En reisende Englænder, Mr. Clarke, beretter om Omfanget af hans Handel ved Aarhundredets Skifte, at hans Skibe stak i Søen i hele Flaader, og at han aarlig fra Christiania og Moss udførte Trælast for 180,000 £. (Se „Travels in various countries of Europe, Asia & Africa by E. D. Clarke,“ 10de B. S. 457.)

   I de 10 sidste Aar af sit Liv skal B. A. efter eget Opgivende have havt en aarlig NettoIndtægt af mere end 100,000 Rdl. (i 1803 endog 243,000 Rdl.).   I „Det gl. Chria.“ S. 257 heder det dog, at denne enorme Vinding alene blev mulig ved, at „han udhug sine Skove næsten til Upligt.“

51

Mathia Collett, gift med 1) Morten Leuch, 2) Kammerherre, Bernt Anker.

og i Aaret 1804 værdsat til 100,000 Rdl.), hvor han drev et Kanonstøberi, der havde Leverancer til Flaaden. Fremdeles eiede han Hakedals Jernverk, et Blyverk paa Hadeland, 2 Kobberverker i Numedalen samt Eidsvolds Guldverk, hvilket senere, da Guldatkastningen blev for ringe, dreves paa Kobber. Til hans overordentligt vidtstrakte Skoveiendomme, hvoraf de største laa i Glommens Dalføre, hørte en Mængde Sagbrug, af hvilke de vigtigste vare: Soli Brug med Sande Gaard i Tunø Pgj., Ryen og Vestby Brug i Skedsmo, Mosse Sag- og Kværnebrug, Steensby Brug i Eidsvold, Aas Gaard og Brug i Hakedalen, Snekkenæs og Brekke Brug i Rakkestad og Varaa-Bruget i Fet m. fl. Ligeledes var han Eier af Gaarden Frogner i Aker (Skjøde af ⅔ 1790 fra Ritmester Elieson) og af en hel Del Gaarde i Christiania, hvoriblandt det af Faderen opbyggede, senere saakaldte „Palæ“, der udgjorde hans Vinterbolig[1]). Den 31 Dec. 1804 blev Nettoformuen anslaaet til 1,485,000 Rdl. og de uvisse Fordringer til omtr. 450,000 Rdl. Tallet paa hans faste Eiendomme beløb sig samtidig til 146.

Uagtet Bernt Anker saaledes ved kommercielle Foretagender formaaede at skaffe sig de mest glimrende ydre Vilkaar, synes dog Lysten til at ophøre med al Handel oftere at have dukket op hos ham[2]), og navnlig stod hans Ungdomsplan, at blive Diplomat, for ham i et lokkende Skjær[3]). I 1789 skal det ogsaa for Alvor have været paa Tale at gjøre ham til Gesandt i London, men det blev dog ikke til Noget[4]). Derimod tildeltes der ham til forskjellige Tider et rigeligt Maal af Titler og andre Æresbevisninger. Den ⅓⁰ 1774 udnævntes han til Ètatsraad, og d. ¹⁴ 1778 ophøiedes han og hans 2 Brødre med Flere af hans Familie i Adelstanden, hvilket skede i Form af „en Fornyelse“ af det paastaaede svenske Adelskab. Den ³⁄₇¹ 1790 fik han derefter Titel af Konferentsraad, blev d. ₁⅓₂ 1792 Kammerherre og udnævntes tilsidst d. ⅞ 1803 til Ridder (ɔ: Storkors) af Dannebrog.

Men Bernt Anker besad ogsaa Egenskaber, som i Forbindelse med hans næsten fyrstelige Formue vare egnede til at tildrage ham en mere end almindelig Opmærksomhed. Om disse Fortrin have hans Samtidige, baade Indlændiger og Fremmede, aflagt talrige Vidnesbyrd, idet de navnlig have fremhævet hans dannede, livlige Aand, hans Smag og fine Levemaade, en levende Sands for Kunst og Videnskab, en stærk Fædre-

---

[1]) Et af hans mange Landsteder var „Sommerro,“ „hans Tusculanum,“ der laa, hvor det Kgl. Slots Gartnerbolig nu ligger. I faa Aar var han ogsaa Eier af Gaardene Ullevold og Taasen i Aker, hvilke han d. ¹⁄₈ 1789 kjøbte paa Auktion efter Generalkrigskom. Lengnicks Enke. Anker, der var dennes Laugværge, fik først Tilslag for 12,010 Rdl., men da En spydigt gratulerede ham med godt Kjøb, forlangte han nyt Opraab og blev Høistbydende for 13,000 Rdl. (Se B. Moes Tidsskr. for Personalhist. Række I. S. 500). Den ²⁄₈ 1794 fik John Collett af ham Skjøde paa disse 2 Gaarde.

[2]) Jvfr. Clarke's forannævnte „Travels“ l. c. S. 458.

[3]) „Like the illustrious Lorenzo de Medicis he was a great merchant and capable of being a „great statesman: he entertained an ambassador with as much ease as he would a factor.“ (Wolff's „Northern Tour“ S. 99—100. London 1814.)

[4]) Se „Det gamle Christiania“ S. 242.

landskjærlighed og et varmt Hjerte, der aabnede hans Haand for de Nødlidende og gjorde ham til sin Fødeby's Velgjører[1]). Ifølge en nyere Forfatter har hans Navn derfor „i vor Hovedstads Erindring en Plads som ingen anden Privatmands"[2]). Sandsen for literære Sysler drev ogsaa Anker til selv at betræde Forfatterbanen, og denne gik overensstemmende med hin Tids Smag for sceniske Præstationer særlig i dramatisk Retning[3]), uden at dog hans Forfatterskab (som forøvrigt bestod i Leilighedsdigte og Taler, Epiloger og Gravskrifter) har efterladt sig synderligt Spor, idet kun faa af hans Skrifter ere blevne trykte.. En langt større Fortjeneste har han imidlertid erhvervet sig ved sine milde Stiftelser og den Gavmildhed, hvormed han specielt understøttede literære og videnskabelige Foretagender. Den norske Krigsskole fik af ham i Foræring sin nuværende store Skolebygning, og efter hans Død modtog den endvidere hans Instrumentsamling og et Bibliothek paa 4000 Bind. Til Christiania Kathedralskole skjænkede han ligeledes en Bogsamling og bestemte derhos, at Palæ-Haven efter ham skulde tilfalde denne Skole. Til samme Tid skulde selve Palæet afgives til offentligt Brug.

I saadan storartet Gavmildhed, stod *Mathia* trolig ved sin Ægtefælles Side. Det „Ankerske Vaisenhus" i Christiania (stiftet d. ⁴⁄₁ 1778 og bestemt til at optage 24 forældreløse Børn) er saaledes „nærmest et Minde om hendes Goddædighed mod den træn-

---

[1]) Den forannævnte Reisende, Mr. Clarke (f 1769, Professor i Mineralogi i Cambridge, død som Overbibliothekar sammesteds 1822) har i 10de Bind af sine ovenciterede „Travels" givet følgende Skildring af Bernt Anker: „If ever there were a man in whose individual character every qualification had been combined, fitted to form the patriot, the statesman, the friend and guardian of society, the deliver of the needy, the public benefactor, the patron of genius, of literature, and the arts, it was *Bernard Anker* — —" (S. 404). „— — His heart was possessed by the best qualifications of human nature; and his mind, well stored with intelligence, and full of resqurces, poured forth in every conversation such general knowledge of the, world, and of the springs of human actions, whether in court-cabinets or in privat life, as made all who became acquainted with him eager to join his company. His character is so intimately connected with the history of *Christiania* and of *Norway*, that no traveller, who has published an account of the country during his life-time, has neglected to attend to it. — —" (S. 364—65) „— — He was familiarly acquainted with the best English authors in almost every department of science, and not ill versed in the writings of other nations. — — He was, indeed, in all respects, a very extraordinary man. Some travellers have spoken of his vanity: to us this faible, if it deserved so harsh a name, served only to render his company the more amusing: not that we were amused at his expense, but because we discerned, through all his supposed egotism, a playfulness of disposition, which seemed to say, „I will be any thing, from the loftiest statesman to the merriest member of a party at blind-man's-buff, sooner than my guests shall suffer ennui for want of conversation or amusement!" — and we felt convinced, that the loss of such a man, in such a place as Christiania, could never be supplied. — —" (Side 456—57).

[2]) L. Daae: „Det gl. Chria." S. 235. — I den af samme Forfatter udgivne „Samling af Bülows Papirer" findes S. 166 en træffende Udtalelse om B. Anker af dennes Samtidige Professor Laur. Smith.

[3]) Under hans Auspicier blomstrede Privattheatrene paa Fladeby og Mosse Verk, hvor han oftere tilbragte Julen. — I „Gamle Dage" af Fru C. Dunker, (K.havn 1871) S. 167 berettes ogsaa, at „det Talent, som Anker var mest stolt af, var det dramatiske." Et af hans største Dramaer var „Major André," „et Forsøg i den borgerlige Tragedie"; heri spillede han selv Hovedrollen.

gende Klasse"[1]). Til denne Anstalt skjænkede Anker og hans Hustru ved Fundats af ⅓ 1789 et Beløb af 16,000 Rdl. og en Gaard med tilliggende Have i Christiania.

Mathia maa overhovedet efter alle Beretninger have været en varmhjertet, sjelden elskværdig Kvinde, og ved sin Død blev hun af de Fattige begrædt som en Moder. I Fru C. Dunkers ovennævnte Erindringer heder det (S. 163), at „hun var agtet af Alle, elsket af Mange,‟ og det tilføies, at hun „i sin Tid, og vistnok med Rette, blev anseet som den Ypperste blandt Kvinderne i Christiania.‟ Hun døde i denne By den 21 Juli 1801, 64 Aar gammel. Da hun blev begravet — fortæller Fru Dunker (S. 166) — „var hele „Christiania By i Bevægelse, og saadan Begravelse har der aldrig været seet. Det var „en Sommermorgen tidlig Kl. 6. Efter Ligvognen gik Anker og de øvrige mandlige „Slægtninger, derefter Vaisenhuusbørnene, derefter 12 hvidklædte unge Piger med „Krandse, derefter 200 af Embedsmænds og Borgeres Koner og Døtre, der strøede Blom„ster og bare Krandse, derefter Mændenes Skare. Paa Byens Torv var opreist et Slags „Kapel, hvor Kisten blev sat paa en Katafalk, førend den blev bragt ind i Gravkapel„let. Vaisenhuusbørnene stillede sig rundt om Kisten, Anker kastede sig over Kisten, „omfavnede den og sagde: „Nu bedrøvede Du mig for første Gang!‟ — — Den kvin„delige Deel af Familien holdt i dybeste Sørgedragt i lukkede Vogne paa Torvet omkring „Kapellet. Der hørtes Graad og Hulken, og Tjenere hentede Vand til de Besvimede.‟

Mathia Anker var 9 Aar ældre end sin Ægtefælle, og i sin Autobiografi[2]) omtaler denne sit Giftermaal som „en Episode, hvori hans Sjæl havde ingen Deel.‟ Det lader ikke destomindre til, at Ægteskabet — der forøvrigt var barnløst — efter Omstændighederne har været ret lykkeligt. I det Ankerske Vaisenhus holdt Bernt Anker Aarsdagen efter Mathias Død en Mindetale[3]) over hende, der er trykt i Kjøbenhavn 1803 med Motto:

> „Hun var mit Alt — min Himmel — og min Fryd.
> Hun elsket var — ved Viisdom og ved Dyd.‟

I følgende (utrykte) Vers har han ogsaa udtalt sine Følelser ved Tabet:

„Jeg hører ikke henrykt meer
Mathias blide, skjønne Stemme,
Jeg dette Smiil ei mere seer,
Som lærte mig hver Kval at glemme.

Ei meer jeg vandrer Haand i Haand
Med Hende gjennem Paradiser,

Ei meer min glædedrukne Aand
I Hendes Blik sin Skaber priser.

Min Lykkes blide Sol gik ned,
Omsonst om Ro mit Hjerte leder,
Og fordums nydte Saligheder.
Fordoble min Elendighed.‟

---

[1]) Se B. Moe: „Tidsskr. for den norske Personalhist.‟ Række I, S. 385. — I Fru Dunkers „Gamle Dage‟ S. 164 fortælles: *„Kammerherreindens Virksomhed udstrakte sig fornemmelig til Vaisenhuset; de Pigebørn, der havde Anlæg, holdt hun alle Slags Lærere til, valgte sine Kammerpiger blandt dem og udstyrede dem anstændigt. Ogsaa de Drenge, der havde Lyst og Anlæg til Studeringer, blеve holdte dertil, og endnu lever der Embedsmænd blandt os, der have faaet deres første Dannelse i Ankers Vaisenhuus.‟* — Stifternes Portrætter hænge i Anstalten.

[2]) Anonymt optaget i Lahdes og Nyerups Samling af Levnetsbeskrivelser.

[3]) Han reiste hende en Mindestøtte i Palæets Have. En anden Støtte i samme Anledning oprettede John Collett i en Granelund paa Ullevold.

Paa disse og lignende pathetiske Udbrud tør der dog ikke lægges for megen Vegt. Han tænkte senere paa at gifte sig igjen.

Nogle Maaneder efter Hustruens Død skred B. Anker til det stolteste af alle de Velgjørenhedsverk, som reise ham et hædrende Minde, idet han nemlig d. $\frac{18}{12}$ 1801 oprettede et Testament, ifølge hvilket Formuen og de faste Eiendomme efter hans Død skulde bevares til et samlet Hele — det „*Ankerske Fideikommis*" — og anvendes for en Del til hans Families Bedste[1]), men fornemmelig til veldædige Øiemed, navnlig til Understøttelse af Enker, Studerende og Husarme. Vel 3 Aar derefter — d. 22 April 1805 — afgik han ved Døden under et Ophold i Kjøbenhavn. Hans Lig førtes til Christiania, hvor det d. $\frac{2}{6}$1 s. A. med megen Høitidelighed bisattes ved Siden af Hustruens i hans Families Gravkapel tæt ved Vor Frelsers Kirke[2]).

Fideikommisset, der traadte i Virksomhed ved hans Død, var ifølge sin Plan og sit Omfang Landets mest storartede milde Stiftelse, men en Række af uforudseede Begivenheder bragte hurtigt Bygningen til at vakle. Ankers Slægt fremkom strax med betydelige Krav paa Boet, og Trælasthandelen trykkedes under de paafølgende Trængselsaar i den Grad af ugunstige Konjunkturer, at de faste Eiendomme bleve saagodtsom værdiløse. Dertil stødte Forvirring i Pengevæsenet, og da en Ildebrand paa Christiania Bordtomter d. $\frac{4}{5}$ 1819 havde fortæret en stor uassureret Trælastbeholdning for Fideikommisset, opgaves dette i December s. A.[3]) til Skiftebehandling efterat have virket i noget over 14 Aar.

---

9. PETER COLLETT til Buskerud, gift med 1) MAREN KIRSTINE HOLMBOE, 2) JOHANNE HENRIKKE ANCHER.

Den yngste af Kjøbmand Peter Colletts og Anna Catharina Rosenbergs Børn fødtes i Christiania d. 14 April 1740, tre Maaneder efter Faderens Død, og blev til Minde om ham i Daaben d. $\frac{2}{1}$ s. A. kaldet *Peter*, uagtet en af hans ældre Brødre allerede bar dette Navn. 7 Aar gammel mistede han ogsaa sin Moder og kom derpaa efter Opløsningen af det fædrene Hjem i Pension hos Fremmede[4]). I 1756 havde han

---

[1]) Af Mathias Slægtninger fik som før nævnt John Colletts Hustru 10,000 Rdl., og Mathia Bernhardine Collett, Datter af Peter C. til Buskerud og Henrikke Ancher, 4000 Rdl. Begge hørte dog tillige til B. Ankers Slægt, og vare opdragne i hans Hus.

[2]) Høitideligheden er beskrevet i „Intelligentssedlerne" for $\frac{2}{5}$ 1805. — Ægtefællernes sølvbeslaaede Kister anbragtes i 1835 efter Gravkapellets Nedrivelse under Vor Frelsers Kirke.

[3]) Formuen ansloges da til 588,028 Spd. — Ved Boets Slutning i 1832 fik B. Ankers Familie Renterne af en betydelig Kapital, og Pantekreditorerne erholdt fuld Valuta, men de øvrige Kreditorer (bl. A. Universitetet) fik kun 59$\frac{8}{13}$ %.

[4]) I 1753 var han saaledes i Huset hos Professor Graae paa Eker.

Ansættelse paa et Handelskontor i Amsterdam, og senere opholdt han sig for sin videre Uddannelse i længere Tid i England.

Peter Collett arvede efter sine Forældre 24,076 Rdl. 44 β, efter Bedstemoderen, Kommerceraad Colletts Enke 1150 Rdl. 81 β og efter Morbroderen, Mathias Rosenberg 1387 Rdl. 73 β; ligeledes fik han antagelig et større Legat efter Onkelen, John Collett i London (Se foran S. 22 i Noten). For disse Arvemidler kjøbte han af Lagmand Wilh. Hoffs Enke, Magdalene Elise von Lowzow, den store Gaard *Buskerud* i Modums Præstegjæld, 3¼ Mile ovenfor Drammen. Skjødet paa Eiendommen, som siden har været i hans Descendenters Besiddelse, er dateret ²₃⁹ 1762, og Kjøbesummen var 37,000 Rdl. Buskerud (der har givet hele Amtet Navn) havde i fordums Dage været Krongods, men var i 1688 gaaet over i Privates Eie og havde da faaet større Friheder end nogen adelig Sædegaard, idet den var bleven solgt „fri for al Besværing og Paalæg og med de samme Rettigheder, hvormed Kongen havde brugt den"[1]. Blandt disse Herligheder vare de vigtigste: Fritagelse for Skatter og Udskrivning m. V., Indtægt for Bords og Plankers Opstabling ved „Kongssagene" (Aamodts Sage), „første Kjøb af Sagtømmer i Hallingdalen, Krydsherred, Snarum og Modum" samt Ret til om Vinteren at sende Brugshestene til Fodring i disse Distrikter under Ledsagelse af Oppassere eller saakaldte „Foermarsker" (Fodermarskalker). Gaardens betydeligste Tilliggender vare Kongssagene ved Simoa-Elven, Gaardene Sætersberg og Døvig, den sidste med Sagbrug og et fra gammel Tid navnkundigt Laxefiskeri, samt endelig Præstegjeldets trende Kirker, Heggen, Snarum og Nykirke.

To Aar efter Tiltrædelsen af Buskerud førte han en Hustru ind i sit nye Hjem, idet han d. 22 Febr. 1764 i Christiania ægtede *Maren Kirstine Holmboe*, Datter af Stiftsprovst i denne By, Dr. theol. *Otto Holmboe* og Hustru *Maren Ancher* (Bernt Ankers Faster). Kirstine, der var født i Christiania d. 4 Febr. 1745 (døbt d. 10de s. M.), skjænkede sin Ægtefælle tvende Børn, begge fødte paa Buskerud, nemlig:

1) *Peter*, f. d. ⅝ 1766, Høiesteretsassessor, g. m. Eilertine *Bendeke* og † d. ²⁷ 1836.

2) *Anne Cathrine*, f. d. ¹⁹₂ 1768, g. m. Kjøbm. P. N. *Arbo* til Lundbygaard, † d. ²⁷₁ 1846.

Kort efter Datterens Fødsel døde Maren Kirstine Collett, 23 Aar gammel, paa Buskerud d. 9de Marts 1768 og blev begravet ved Nykirken d. 29de samme Maaned.

Den 27de Juni 1770 giftede Peter Collett sig for anden Gang, nemlig med sin første Kones Kusine, *Johanne Henrikke Ancher*, født i Ringsakers Præstegjæld d. 23 Nov. 1750 (døbt d. ¹₁₂ s. A.) af Forældrene, Provst og Sognepræst sammesteds *Christopher Ancher* og Hustru *Magdalene Bentsen*[2]). Johanne Henrikke A. var bleven opdraget hos sin

---

[1]) Se Krafts Norges Beskrivelse, 1ste Udg. II. S. 396 o. flg. og 2den Udg. II. S. 174 o. flg.

[2]) Johanne Henrikke Ancher var en Kusine af den norske Digterinde, *Magdalene Sophie Bentsen*, f. i Skien 1758 † 1825, Datter af Justitsraad og Borgermester B. og Sophie f. Heltzen. Efter Faderens Død kom M. S. Bentsen i Huset til Colletts paa Buskerud, hvor hun forblev i 2 Aar. 19 Aar gammel blev hun gift med Sgnpr. Peder Leganger Castberg og efter hans Død med Kbmd., senere Toldinspektør i Kragerø J. F. Buchholm. Hun er bekjendt som Forfatterinde til flere Digte i „det norske Selskabs" Skrifter, i „Minerva," Rahbeks „Danske Tilskuer" m. fl. Se om hende J. H. Birchs „Billedgalleri for Fruentimmer" I. S. 224. — Pavels kalder hende i sin Autobiografi „Nordens Sappho."

Farbroder, Justitsraad Christian Ancher i Christiania, og blev gift fra hans Enkes Hus, det saakaldte „Palæ" i samme By[1]). Peter Collett havde med hende følgende 8 Børn, af hvilke No. 5 og No. 6 fødtes paa Strømsø, de øvrige paa Buskerud:

1) *Christian* Ancher. f. d. ³/₉ 1771, Bergraad og Sølvverksdir , g. m. Karine *Bie*, † d. ¹/₁⁰ 1833.
2) *Christopher*, f. d. ¹¹/₆ 1773, Officier, g. m. Anne Cathrine *Arbo* og † d. ¹¹/₂ 1815.
3) *John*, f. d. ²²/₁₂ 1774, Justitsr. og Toldkammer-Kom., g. m. M. C. *Rosen*, † d. ²⁹/₃ 1824.
4) *Karen* Magdalene, f. d. ²/₅ 1776, g. m. Overførster C. L. *v. Boeck* og † d. ¹¹/₇ 1800.
5) Maren *Christine*, f. d. ²/₅ 1777, g. m. Statsraad Jonas *Collett* og † d. ₁⁶/₁ 1860.
6) *Mathia* Bernhardine, f. d. ¹/₁³ 1779, g. m. Sølvverksdir. P. *Steenstrup* og † d. ₁⁹/₁₀ 1847.
7) *James* Henrik, f. d. ⁴/₂ 1781, Student og Fænrik, døde i 1811.
8) *Otto*, f. d. ⁴/₁ 1784, Kjøbmand i Christiania, tit. Overkrigskommissær, g. m. Marthine Johnnette *Collett* og † d. ¹/₅ 1833.

Ved Siden af Landbobedriften sad Peter Collett i en betydelig Virksomhed som Trælasthandler og havde derfor Borgerskab i Drammen, hvor han i 1777 og nærmest følgende Aar var bosat i en ham tilhørende Gaard paa Strømsø. Ifølge Sorenskriver, Justitsraad Stocktleths trykte Epitafium[2]) over ham, var han „en driftig Landmand, en virksom Dannemand og en gjæstfri Husfader," hvis Ære det var „at opfylde sine Pligter som en kjærlig Ægtefælle, en omhyggelig Fader og en retskaffen Nordmand." I 1784 indtegnedes han som Medlem af det patriotiske Selskab i Christiania.

Collett døde 46 Aar gammel paa Buskerud d. 16 Marts 1786 efter omtrent 6 Maaneders Sygdom[3]) og blev begravet „i Nykirken." Bernt Anker skrev ham følgende Gravskrift:

---

[1]) Om Brudeparrets Ankomst til Buskerud beretter Indskriften paa en derværende Vindusrude Følgende: „Hr. Peter Collett bragte sin anden Brud, Johanna Henricha Ancher til Buskerud den 30te Juni 1770, gelejdet af følgende Selskab:

Karen Ancher	Karen Elieson	Jens Holmboe
Mathia Leuch	Christian de Schouboe	Peter Collett jun.
Anna Elisabeth Cold	James Collett	Johan Collett
Anna Magd. Müller	Lauritz Christian Steen	Frantz Dræbye
Anna Hermina Bentsen	Peder Ancher	Peter Arbien."
Karen Holmboe	Peter Kaae	

[2]) Epitafiet er indtaget i Anhanget.

[3]) Digteren Jonas Rein, der havde været Huslærer paa Buskerud (i Tiden før 1784) skrev i Anledning af Dødsfaldet til Husets ældste Søn, Peter, dengang Stud. philos. i Kjøbenhavn:
„Kongsberg d. 12 April 1786.

„ — — Deres Venskab, som De stedse har viist og stedse viiser for mig, forbinder mig til oprigtig og uforglemmelig at elske Dem, at tage Deel baade i Deres Glæde og Sorg; nylig har Jeg taget Deel i den sidste, da Jeg forestillede mig, hvad De leed ved Beretningen om den beste og værdigste Faders Død — Ja — beste Ven! Denne er vor Skjæbne i Livet, dersom ikke avvexlende Sorger gjorde os nøysomme ved Glæderne, hvor faae vilde vi ikke finde af dem! Jeg behøver ikke at fortælle Dem Noget om de Epitaphia, som B. Anker og Stockfleth have skrevet over Deres sal. Fader; Jeg vilde have afskrevet dem, dersom Jeg ikke troede mig overbeviist om, at samme vare dem allerede tilsendte. De ere begge den avdøde værdige, uagtet den Eloge over Dem af Anker, i hvor vel fortjent den er, synes mig deplaceret. Stockfleths Malice kand ikke andet end behage enhver som kjender Omstændighederne — — — Jeg har ogsaa skrevet et lille Vers i denne Anledning, som ikke efter min egen Dom fortjener at sees af Dem. Dog maaskee Jeg en anden Gang, naar Jeg faar Tid til at afskrive samme, sender Dem det. — —"

Peter Collett, gif: med 1) Maren Kirstine Holmboe, 2) Johanne Henrikke Ancher.

„Uden Venskab — uden Mod — hvad er Mennesket?
Rædslers Bold — Øieblikkets Slave.
Den Uforsagte bærer sine Lænker, den Feige slæber dem
og et Smiil fra en Ven, som elsker og elskes,
opløfter Aanden over al jordisk Trængsel.
Ikke Dødens Varsel ved langvarige Smerter rykker den christelige Helt af sin Stilling,
derfor segnede Hr. *Peter Collett*, Herre til Buskerud Gaard,
d. 16 Marts 1786 kjæk og rolig i sin yndige anden Kones,
Johanne Henriche Ankers Arme,
thi *Maren Kirstine Holmboe* var ikkun hans i 4 Aar.
Faderløs ved Fødselen d. 14 April 1740 dannede han selv sin Lykke;
de fremmede slebne Lande besaae han tidlig og længe,
men kom med rene Sæder tilbage
for at blive dydig Mand — Fader — Borger.
I den Kreds, Du virkede, er dit Minde udødeligt;
Fjeldenes Gjenlyd af 10 Børns — dine Bønders Klageraab
forkynde deres Savn — dit Værd:
Din Grav er deres Alter.
Der sukker og paakalder den trøstesløse Enke dit ætheriske Væsen,
der strøer hun Venskabs uvisnelige Blomster
og udstønner Ønsket hisset at favne Dig.
Vær rolig, min Veninde! min Søster!
Forsynet er Dydens Ven — dine Børns Ledsager.
Og Du, Hans Førstefødde!
Du som i din Alders Morgenrøde bærer Minervas Hjelm,
prydet med Høiskolens skjønneste Palme,
betænk, hvad Du skylder din Moder — dine Sødskende — dit Fædreland, og viid,
at Lærdom uden nyttig Fliid er Phosphoren, som lyser og brænder ikke.
B. A."

Enken forblev boende paa Buskerud, som ved Skiftet i 1786 ansattes til en Værdi af 42,700 Rd., men ved Skjøde af ²⁄₉ 1800 gik Eiendommen over til hendes Stedsøn, Assessor Peter Collett, og nu flyttede hun til Kongsberg, hvor hun døde d. 29de September 1812.

4de Generation.

I. Kjøbmand James Colletts og Hustru Karen Leuch's Børn[1]).

1. Kjøbmand i Christiania PETER COLLETT og Hustru KAREN ELIESON.

Peter, den ældste af James Colletts og Karen Leuch's 2de Sønner, fødtes i Christiania d. 18de August 1757 (døbt d. 26de s. M.) og blev i Fællesskab med Broderen John undervist i Hjemmet ved Huslærere. Den sidste af disse var en danskfødt

---

[1]) Se foran Side 37.

Student Frantz Dræbye[1]), der senere erhvervede sig et Navn som landøkonomisk For-
fatter og Oversætter af Adam Smiths Bog „Om national Velstand".

Det havde allerede længe været almindeligt i Norge, at de mere formuende Kjøb-
mænd sendte sine for Handelen bestemte Sønner til Udlandet, navnlig til England, for
derved at sætte Slutstenen paa deres hjemlige Uddannelse, og i dette Øiemed skikkedes
da ogsaa de to Brødre, Peter og John, som begge havde besluttet sig til at vælge
Faderens Livsstilling, under Dræbye's Ledelse ud paa en vidtløftig Reise, der varede i
3 Aar. Under denne Tur førte Peter Collett Dagbøger, der endnu opbevares, og som
røbe, at han besad gode Kundskaber i fremmede Sprog, og at han var en opmærksom
Iagttager, der ved Siden af Reisens mere praktiske Formaal tillige interesserede sig
varmt for de skjønne Kunster. Specielt synes Musik at have været en af hans Ynd-
lingssysler, og han skal have drevet det temmelig vidt i at spille Violoncel. Dag-
bøgerne oplyse, at Reisen begyndte i Forsommeren 1773 med en Tur rundt Kysten til
de fleste norske Kjøbstæder, hvorefter den samme Aars Høst strakte sig til Udlandet,
over Sverige og Danmark med et længere Ophold i Kjøbenhavn. Derpaa gik den over
Hamburg og Berlin til Leipzig, hvis Læreanstalter besøgtes under et 8 Maaneders
Ophold, og fra denne By, hvor de Reisende havde sin væsentligste Omgang blandt
Universitetets Professorer[2]), fortsattes Turen til Göttingen. Her stiftede de Bekjendt-
skab med den berømte Lingvist v. Heyne, og paa næste Station, Frankfurt, besøgte de
Goethe, til hvem de havde Anbefalingsbrev fra Göttingen[3]). Reisen gik derefter gjen-
nem Schweitz til Lyon, Marseille og Paris, og saa over Belgien og Holland til London,
hvor Brødrene opholdt sig Vinteren 17$\frac{7}{7}\frac{5}{6}$. Siden gjennemreiste de England paa kryds
og tvers — tildels for at aabne Huset derhjemme nye Trælastmarkeder, og ud paa
Høsten 1776 kom de atter tilbage til Fædrelandet. Snart efter Hjemkomsten blev
Peter, 19 Aar gammel, forlovet med sin 3 Aar yngre Kusine, *Karen Elieson*, en Datter
af Justitsraad *Peter Elieson* og Hustru *Anna Collett* (se foran Side 42).

Karen var født den 14 Marts 1760 paa Faderens Eiendom Hafslund i Skjeberg, hvor
hun henlevede sin Barndom i et rigt og luxuriøst udstyret Hjem. I 13aars-Alderen
mistede hun begge sine Forældre, og da Hafslund var bleven solgt, kom hun i Huset
til sin Faster, Karen Ancher, Enke efter den Side 49 nævnte rige Kjøbmand i Christiania,
Justitsraad Christian Ancher, hvor hun Julen 1776 lærte sin nylig hjemkomne Fætter at

---

[1]) Dræbye døde i Danmark 1814 med Titel af Etatsraad.

[2]) Dette fremgaar af Peter Colletts efterladte Stambog, hvori hans Bekjendte have skrevet Erin-
dringsvers og Sentencer, de fleste affattede paa Tydsk eller Latin, men endel paa Fransk, En-
gelsk, Svensk eller Norsk.

[3]) Om Sammentræffet med den da 25aarige Digter skriver Peter d. ♈ 1775 i Dagbogen, at de
„med denne vittige Mand havde en sindrig Samtale i 2de Timer", og den følgende Dag be-
retter han, at Goethe kom i Visit til dem, hvorefter de gik paa Koncert sammen. Senere
aflagde Brødrene ham en Afskedsvisit. Under Besøget skrev Digteren i Colletts Stambog:
„*Bleib dir selbst getreu! zum Andenken*
Frankfurt am Main d. 17 März 1775. Goethe."

kjende [1]). Efter 7 Aars Forlovelse stod deres Bryllup [2]) i Christiania d. 5 Febr. 1783, samme Dag som Broderen John blev gift med Karens Søster, Marthine Elieson. Ægtefællerne synes om Vinteren at have boet i „Collettgaarden" [3]), men hver Sommer flyttede de ud til sin Eiendom Lilleaker, ikke langt fra Bogstad. De havde følgende Børn, alle fødte i Christiania:

1) *Karen Christiane*, f. d. $\frac{6}{8}$ 1784, g. m. Kjøbmand i Christiania, Veimester Iver *Steen* og † i denne By d. $\frac{2.6}{2}$ 1856.

2) *James*, f. d. $\frac{6}{8}$ 1787, † i Vangs Præstegjeld paa Hedemarken Sommeren 1795.

3) *Marthine Johnnette*, f. d. $\frac{27}{3}$ 1789, g. m. Kjøbmand i Christiania, Overkrigskommissær Otto *Collett* og † i samme By d. $\frac{2}{3}$ 1865.

4) *Anna Mathia Ditlevine*, f. d. $\frac{16}{12}$ 1791 og † i Christiania d. $\frac{17}{12}$ s. A.

Et eller to Aar efter sit Giftermaal blev Peter af Faderen optaget som Associé i det Collettske Handelshus, og i den Anledning ombyttedes det næsten syvtiaarige Firma „Collett & Leuch" med „Collett & Søn". Den nye Kompagnon skal dog ikke have vist nogen særdeles Iver eller Dygtighed i Forretningerne og stod navnlig i saa Henseende tilbage for sin yngre og driftigere Broder, der imidlertid med Held havde stiftet et eget Firma i London. — Peter Collett døde pludselig i Christiania d. 23 Marts 1792, kun 34 Aar gammel. Det fortælles, at han efter et skarpt Ridt drak sig et Glas kold Vin, og det voldte hans Død efter 2 Dages Sygeleie. Bisættelsen gik den 29de Marts 1792 for sig med megen Høitidelighed, [4]) og Bernt Anker lod trykke følgende Epitafium:

„Hvilket gyseligt Optrin!
Almagtens Lynstraale rev pludselig
Den raske — den sunde — den vakkre Mand,
Hr. Peter Collett,
i sit 35te Aar efter tvende Dages Sygdom
fra Hans fortræffelige Kone, *Frue Karen Elieson*,
fra 3de spæde Børn, en øm og bedaget Fader,
Hans eeneste Broder,
Nordboernes Glæde og Tilflugt ved Themsens Strande.

Hvilken Mand, Søn, Fader, Ven!
Landsmænds Yndling, Underhavendes Fryd!
Han var venlig, beskeden, ærlig;
Intet uædelt Træk i Hans heele Liv,
Intet den vel opdragne Mand uanstændigt i Hans
Adfærd
Derfor græde, savne, raabe alle:
Dette er Sandhed
Ikke kjøbt Ros over uværdigt Støv."

---

[1]) I nogle efterladte Optegnelser om sit Levnetsløb indtil Peter Colletts Død fortæller Karen, hvorledes hun og hendes Fætter bleve hemmeligt forlovede under Tilbagereisen fra et nær ved Byen liggende Jernverk (Moss?), hvor der havde været Familiefest. Ved at bestikke Kusken havde den unge Junker faaet maget det saa, at han paa Hjemturen over Isen i Maaneskin selv kom til at styre den Elskedes Slæde, og her fik han da Anledning til at lægge sine Følelser for Dagen.

[2]) Paa Grund af det nære Slægtskab maatte de indhente Kgl. Bevilling (af $\frac{4}{9}$ 1782) til Giftermaalet; ligeledes erhvervedes Kongens Tilladelse til, at Vielsen maatte forrettes i Hjemmet, af hvilkensomhelst Præst og uden foregaaende Lysning.

[3]) Han eiede forøvrigt Gaarden No. 29 i Skippergaden, kjøbt d. $\frac{13}{12}$ 1786 og atter solgt d. $\frac{4}{1}$ 1794.

[4]) Familien havde nemlig for Anledningen faaet Dispensation fra Forordningen om hastig og tarvelig Begravelse, og Byens Borgergarde, det nys oprettede gule Korps, hvis Formand den Afdøde havde været, paraderede ved Begravelsen, der fandt Sted under Affyring af Minutskud.

Den 31te Marts 1792 blev den Afdødes Del i Firmaet opgjort og ansat til 24,000 Rdl. Netto, hvoraf de efterladte 3 Børn fik den ene Halvpart og Enken den anden. Kort efter Dødsfaldet reiste Karen med Børnene over til London for at besøge John Collett og hans Hustru, og da disse Vaaren 1793 brøde op fra England for at bosætte sig i Christiania, fulgte hun tilbage med dem. Derpaa boede hun i nogle Aar paa sit Enkesæde Lillaker, men solgte senere denne Eiendom og kjøbte og tilflyttede den i Tunø Præstegjæld beliggende gamle adelige Sædegaard *Holleby*, hvilken hun i Aaret 1800 fik tilskjødet af Assessor Reinholdt Ziegler for 40,000 Rdl.

I „Gamle Dage, Erindringer og Tidsbilleder af Conradine B. Dunker“, Kjøbenhavn 1871, skildres Karen S. 343 som „en meget aandrig og talentfuld Dame, der især var beundret for sit dramatiske Talent“. Denne Interesse for Scenen, der gik i Arv til hendes ældste Datter, drog hende oftere til Hovedstaden, hvor det dramatiske Selskab dengang stod i fuld Blomst. Under et Ophold der i 1799 blev „die Raüber“ opført af det norske Jægerkorps's Officierer, af hvilke de fleste vare Tydskere, ligesom de efter Fru Dunkers Beretning „næsten alle vare talentrige og interessante Personligheder“ (S. 191). Opførelsen vakte stor Sensation i Byen; den opflammede Lidenskaber, opløste gamle Baand og knyttede nye, kort sagt: den „gjorde Epoke i Christiania“ (S. 193). Især var man begeistret over Løitnant *Lindemann*, en født Holstener, der spillede Carl Moor, og med Et — fortæller Fru Dunker (l. c. S. 344—45) — „gik det Rygte: Løitnant „Lindemann er forlovet med Madame Collett. Rygtet medførte Sandhed. Hendes Fa-„milie var meget derimod; hun var flere Aar ældre end ham“ (han 29, hun 40), „og „da hun var meget korpulent, saa hun maaske ældre ud, end hun var. Hun havde en „voxen Datter, der jo efter Alderen havde passet sig bedre for Lindemann; man vilde „ogsaa vide, at hun havde tilbudet ham sin Datter og Godset Holleby. Ikkedesmindre „havde de Bryllup samme Aar“ — den 29de April 1800.

Poul Peter Lindemann var født i Tellingstedt i Ditmarsken d. 18 Oktober 1771 og var bleven kommanderet herop til Norge som Fænrik à la suite ved det norske Jægerkorps. Den $\frac{1}{3}$ 1800 avancerede han til Sekondløitnant, men fik d. $\frac{2}{5}$ s. A. paa Ansøgning Afsked fra Tjenesten. Den $\frac{1}{8}$ 1804 udnævntes han til Veimester à la suite i Smaalenenes Amt, og erholdt d. $\frac{1}{4}$ derefter Kapteins Rang. Som saadan blev Lindemann under Krigen i 1814 af Christian Frederik overdraget en Kommando over Almue-væbningen. Senere fik han Titel af Major og mødte i 1830 paa Storthinget som Repræsentant fra Smaalenene. Lindemanns vare bosatte paa Holleby, hvor deres eneste Søn, *Hans James*, blev født d. 4 Oktober 1801[1]). Denne overtog i 1831 den fædrene Eiendom og er fremdeles Eier af denne Gaard.

Karen Lindemann døde paa Holleby d. 22 Marts 1823, 63 Aar gammel, og blev begravet der i et Anlæg, som hun til Erindring om Peter Collett havde kaldt „Mindet“[2]). Major Lindemann døde paa samme Gaard d. 16de Juli 1845.

---

[1]) Han er gift med Annette Christine *Kiønig* (født 1831) og har 2 Sønner, fødte 1856 og 1859.

[2]) Om et lignende Anlæg „Vilhelmsdal“ paa Lilleaker se Fru Dunkers Bog S. 199 og 344.

61

John Collett til Ullevold og Hustru Marthine Christine Sophie Elieson.

2. JOHN COLLETT til Ullevold, R. D. O., og Hustru MARTHINE CHRISTINE SOPHIE ELIESON.

Kjøbmand James Colletts 2den Søn blev født i Christiania d. 22 September 1758 og døbtes samme Dag med Navnet Johan, men kaldtes og skrev sig altid *John*. 8 Dage efter Fødselen mistede han sin Moder, Karen Leuch; se foran Side 37.

Ligesom den ældre Broder Peter bestemte ogsaa John sig for Handelsveien, og efterat have nydt privat Undervisning i Hjemmet sendtes begge Brødre fra 1773 til 1776 til yderligere Uddannelse ud paa en større Udenlandsreise under Ledelse af Huslæreren, Student Frantz Dræbye[1]. Medens Peter Collett bosatte sig i Christiania og gik ind som Associé i det fædrene Handelshus, besluttede John derimod at følge sin Grand-onkels og Navnes Exempel og nedsætte sig i Familiens oprindelige Hjemland. Med denne Plan for Øie gik han i London d. $\frac{3}{8}$0 1782 i Kompagni med en derboende norsk-født Kjøbmand, Andreas Gram, og deres Fælleshandel skulde ifølge den derom opret-tede Kontrakt[2] begynde d. 1 Januar 1783 og under Firma „*Collett & Gram*" vare foreløbig i 15 Aar.

John var imidlertid bleven forlovet med sin Kusine, *Marthine Christine Sophie Elieson*, en yngre Søster af Broderens Trolovede, og i Begyndelsen af 1783 finde vi ham paa et Besøg i Christiania for at holde Bryllup. Marthine var født paa Hafslund i Skjeberg d. 15 December 1764 (døbt d. $\frac{2}{9}$6 1765) og var en Datter af Justitsraad *Peter Elieson* og Hustru *Anna Collett*. Efter Forældrenes Død kom hun, 8 Aar gammel, i Huset til Fætteren, Bernt Anker, der siden altid omfattede hende med særdeles Hen-givenhed[3], ligesom han ved Testament af $\frac{18}{12}$ 1801 skjænkede hende et Legat paa 10,000 Rdl. Den 5 Februar 1783 stod Marthines Bryllup[4] i Christiania, og samme Dag blev Søsteren, Karen, viet til sin Fætter, Peter Collett.

---

[1] Udenlandsreisen, der gik over Sverige og Danmark til Tydskland, Schweitz, Frankrige, Bel-gien, Holland og England, er nærmere omhandlet under Broderen, S. 58.

[2] Kontrakten, der er affattet paa Engelsk, findes i Rigsarkivet.

[3] Herom vidne noksom de mange Fødselsdagsvers, hvormed han Aar efter Aar hyldede hende, paa Norsk, Fransk og Engelsk. Nogle af disse ere trykte; et (fra $\frac{14}{1}$ 1800) begynder saaledes:

„Hver Funke i din lyse Aand,   paa denne Dag, som er os kjær.
hvert Gjenskin fra dit ædle Hjerte   *Marthines* Skaal skal festlig tone,
har knyttet varigt Venskabs Baand   i Norden er hun herlig Kone,
med Dig, som at kjende lærte.   hun Mønster for en Kone er,
Kom Venner, lad os Glasset fylde   det Navn fortjener hun og bær . . ."
og Dyd og Kundskab her nu hylde

[4] Paa Grund af Slægtskabet maatte John først ligesom Broderen erhverve Kgl. Bev. (af $\frac{1}{7}$ 1783) til Ægteskabet, og ligeledes indhentede han Kgl. Tilladelse til at vies hjemme i Huset, af hvilkensomhelst Præst og uden forudgaaende Trolovelse og Lysning.

Ud paa Vaaren 1783 [1]) drog John tilbage til London med sin unge Brud, bosatte sig der i eget Hus [2]) og drev nu under Firmaet Collett & Gram i omtrent 10 Aar Handelsforretninger i denne By. Under Opholdet der stiftede han „det nordiske Selskab i London“, af hvis Skrifter Biskop Joh. N. Brun har udgivet 1ste Binds 1ste Hefte (Kjøbenhavn 1788). I 1787 var John og hans Hustru paa Besøg i Norge, og da de atter reiste tilbage, toge de med sig til England sin 10aarige Kusine, Maren Christine Collett, der Aaret forud havde mistet sin Fader, Peter C. til Buskerud. I December 1789 vare Ægtefællerne atter ude paa Reise, og denne Gang gjaldt Turen Paris, hvor Revolutionen netop var brudt løs. Her traf de sammen med Bernt Anker og hans Hustru Mathia, der ogsaa vare paa Udenlandstur.

Nogle Aar efter kaldte Broderens uventede Død Collett tilbage til Fædrelandet; han afsluttede derfor Vaaren 1793 sine Forretninger i London og brød op til Christiania, hvor han traadte ind i Handelshuset „Collett & Søn“ som Faderens Associé indtil dennes Død d. $\frac{15}{11}$ 1794, da han blev Firmaets Enestyrer. Ved Skiftet efter sin Fader overtog han alle Boets Eiendomme (hvoriblandt „Collettgaarden“ og Fladeby) med Arv og Gjæld for 24,000 Rdl. John var en særdeles dygtig Kjøbmand, og da Konjunkturerne paa den Tid i det Hele vare gunstige [3]), erhvervede han sig en betydelig Formue og regnedes almindeligvis for Hovedstadens rigeste Kjøbmand, næst efter Bernt Anker. Den jevneste Kilde til Firmaets Velstand var fremdeles som i tidligere Dage Trælasthandelen, som omkring Aarhundredets Indtræden dreves under usædvanligt heldige Vilkaar, idet Nordmændene dengang formelig havde faaet „et Slags Monopol paa Trælast-Udskibning til England“ [4]), medens samtidig Handelen med denne Vare her hjemme var koncentreret paa nogle faa mægtige Huse i hver By. I denne gyldne Periode kjøbte „Collett & Søn“ mange Gaarde med Skovstrækninger og Sagbrug, men netop herved lagdes Spiren til Husets Undergang, idet der ikke længe efter Johns Død indtraf yderst mislige Tider, i hvilke Landeiendommene tabte al Værdi og medførte Ruin for sine Besiddere.

John Collett fortsatte den af Faderen paabegyndte Drift af Oliemøllen og Sæbesyderiet paa Gaarden Møllenhof i Eker, og selv satte han en Fabrik af samme Beskaffenhed i Gang ved Akerselven. Ligeledes tog han i Arv efter Faderen Forsøgene med *Alunverket* ved Oslo, men havde dermed endnu mindre Held end sine Forgjængere i Firmaet. I Begyndelsen af Aarhundredet tilkaldte han som et sidste Forsøg tvende kyndige Mænd, Bergmester Baumann og Apotheker Maschmann, for om muligt at bringe

---

[1]) Den $\frac{26}{4}$ 1783 var han endnu i Christiania, hvor han med sin Hustru oprettede reciprokt Testament, der konfirmeredes d. $\frac{1}{7}$ 1805.

[2]) *F. Sneedorff* skriver fra London d. $\frac{4}{1}$ 1792 til Prof. Birch: „*Her er tvende behagelige og ægte danske Huse i London: den danske Ambassadeurs Greve Wedels og Hr. Colletts*“. (Saml. Skr. I. S. 436).

[3]) I et af de første Aar i dette Aarhundrede skal han efter eget Opgivende have tjent 78,000 Rd. alene ved Kornspekulationer.

[4]) Se Jac. Aall: „Erindringer som Bidrag til Norges Historie 1800—1815“, 2 Udg. S. 43 o. flg.

Verket paafode, men forgjæves: Arbeidslønnen og Priserne paa Brændemateriale vare for høie i Forhold til det udvundne Produkt, og omkring 1810 blev Alunverket nedlagt for ikke mere af Colletthuset at gjenoptages[1]).

Ved Siden af Virksomheden som Kjøbmand og Fabrikherre dyrkede John med megen Iver et Felt, der paa den Tid stod paa et forholdsvis lavt Trin her i Norge, nemlig den rationelle Landhusholdning, og i denne Retning har han indlagt sig adskillig Fortjeneste, dels ved Oprettelse af Landhusholdningsselskaber og Udbredelse af landøkonomiske Skrifter[2]), dels ved praktiske Agerdyrkningsforsøg paa sine talrige Gaarde, hvilke laa spredte omkring i mange forskjellige Bygder, hovedsagelig dog i Aker, i Nittedalen, Enebak, Fet og Skedsmo, i Vardal, Odalen, Vinger og Eidskogen. I saa Henseende havde han følgelig en vid Mark at arbeide paa, og ingen af disse Eiendomme „savnede Beviser paa hans landøkonomiske Opmærksomhed", siger daværende Sognepræst til Asker (senere Biskop) Neumann i den Mindetale, han d. $\frac{1}{6}$ 1810 i „Selskabet for Askers Præstegjelds Vel" holdt over „John Collett som Landmand"[3]). Men det var dog især Jordbruget paa *Ullevold* ved Christiania, han viede sine Kræfter.

Denne Gaard, som ved Midten af det 17de Aarhundrede fra Kronen kom over i Privates Eie, kjøbtes i 1789 af Bernt Anker og blev af ham atter paa Hustruen Mathias Fødselsdag d. $\frac{2}{5}$ 1794 tilligemed Nordre Taasen og Pladsen Sandaas foræret til hendes Brodersøn John Collett[4]). Ullevold[5]) blev nu efter Biskop Neumanns Beretning (l. c. S. 14) ved den nye Eiers „Virksomhed og ufortrødne Flid arbeidet op til Rangen af det første Landgods i Christianias Omegn". Collett anskaffede kostbare engelske Redskaber, som Saamaskiner o. lign., kjøbte udenlandsk Kvæg til Racernes Forædling, indførte Staldfodring om Sommeren med andre landøkonomiske Forbedringer, — kort sagt, han gjorde Gaarden til et rent Mønsterbrug. Ligeledes sørgede han for at gjøre sine Foretagender paa Ullevold bekjendte i videre Kredse. „Saa tidt Leilighed fandtes", (fortæller Neumann, l. c. S. 26 o. flg.) „indbød han Landmænd, ligemeget af hvad Klasse, „til at skue hans Jord og hans Redskab. Paa den Aarstid, som kalder Oplandets „Indvaanere i større Mængde end sædvanligt til Hovedstaden, benyttede han sig af „Øieblikket for at holde en Sammenkomst i festlig Form af lutter Landmænd, hvis „Møde gav saa ønskelig Anledning til økonomiske Ideers og Erfaringers Omtuskning.

---

[1]) Jfr. Topogr. Journal, 1793, Hefte 3 og „Travels in Europe etc. by E D. Clarke", X. London 1824.

[2]) Hans Smaaskrifter ere opregnede i Krafts & Nyerups Literaturlexikon.

[3]) Talen blev kort efter udgivet i Chr.a paa Selskabets Bekostning; den er tilegnet „den Savnedes troe og ædle Mage, Marthine C. S. Collett, med Venskab og Agtelse". 30 Sider 12mo.

[4]) Se S. 51 i Noten. Denne „Donation", som ifølge Akers Pantebøger kunde „valueres til 13,800 Rdl.", har formodentlig nærmest været en Medgift for Colletts Hustru, der var B. Ankers Myndling, Pleiedatter og Kusine. Familietraditionen beretter, at John fandt Skjødet under sin Serviet ved Middagsbordet. — Til Ullevold føiede han siden Nedre Blindern, ligesom han i 1799 for 2000 Rdl. indløste den tilliggende, men før hans Tid bortforpagtede Eiendom Lille Ullevold.

[5]) Af Wilses „Reise-Iagttagelser", Kbh. 1790, I. S. 236 o. flg. sees, at Ullevold tidligere havde udmærket sig som et smukt Landsted.

„I en Rad af Aar optog han hver Sommer Lærlinge af Bondestanden ligesom i Skole
„paa Ullevold og gav dem i den Tid fri Underholdning; ved indbrydende Høst sammen-
„kaldte han dem faderlig omkring sig, undersøgte, hvad de havde vundet i Indsigter,
„og belønnede dem, som ved fortrinlig Agtpaagivenhed havde udmærket sig. Til den
„bedre Kulturs Fremme i Norges Fjeldbygder satte han kyndige og driftige, tildels
„ogsaa af ham selv oplærte Bønder paa de Gaarde, han der eiede, frigav dem for al
„Afgift paa bestemte Aar, tildelte dem for Intet det første Aars Sædekorn, skjænkede
„dem fortrinlige Kalve til Opdræt, forsynede deres Gaarde med forbedrede Agerdyrk-
„ningsredskaber, kjøbte aarligen de bedste Skrifter i Landvæsenet til deres Brug —
„betydelige Summer kostede disse Opofrelser — og fordrede for alt dette kun, at de
„skulde følge i Landvæsensdriften den af ham meddelte Plan. Fædrelandssindet slum-
„rede aldrig i Colletts Barm, men det voxede med ny Kraft og Styrke i den sidste
„Kamp, i Nødens Stund, i Farens Øieblik. — —"

Colletts Virksomhed paa Ullevold vakte ogsaa Opmærksomhed hos Udlændinger.
Saaledes skal han have nydt den Triumf af Formanden for det store engelske Agerdyrknings-
selskab at blive raadspurgt i Landhusholdningssager (Neumann, l. c. S. 17), og den be-
rømte Geognost Leopold v. Buch beretter i sin „Reise durch Norwegen und Lappland" [1],
at „hvad den ædle og virksomme John Collett har udrettet paa sit Landgods Ullevold,
vil maaske endnu længe vedblive at være for Norge et Mønster i Agrikultur". — I
Begyndelsen af dette Aarhundrede fik han stiftet det landøkonomiske „Selskab for
Aggers Sogns Vel", hvori han var Formand til sin Død, og „ingen enkelt Mand kunde
være for dette Selskab alt, hvad J. Collett var", siger daværende Sognepræst, senere
Biskop, Claus Pavels i den Mindetale over ham, som han holdt i Foreningens Møde
den 6te April 1810 [2].

Collett har fremdeles reist sig et hædrende Minde ved sin Virksomhed under
Trangsaarene 1807—1809. Da der i 1807 dannedes et Aktieselskab for at sikre Ho-
vedstadens Kornforsyning, var han med og tegnede sig for 20 Aktier, hver paa 100 Rdl.,
og under det paafølgende Krigsaar udmærkede han sig — ifølge Jac. Aalls Erklæring —
ved at samle, befordre og selv bidrage til Armeens Forsyning. Da saaledes Hæren var ryk-
ket ud paa Grændsen, forfattede John, „der efter Bernt Ankers Død førte Ordet
mellem Grossererne", „strax en Indbydelse til at tegne Bidrag, og lod den af sin Adop-
tivsøn, Otto Collett, ombære fra Hus til Hus. Snart var Collettgaardens store Gaards-
rum fuldt af Madvarer, Vin og Brændevin. Til en Begyndelse sendtes 55 Vognlæs
afsted, og paa denne Maade blev man ved, saalænge Felttoget varede". [3] For sin
Nidkjærhed ved denne Anledning blev han d. ²⁄₁⁸ 1809 udnævnt til Ridder af Dannebrog.

---

[1] Oversat af Kaptein Fougner-Lund. Kjøbenhavn 1812.

[2] Ogsaa denne Tale er særskilt udgivet. Christiania 1811, 16 Sider 12mo.

[3] Jac. Aalls „Erindringer", 2den Udgave S. 141 og „Det gamle Christiania", S. 287.

Samme Aar var han med at stifte „Selskabet for Norges Vel", hvortil Indbydelse ud-stedtes under Afskedsgjæstebudet for Prinds Christian August d. $\frac{2\frac{2}{2}}{}$ 1809 [1]).

Ligesom han altid viste sig som de Trængendes Velgjører, saaledes indlagde han sig ogsaa Fortjeneste ved at sørge for Almuens Oplysning paa sine Eiendomme. Paa Alunverket oprettede han en Almueskole, der med megen Høitidelighed og under Afsyngelsen af en for Anledningen forfattet Sang blev indviet den $\frac{14}{12}$ 1806 [2]). En lig-nende Indretning grundede han paa Fladeby for 50—70 af Sognets Børn, og her op-førte han tillige et smukt Skolelokale, antog og lønnede selv Læreren, gav ham fri Bolig paa Gaarden m. m.

Collett var en af Hovedstadens „tolv eligerede Mænd" [3]), fungerede i 1804 som Byens Kæmner og bestyrede endelig flere offentlige og private Indretninger, hvoriblandt det af ham grundlagte „Christiania Søassuranceselskab" samt Understøttelsesfondet „for Saarede og Faldnes Efterladte" [4]). —

I John Colletts Hus herskede der en endnu større Selskabelighed end i Fa-derens, og Ullevold, Fladeby og „Collettgaarden" bleve i hans Tid Vidner til den ene Fest splendidere end den anden. I denne Jagen efter Forlystelser vare begge Ægtefæl-ler hinandens Jævnlige, ligesom Nydelsessyge overhovedet er et betegnende Træk for hin Tidsalder [5]). Paa Ullevold ødede Eieren store Summer til Adspredelser af forskjellig Art. Han byggede Pavillonner og „Templer" i bizarre Former, som Tønder og Para-plyer, anlagde Fiskeparker og Karusseller, gravede Grotter, hvor der ved høitidelige Leiligheder vældede Vin frem istedetfor Vand, kort sagt: han udstyrede Stedet med de mest overraskende Tillokkelser. I samtidige Reisebeskrivelser findes det derfor ogsaa antydet, at der paa Ullevold var altfor stærkt ødslet med smukke Anlæg, og at Naturen der vel meget var fortrængt af Kunst [6]).

---

[1]) Da Collett kort efter afgik ved Døden, lod hans Enke sig i Stedet indskrive som Medlem og skjænkede 250 Rd. som „et Contingent-Legat" for sin afdøde Mand, i hvilken Anledning hun modtog en meget smigrende Takskrivelse fra Selskabets Direktion. (Takskrivelsen findes ind-taget i Anhanget).

[2]) Om Johns Tale ved Indvielsen beretter Biskop Pavels i sin ovenciterede „Mindetale" (S. 12-13), at noget „sandere, skjønnere, mere indtrængende" kunde ved saadan Leilighed neppe være sagt. Overhovedet, bemærker han, viste Collett, „naar han tog til Orde for Fædrelandets og „Menneskehedens den gode Sag, en Veltalenhed, der aldrig forfeilede Veien til hans Tilhøre-„res Hjerter, da det tydeligen saaes, at den kom fra hans eget."

[3]) Noget tilsvarende til vor nuværende Formandskabsinstitution.

[4]) Fondet stiftedes i 1808, og Bestyrelsen blev af Prinds Christian August overdraget til John Collett og 5 andre ansete Mænd. — Ligeledes var han Bestyrer af Konferentsraad Vogts & Hustru's Legat, (hvorom mere S. 39).

[5]) „Nyd Glæden, raaber gjennem alle Sandser | ei Seklers Flugt os her paa Banen standser,
    til hele Skabningen Naturens Røst, | Alt iler frem og søger Fryd og Lyst".
Saa sang man ved Aarhundredets Skifte paa Fladeby, og disse Ord ere vistnok et træffende Udtryk for Tidsaanden.

[6]) Se Blochs Reiseiagttagelser Side 56—58.

Festlighederne paa Ullevold begyndte hvert Aars 28de Mai (Datoen, da John fik Gaarden i Eie), og paa denne Dag, der efter Almanakkens Helgen kaldtes „Vilhelms-dagen“, opbødes „alt, hvad Hygge og Kjærlighed formaaede“ [1]).   Blandt Gjæsterne taltes jævnlig Udlændinger, hvoraf der i hin Emigrationens og Reisebeskrivelsernes Periode færdedes mange her i Landet, og Collett stod altid færdig til at vise Fremmede Gjæstfrihed.   Navnlig synes det, som om enhver reisende Englænder af nogen Bety-denhed er bleven henvist til John, hvis engelske Sympathier vare noksom bekjendte, og som i den Grad havde indforlivet sig i britiske Sæder og Skikke, at han betegnende er bleven kaldt „den norske Engelskmand“ [2]).   Af mere notable Udlændinger kan næv-nes Ludvig Philip, der under sin Reise her i Landet som Flygtning ogsaa besøgte Ulle-

---

[1]) Se „Gamle Dage“ af Fru C. Dunker S. 198, hvor det videre fortælles: *„Flere Aar efter Colletts Død, og da omsider Ullevold blev fremmed Eiendom, vandrede endnu Folket paa Vilhelmsdagen til U. for at nyde en Reminiscents af de tabte Glæder.   Den sidste Gang, jeg bivaanede en saadan Fest, var i Aaret 1812 . . . Paa den store Gaard var dækket lange Borde, hvorved Fattige bleve beværtede med Kjødsuppe og Oxesteg; hvad de ikke formaaede at fortære, havde de Tilladelse at tage med; naar de stode op fra Bordet, blev dem leveret hver 24 Skill., og nu indlodes en ny Skare, der ligeledes beværtedes.   Brødet var opskaaret i store Kurve, saadanne, som man ellers bruger til Brænde, og som der maa 2 Mand til at bære.   Jeg hørte en Kone sige: Man har sagt os, at Kongen er vor jordiske Herre, men jeg siger, Madame Collett er det.   Denne Tale vandt Bifald“* . . .

[2]) Den Side 50 & 52 nævnte Mr. Clarke har i sine „Travels“ (X. S. 381—88) beskrevet et Besøg paa Ullevold, hvoraf hidsættes Følgende:
„We went, by invitation, to dine with another merchant, Mr. *John Collet*, at his country-seat, having brought to him letters of recommendation . . . He had a very extensive farm to manage, holding nearly 400 acres of land in his own hands . . . His wife, a very agreeable woman, was reckoned a pattern for all the wives in Norway.   We found a very large party already assembled at Mr. *Collet*'s house, and among them Mr. *Anker* and our friends Messrs. *Kent* and *Jarret* . . . Such was the magnificence of the feast, to which we had been invited, that it would hardly be possible for our own Sovereign to afford a more sumptuous entertainment.   We had every delicacy of the country and all the wines of Europe, together with every species of costly liqueur and confectionary; — yet every article had been brought forth from the storehouses of the family . . . According to the custom of the coun-try we remained many hours at table: but we did not wish to move; for the most cheerfull conviviality and the liveliest conversation was maintained the whole time, without dispute or intoxication.   The only anxiety on the part of our host and hostess arose from a fear lest their guests should not be as well fared and as merry, as it was possible to make them . . . At Mr. *Collet*'s table we had the satisfaction of witnessing some of those old customs, which one grieves to see laid aside, because the characterize historically the distinctions of nations. The master and mistress of the house, rising from their seates, perform a brief recitative as a preliminary song to the toast, which they are about to propose.   In these solemn airs the whole company joined, and they had a very fine effect, not being rendered the less interest-ing to us, when we found they were the preludes to sentiments, which Englishmen hail with enthusiasm.   In this manner we drank *„The wooden walls of old England“* — *„British Com-merce“* — *„Rule Britannia“* — *„God save the King“* — and, with what grief of heart is it called to mind, as it stands written in our journals and was so often reiterated from one end of the country to the other — *„A perpetual alliance between England and Norway“* . . .“
I La Motte's „Voyage dans le Nord de l'Europe dans l'année 1807, A Londres 1813“, findes Side 26 og flg. en Beskrivelse af et Gjæstebud paa Ullevold. Se „Det gl. Chr.a“, Side 292—93, hvor Skildringen er optaget.

vold. Blandt Selskaberne paa dette Sted er forøvrigt det saakaldte „Prindsegilde"
gjennem Jacob Aalls „Erindringer" bleven mere bekjendt[1]).

Paa „Eremitagen" Fladeby fortsattes Jagtpartierne og Julefornøielserne saaledes
som da James Collett levede (se Side 38), kun at Alt nu var anlagt efter en større
Skala. John var en Ynder af al Slags Sport, og i hans. Tid organiseredes en Jagt-
klub[2]) med en Overjægermester, flere Jægermestere og Overjægere, en „Rumormester",
en Proviantmester, en Sekretær m. fl. En Overjægermesterinde var Klubbens „høie
Beskytterinde"; nye Medlemmer kunde alene optages med hendes Samtykke, og hun
præsiderede i Jagtretten. En Ceremonimester skulde paase, „naar Overjægermesterin-
den, Jægermesterinderne eller andre Damer beære Selskabet med deres hædrende
Nærværelse paa Jagten, at de da paa en udmærket Maade modtages" osv. Julen tu-
redes paa Fladeby regelmæssig hvert Aar fra Juleaften til 2den Nytaarsdag af mellem
20 og 30 Gjæster fra Hovedstaden og Omegn[3]), og disse 10 Dage dannede en ustand-
selig Række af Forlystelser — Komediespil, Dands, Slædeture og Maskerader. Flere

---

[1]) Gildet holdtes d. $\frac{3}{11}$ 1809 i en politisk bevæget Tid. 2 Prindser vare her nærværende, nemlig
Christian August og hans allerede ankomne Eftermand, Frederik af Hessen, den danske Kon-
ges Svoger; derimod indfandt sig ikke ved Festen den nye Præsident og Stiftamtmand Kaas,
som antoges opsendt til Norge væsentlig for at holde Øie med Christian August. Jac. Aall,
der hørte til Gjæsternes Skare, beretter i „Erindringerne" (2den Udgave S. 206—7), at „denne
Festlighed var en af de største, som ere givne i Christiania, og Byens mest ansede Mænd vare
der tilstede. Alle Christianias Ekvipager vare den Dag i Bevægelse, og efterhaanden som de
rullede gjennem Haven op til Gildegaarden, bleve de modtagne med Fanfarer og blæsende
Instrumenter. Efterat Gjæsterne vare blevne herligen beværtede ved Spisebordet, indførtes
de i et Sideværelse, hvori paa engelsk Viis Viin og Dessert blev serveret, og Skaalernes Tid
begyndte. Først proponeredes Kongen af Danmarks Skaal af Værten. Næsten Alle reiste sig;
men Skaalen tømtes i Taushed og uden Enthousiasme. Prinds Chr. Augusts Skaal blev der-
efter tømt med den største Jubel, og der var ingen Ende paa Hurraraab og Glædesyttringer.
Prinds Frederik ... maatte tækkes med en almindelig Hyldning. . ." Efter hver af disse Skaaler
afsang man Festsange, forfattede og trykte for Anledningen. Gjæstebudet blev meget omtalt
paa Grund af en derunder forefalden Scene, der viste Spændingen mellem Prindsen af Au-
gustenborg og Præsident Kaas, som var „nøie forbunden med den Ankerske Familie, med
John Collett og med Alt, hvad der var stort og mægtigt i Christiania paa den Tid" (Jac. Aall,
l. c. S. 187), og hvis Skaal derfor blev udbragt af Værten; Prindsen vilde imidlertid ikke
være med paa at drikke Skaalen, men styrtede ud af Værelset under Paaskud af Næseblød-
ning. Senere, da den atter foresloges, vægrede han sig fremdeles ved at drikke.

[2]) „Det gamle Christiania" S. 234. — Jagtklubbens Love bleve i 1823 udgivne i Trykken.

[3]) I 1802 tilbragte Følgende Julen paa *Fladeby* (foruden Vært og Værtinde): Jens *Aars* (senere
Sognepræst til Lier); Kammerherre Bernt *Anker*; Løitnant M. *Carlsen* (senere Krigskommis-
sær); Kjøbmand J. *Clauson*; Kirsten *Clauson* (Datter af Conrad C. til Bærum); Otto *Collett*
og hans senere Hustru Tina *Collett*; Justitiarius Enevold *Falsen*; Assessor Jens *Gram*; Mally
Hiorth f. Clauson (Datter af Conrad C. til Bærum); „Practicus" *Høyer*; Jomfru *Kofoed*; Mr.
Meabower fra England; Jomfru *Peckel* (formodentlig Datter af Apotheker Frantz Peckel);
Kjøbmand Jørgen *Pløen*; Hr. *Rasmusen* (antagelig Prof. Søren R.); Løitnant N. *Schiøtt* (senere
Oberst); Stabschirurg *Thulstrup* (senere Professor) med Hustru, Eleonore f. Clauson; Kjøbmand
Claus *Tullin* med Hustru K. H. f. Wilster. — Gjæster for kortere Tid vare: Justitiarius *Bull*;
Kaptein *Huitfeldt* med Hustru; Stiftamtmand, Grev Fr. *Moltke* med Hustru og 2 Børn; Madame
Nannestad (g. m. Sognepræsten til Enebak) med Datter og Søn; Præsident *Rosencrantz* (senere
Statsraad).

udenlandske Forfattere have beskrevet Festlighederne, saaledes den berømte engelske Statsmand, Lord Brougham, der som ungt Menneske besøgte Fladeby.[1] En fransk Reisende Latocknaye fortæller, at han tilbragte Julen „dans une partie enivrante, on „pourrait presque dire, tant les plaisirs se succédaient rapidement: la danse, la comédie, „le jeu, la bonne chère, a peine pouvait on respirer"[2]. En udførligere Skildring af Fladeby-Livet findes i „Gamle Dage" af Fru C. Dunker (S. 149—155 & 169—176) og „Det gamle Christiania" (S. 229—234). Som anført under James Collett findes der ogsaa et Brudstykke af den Journal, der førtes over Julens Tildragelser af en dertil særlig udvalgt Protokolsekretær[3]), og dette Brudstykke, som med nogle Huller gaar fra 1800 til 1808, indeholder specielt flere interessante Bidrag til Belysning af Datidens Theaterforhold. Sværmeriet for sceniske Præstationer stod ved Aarhundredets Skifte paa sit Høieste, og paa Fladeby hørte Udførelsen af dramatiske „Optog" til hver Aftens Underholdning. Franske Lystspil — undertiden i Originalsproget — samt Holberg og Kotzebue gik jevnlig over Scenen, men Størsteparten af Optogene synes dog at have været improviserede. Disse vare naturligvis som Leilighedsarbeider i Almindelighed uden synderligt æsthetisk Værd, ligesom de ofte udartede til rene Løier. Navnene paa et Par af de ledende Aander, Enevold Falsen og Bernt Anker, tyde dog paa, at Optogene ikke bestandig have været berøvede Vid og Smag. De af Falsen forfattede Piecer vare tildels versificerede, og et af de mest yndede Themaer var, hvorledes „John Fladeby og hans ædle Viv" forstod at omskabe sine Eiendomme „fra Ørkener til Paradiser", og hvorledes de stode de Hjælpeløse bi og skabte Lykke og Velstand rundt omkring sig. Stykkerne fik ikke sjelden en udmærket Udførelse, idet flere af Fladeby-Gjæsterne — ligesom og Værtinden selv[4] — besad scenisk Talent, hvilket de havde rig Anledning til at uddanne paa Hovedstadens Theater i „Grændsehaven". Ved dette var Collett Direktør og hans Kone Direktrice, og her var det gjennem lange Tider meget fashionabelt at optræde paa Brædderne.

John Colletts Ægteskab var barnløst, og han adopterede derfor to faderløse Slægtninger, nemlig Fætteren Otto (yngste Søn af Peter Collett til Buskerud), samt Broderdatteren Marthine Collett. Otto opdroges til vordende Bestyrer af Huset „Collett & Søn", og mellem ham og Adoptivsøsteren fik Pleieforældrene[5]) stiftet et Parti, hvor-

---

1) Se første Del af hans i London nys udkomne Memoirer.
2) Latocknaye: „Promenade d'un Français en Suède et Norvège, Brunswick 1801.
3) I 1803 og 1804 udførte daværende Prokurator Chr. Magnus Falsen Sekretærforretningerne.
4) Bernt Anker roste ofte Marthine Colletts Begavelse i denne Retning; han sang saaledes:
„Kun Pierider selv maae Krandse flette,   hvo kan med Dig om Fortrin trætte,
naar vor Thalia viser sig,   med Dig — i Alt ulignelig?"
(Jvfr. „Gamle Dage" S. 167). Søsteren, Fru Karen Lindemann, var naturligvis ogsaa en Prydelse for Fladeby-Theatret.
5) Foruden disse 2 havde de i lange Tider flere kvindelige Slægtninger i Huset, saaledes Søstrene Anne Dorothea og Caroline Andrea Elieson, Døtre af Marthines Broder, Krigsassessor P. Elieson til Evje (den første senere gift med Baron Wilh. Wedel-Jarlsberg til Ellinggaard, den anden med Amtmand Stabell). Jvfr. ogsaa S. 62 om Maren Christine Collett.

ved de saa opfyldt et af sine kjæreste Ønsker. Ved Hjemkomsten fra London i 1793 bragte de derhos med sig en ung engelsk Dame, Miss Euphrosyne Talma, hvis Be- kjendtskab de havde gjort i Udlandet, og som siden var deres Gjæst i Norge i flere Aar. Hun var en Søster af den berømte Skuespiller i Paris af dette Navn og skildres som en usædvanligt aandrig og elskværdig Dame[1]). I Begyndelsen af dette Aarhun- drede reiste hun tilbage til sin Broder og blev kort efter gift med en Søn af Shake- speares franske Oversætter Ducis.

Den 3 Februar afgik John Collett ved Døden i Christiania, noget over 51 Aar gammel. I Bladet „Tiden" findes Dødsfaldet anmeldt som „et virkeligt Nationaltab", og den storartede Begravelse er der udførligt beskrevet[2]). Kort før sin Død havde han tegnet sig for et Bidrag af 3000 Rdl. til den da oprettede Arbeidsanstalt „Christian Augusts Minde" („Mangelsgaarden") Denne Gave fuldbyrdede hans Enke, og i hans Navn tegnede hun sig ligeledes for 8000 Rdl. til Stiftelsen af det norske Universitet.

Marthine Collett overtog derpaa hele Boet i Henhold til det mellem Ægtefællerne oprettede reciprokke Testament og besluttede at fortsætte de af hendes afdøde Mand drevne Handelsforretninger[3]) under det gamle Firma med Adoptivsønnen som Bestyrer. I den Anledning oprettede hun d. ¹⁄₉ 1810 en Kontrakt med Otto Collett, hvorefter denne for Ledelsen af Husets Anliggender skulde faa en Trediedel af hvert Aars Ge- vinst, medens hun selv som den egentlige Eier skulde have to Trediedele[4]). Den nye Styrer havde imidlertid kun lidet Held med sig. Havde de 10 første Aar af dette Aarhundrede været fordelagtige for Handelen, saa var den nærmest følgende Periode langt fra at være det, og det varede ikke længe efter John Colletts Død, inden mislige Tider med Krig, Pengeforvirring og slette Konjunkturer fremkaldte store Omvæltninger i Forretningsverdenen. Især gik det i de pengeløse Tider ud over dem, som havde lagt Kapitaler i Jordegods og Skove, og solide, mægtige Huse, der tidligere ansaaes for urokkelige, rystedes nu i sin Grundvold, holdtes en Tid oppe ved kunstige Midler, men styrtede tilsidst sammen og reve andre med sig i Faldet. Ikke engang Kolossen, det „Ankerske Fideikommis" kunde staa sig for disse voldsomme Rystelser, og efter flere Aars Kamp faldt ogsaa det Collett'ske Hus, idet dets Bestyrer d. ²⁄₁² 1821 maatte

---

[1]) „Hun var kaldet Euphrosyne efter den yngste af Gratierne, og hun bar Navnet med Rette". (Se Fru Dunkers Erindringer „Gamle Dage" S. 147—149).

[2]) Høitideligheden foregik om Eftermiddagen mellem Kl. 2 og 3 den ⁴⁄₂ 1810 og overvares af en „fast utællelig Skare". Sørgetoget gik først til Vor Frelsers Kirke, hvor en af Overlærer *Platou* (Statssekretæren) forfattet Kantate blev afsungen til Musik af Etatsraad *Falbe* (siden Statsraad). I Kirken holdt Biskop *Bech* Sørgetalen; derpaa bragtes Kisten til det Collett'ske Gravkapel, hvor Bisættelsen fandt Sted.

[3]) Ligeledes vedblev hun gjennem flere Aar at føre det samme store, selskabelige Hus som tid- ligere. I Biskop Pavels's „Dagbogs-Optegnelser" (Christiania 1866) for ¹⁵⁄₉ 1815 og ²⁵⁄₆ 1816 berettes der saaledes om prægtige Gilder paa Ullevold og i „Collettgaarden".

[4]) Hvis hun giftede sig, skulde hele Husets Masse undtagen Ullevold, Taasen og Blindern tilfalde Otto C., mod at han svarede hende en aarlig Revenu af 5000 Rdl., og døde hun først (og ugift), skulde ligeledes Massen gaa over til ham.

overgive Boet til Skiftebehandling. Marthine skal i det Længste være bleven holdt i Uvidenhed om Forretningernes skjæve Gang. Da Forholdet ikke længer kunde dølges, troede hun dog endnu ved en personlig Henvendelse til den største Kreditor, Londonner-Firmaet „Boultons & Pelly“, hvis Chefer hun kjendte, da hun i sin Tid havde vist dem Gjæstfrihed i Norge, at kunne rette paa Sagerne, og hun fulgte derfor Høsten 1822 med sin Adoptivsøn over til London for at reise Penge og søge opnaaet billigere Vilkaar for Restancernes Betaling. Men trods den Henstand, der fra flere Steder indrømmedes det, kunde Huset dog ikke mere hæve sig igjen. Dets Skjæbne er forøvrigt nærmere omhandlet nedenfor under Otto Collett (4de Generation III No. 10).

I sine sidste Leveaar boede Marthine baade Sommer og Vinter paa Ullevold, og der døde hun den 21 August 1826, noget over 61 Aar gammel [1]).

II. Kammerraad Johan Colletts og Hustru Else Elisabeth Jensens Børn [2]).

1. Assessor i Hof- og Stadsretten, Justitsraad PETER COLLETT, gift med 1) MARGRETHE CAROLINE HOLM, 2) CHRISTINE CONSTANCE von WICKEDE.

Den ældste af Kammerraad Johan Colletts og Hustru Else Elisabeth Jensens Børn, *Peter*, fødtes paa Faderens Gods Rønnebæksholm ved Nestved Sommeren 1767 og blev døbt d. 4 Juli s. A. Han gik ligesom Faderen den akademiske Bane, blev Student i 1783 og tog d. ²¼ 1785, 18 Aar gammel, latinsk juridisk Examen med Laudabilis. Den ²⁄₁ 1790 udnævntes han til Protokolsekretær i (den danske) Høiesteret og blev d. ⅜ 1793 tillige surnumerær Assessor i Hof- og Stadsretten i Kjøbenhavn.

I Danmarks Hovedstad bevægede sig dengang usædvanlige literære og politiske Strømninger. Det var Tidsskrifternes Periode, Klublivets og Literaturselskabernes Blomstringstid. Peter Collett var Medlem af flere af Kjøbenhavns mere bekjendte literære Samfund, saaledes af „det norske Selskab“ (der dog ved denne Tid — omkring 1790 — allerede havde mistet sine største Prydelser, Wessel og Johan Vibe), fremdeles af „det danske Literaturselskab“ og af „Drejers Klub“, hvor han i 1797 var Direktør. Han arbeidede ogsaa i forskjellige Tidsskrifter og var bl. A. fra 1793—1795 Medudgiver af Ugebladet „Borgervennen“. Ved denne Virksomhed kom han i nærmere Berøring med nogle af Datidens mere bekjendte Literater, som Rasmus Nyerup, P. A. Heiberg og Enevold Falsen, men fremfor Alle med *Rahbek*, som omtaler Collett paa en Mængde

---

[1]) Til Begravelsen d. ²⁄₉ havde Pleiesønnen forfattet en versificeret „allegorisk Mindetavle“.

[2]) Se foran Side 46.

Steder i sine „Erindringer" [1]) med særdeles Varme og Høiagtelse, idet han snart kalder ham „sin elskede Ungdoms og Manddoms Ven", snart giver ham Tillæg af „Tænkeren" eller „Sandsigeren" [2]).

Henimod Aarhundredets Slutning løde Raabene paa Frihed i alle Samfundsforhold stedse høiere i Skrift og i Tale. Den rationalistiske Tidsaand gav ogsaa Tonen et mere hensynsløst Præg, og i samme Grad, som Sproget blev voldsommere, voxte Trykkefrihedssagerne. Vaaren 1797 udgav Præsten, Kantianeren Michael Gottlieb *Birckner* († 1798) et Skrift „om Trykkefriheden og dens Love", hvori han hovedsagelig søgte at paavise Fordelene ved en ubunden Trykkefrihed og forfægtede, at det inden visse Grændser burde være Borgerne uforment i trykt Skrift frimodig at udtale sig om Regjeringsformen og Regjeringens Handlinger, om Religionen og om Embedsmændenes Færd og Medborgernes Ære. Collett kom ved Læsningen af Birckners Bog „i en Slags Ekstase" [3]). Han foreslog i Kjøbenhavns Adresseavis, at der skulde subskriberes til en Medaille for Forfatteren og leverede derhos en vidtløftig Bedømmelse af Bogen i det af Nyerup udgivne Tidsskrift „Lærde Efterretninger". Sommeren 1797 udkom hans Recension særskilt i Trykken under Titelen „Forsøg til en Bedømmelse af M. G. Birckners Bog om Trykkefriheden og dens Love" (Kjøbenhavn, 84 Sider 12mo). I dette Skrift ere Frihedsideerne og Tidens rationalistiske Tendentser endnu stærkere fremholdte, og Udfaldene mod de bestaaende Forhold endmere tilspidsede end hos Birckner. Regjeringen fandt sig derfor under de stedse tiltagende Trykkefrihedssager foranlediget til her at skride ind og slaa et Slag en Gang for alle, og ved Kgl. Res. af ♃ 1797 blev Assessor Collett paa Grund af de Anskuelser, han saaledes offentlig havde vedkjendt sig, pludselig uden Lov og Dom afsat fra sit Embede uden at erholde Pension. Sagen vakte selvfølgelig efter sin Natur overordentlig Opsigt, saameget mere som Collett ikke forhen havde havt nogen Pressesag og derhos var „en Mand, hvis Vandel var ustraffelig og uplettet [3])." Han udgav strax Resolutionen med nogle Anmærkninger som et Tillæg til Bedømmelsen af Birckners Bog, og snart efter udkom Recensionen i 2den Udgave. Rahbek optraadte i sin „danske Tilskuer" 1797, No. 79, med et varmt Forsvar for Vennens Afhandling og erklærede den for et af den danske „Presses allerædleste Børn, betegnet med den redeligste Sandhedskjærligheds, den sindigste Upartiskheds og den sømmeligste Frimodigheds Præg." I sine „Erindringer" (V.

[1]) Rahbek: „Erindringer af mit Liv" IV. S. 137 (hvor R. mellem „gamle, mange Aar adskilte uforglemte ædle Venner" fra det norske Selskab nævner *Collett'er*), fremdeles S. 191, 310, 386, 426, 428, 432, 465; V. S. 54, 63, 73, 87, 155, 184, 212, 216, 221, 263 og flg., 271, 327—28, 363, 378, 386, 417, 431—35.

[2]) Da *Rahbek* d. ♃ 1798 holdt Bryllup med sin „*Kamma*", var Collett Forlover sammen med R.'s Svigerfader (den senere) Konferentsraad Heger. De to Forlovere vare de eneste Tilstedeværende ved Bryllupsbordet, men de vare begge „Vanddrikkere", og Rahbek maatte derfor for at faa sin og sin Kones Skaal ordentlig drukket, hente en fjernere Bekjendt op fra Gaden. (Erindr. V. S. 271).

[3]) Siger N. M. Petersen i sin danske Literaturhistorie, 4 D., S. 81.

S. 61—62) tilføiede han mange Aar senere, at „ingen Mand kunde mene Fædreland, „Menneskehed, Ret, Frihed og Sandhed det bedre, end P. Collett mente dem det, at hans „Hjerte var trofast som hans Aand var tænksom og lys, og som hans Levnet og hele „hans Vandel var uplettet. Dog, mit Vidnesbyrd i saa Henseende vilde aldeles træde „tilbage i Mørket, hvis jeg turde tro mig tilladt offentlig at fremføre, hvad den ærvær- „dige Olding, Justitiarius Feddersen [1]), Colletts Frænde, med den mig uforglemmelige „Inderlighed gjorde sig en Glæde af at meddele mig som Colletts prøvede og trofaste „Ven, hvorledes Danmarks ædle Konge, idet han tildelte C. det af ham ansøgte Em- „bede i Vestindien, med flere Naadesbevis tillige gav ham personlig — hvad der end „i hint Skrift kunde have været at misbillige — som Menneske og Borger et Vidnes- „byrd, der for hin ædle Olding og, jeg tør føie til, for min fintfølende Ven, maatte „være uendelig dyrebarere end Forfremmelsen selv.“

Hvad der i hine Dage, da Tidenden om Colletts Afsættelse rygtedes, endmere „forstærkede det rædsomme Indtryk, og det ikke blot for hans personlige Venner“, var efter Rahbeks Beretning (V. S. 60), at den Kgl. Resolution sagdes at være Collett „uventet ihændekommen selvsamme Dag, som han havde holdt Bryllup med sin Tro- lovede, den ædle og aandfulde Fru Fibiger.“ Dette Sidste er dog ikke ganske nøiag- tigt, idet Brylluppet stod 4 Dage tidligere, nemlig d. 25 Sept. 1797. Bruden var *Mar- grethe Caroline Holm*, født 1766 og Enke efter Kancellisekretær i Admiralitets-Kollegiet Adolph *Fibiger* [2]). I dette Ægteskab fødtes Colletts eneste Barn, *Christine Elise Ca- roline*, døbt i Kjøbenhavn den 22 April 1799. Rahbek har dediceret 6te Bind af sine „Prosaiske Forsøg“ til „det ædle og lykkelige Ægtepar P. og Caroline Collett“, og deres Hus, fortæller han, hørte til hans og Kammas „kjæreste og i hver Henseende interessanteste Omgang“ (V. S. 63 & 327).

I Colletts brødløse Stilling toge hans Venner sig broderlig af ham. Nyerup overlod ham saaledes fra Begyndelsen af 1798 Redaktionen af de „Lærde Efterretnin- ger“, hvilket indbragte ham nogle hundrede Rdl. om Aaret, og Rahbek fulgte Exemplet, idet han fra samme Tidspunkt optog ham som Medredaktør af Maanedsskriftet „Mi- nerva“, hvorved han efter eget Sigende vandt sig en „kundskabsrig, talentfuld og virk- som Medarbeider“ (l. c. V. S. 62). Her leverede Collett nu i 1798 og 1799 adskillige Bidrag, der findes specificerede i det almindelige Minerva-Register, og Rahbek delte trolig Honoraret med ham, en Opofrelse, der var saa meget mere paaskjønnelsesværdig, som han dengang netop skulde gifte sig, og Formindskelsen i hans ikke synderligt store Indtægter lettelig kunde bevirke en Udsættelse af Brylluppet. Ved Siden af disse literære Beskjæftigelser manuducerede Collett til juridisk Embedsexamen, og hans Kaar bleve snart saa gode, at han syntes „endog at have vundet i sit Tab“ (l. c. V. S. 63).

I Slutningen af 1797 stiftede P. A. Heiberg, Collett og Rahbek med et Par Andre et literært Samfund, som de kaldte „Selskabet for Sandhed“. Det udgav et

---

[1]) 5te Del af R.s „Erindringer“ er skrevet i 1828—29. Feddersen var Colletts Fætter, se S. 33.
[2]) Fibiger døde 1789, 37 Aar gammel, og efterlod sig foruden Enken 2 Sønner.

Kvartalskrift, hvori Collett er Forfatter til et Par Afhandlinger, men opløstes snart af sig selv, da det havde faaet Ord for at være en Jakobinerklub. Af endnu kortere Varighed blev et andet literært·Selskab, stiftet af „Nils Ebbesens" Forfatter C. L. Sander. Dette skulde virke til „almen Oplysnings og Forædlings Udbredelse i Fædrelandet", og Collett var en af Direktørerne. Selskabet gik ind, da Presseforordningen af 27 Sept. 1799 udkom.

Denne Forordning gjorde en væsentlig Forandring i Colletts Liv, idet den bragte ham til at ophøre med al literær Virksomhed. Han fratraadte strax Redaktionen af „Lærde Efterretninger" og „Minerva"[1]) og levede nu et Aars Tid af at give Manuduktion i Retsvidenskaben, men besluttede tilsidst at drage ud og bryde sig en ny Bane under en fremmed Zone. I denne Anledning tog han Bestalling som Prokurator ved Retterne paa de vestindiske Øer og drog ud paa Høsten 1800 med sin Familie over til St. Croix[2]). Her fandt han ifølge „Kjøbenhavns Skilderie" (for 1823, No. 63) en venlig Modtagelse og et godt Udkomme. Derimod mistede han snart efter sin Ankomst did baade sin Hustru og sin lille Datter. Han blev 2den Gang — i 1803 — gift paa St. Croix med *Christine Constance von Wickede*, født i Lübeck d. 22 Dec, 1777 og Datter af en Officier, tilhørende en fornem Lübecker-Familie. Ægteskabet var barnløst.

Den 2/3 1817 udnævntes Collett til Skifteforvalter og Medlem af Skifteretten paa St. Thomas og St. Jean og fik d. 2/9 s. A. Titel af Justitsraad. I 1818—19 var han med sin Hustru paa Besøg hos Familien i Danmark og Norge. Han døde paa St. Thomas den 12 April 1823. I „Kjøbenhavns Skilderie" (l. c.) heder det ved Anmeldelsen af hans Død: „Som Menneske var han af et ædelt Sindelag og følende Hjerte. Som Forfatter vilde han „upaatvivlelig have bragt det vidt, dersom en med hans Alder forbunden altfor stor „Enthousiasme ikke tidligt havde bragt ham til at standse paa sin Bane." Rahbek skrev ved Dødsbudskabet i „Tilskueren" Følgende: „Et skjønt Hjertes, en redelig og „virksom Aands, et uplettet Levnets bedste Velsignelser følge Dig! Som Fraværelse „ikke udslettede Dig hos dine tidligere Venner, saa skal ikke Tid og Aar røve Dig „dit Hæderssted mellem de Mænd, der mente Fædrelandet, Menneskeheden og Sand- „heden det ærligen vel . . ."[3])

Hans Enke, Constance Collett, døde d. 2 Juli 1830 i Kjøbenhavn, hvorhen hun var flyttet efter sin Mands Død.

---

[1]) Selv siger han herom i et Brev af 7/1 1799 til Fætteren, daværende Assessor i Christianssands Stiftsoverret, Peter Collett: *„Mig har Trykkeloven skrækket fra alt Forfattervæsen. Jeg har opgivet Redaktionen af „Minerva" og „Lærde Efterretninger", og har derved opofret 450 Rdl. aarlig for min Sikkerhed."*

[2]) Ved Afreisen skrev hans Ven, Digteren *F. Høegh Guldberg* en Sang, som med en Indledning af Rahbek, helliget Venskabet, er indtaget i den „Danske Tilskuer" for 1800.

[3]) Jvfr. Thaarups „Fædrelandsk Nekrolog" S. 183.

2. Statsraad JONAN COLLETT, R. Seraf. O., K. N. O., R. D. O, og Hustru
MAREN CHRISTINE COLLETT.

Den femte af Kammerraad Johan Colletts og Hustru Else Elisabeth Jensens Børn, men den anden af de 3, som naaede voxen Alder, fødtes paa Faderens Eiendom Rønnebæksholm i det sydlige Sjælland d. 25 Marts 1772 og fik den ¼ s. A. i Daaben Navnet *Jonas*[1]). I 1777 blev Rønnebæksholm solgt, og Kammerraad Collett flyttede nu med sin Familie til Kjøbenhavn, hvor Jonas i 1787, 15 Aar gammel, efter privat Undervisning blev Student. Han bestod Examen artium med saadan Udmærkelse, at han blev No. 1 af „de Indkaldte" og tilkjendtes en Sølvmedaille. I 1788 tog han Examen philosophicum, og d. ²⁵⁄₇ 1790 latinsk jũridisk Embedsexamen med Laudabilis. Den ⅛ derefter ansattes den 18aarige Kandidat som Volontør i Rentekammeret, blev d. ⅔ 1793 Kopist der og udnævntes d. ¹¹⁄₁ 1794 til Fuldmægtig i Revisionskontoret, hvorfra han den ⁴⁄₁ 1795 overflyttedes til det sjællandske Renteskriver-Kontor.

Den ³¹⁄₁₂ 1795 blev han udnævnt til Foged i Numedal og Sandsværs Fogderi, hvor han tog Bopæl paa Kongsberg, og henved 2 Aar efter førte han en Brud til sit nye Hjem, idet han den 15 Okt. 1797 i Modums Hovedkirke blev viet til sin Kusine *Maren Christine Collett*, født paa Strømsø den 25 Mai 1777 af Forældrene *Peter Collett* til Buskerud og Hustru *Johanne Henrikke Ancher*.

Den ⁴⁄₉ 1805 blev Foged Collett beordret til at tiltræde Overbergamtet paa Kongsberg ved dets Behandling af de Sager, som angik Sølvverkets Aaret forud besluttede Nedlæggelse. Da dette Hverv var fuldendt, fik han paa Ansøgning Afsked herfra d. ⅔ 1807. Kort iforveien var han bleven udnævnt til Medlem af Direktionen for Bergstadens offentlige Fattigvæsen (oprettet ved Reskr. af ³¹⁄₁ 1806). I Trangsaarene 1807 og 1808 udfoldede han en overordentlig Virksomhed for Fogderiets og andre Egnes Proviantforsyning, hvorfor han modtog en anerkjendende Takskrivelse (af ¼ 1808) fra den midlertidige Regjeringskommission. Hans Fortjenester i denne Henseende bleve ogsaa af Kommissionen indberettede til Kongen, som d. ⁴⁄₇ 1808 belønnede ham med Titel af virkelig Kammerraad og den ²⁹⁄₈ 1809 udnævnte ham til Ridder af Dannebrog[2]).

Da Grev Wedel-Jarlsberg i 1813 søgte Afsked fra Amtmands-Embedet i Buskerud, udtalte han i sin Ansøgning det Ønske at maatte faa Jonas Collett til Eftermand, idet han anbefalede ham „som en af Norges mest fortjente og agtede Embedsmænd", hvem den offentlige Stemme allerede længe havde udmærket som en „ædel, kundskabsrig, oplyst og virksom" Mand. Rentekammeret indstillede ogsaa Collett, „hvis udmærkede Duelighed, Retskaffenhed og Virksomhed" var det „paa det fordelagtigste bekjendt",

---

[1]) Dette Navn har han rimeligvis faaet fra Familien *Ramus*, fra hvem han nedstammer paa mødrene Side. Se foran Side 45.

[2]) Takskrivelsen og Regjeringskommissionens Indberetning ere indtagne i Anhanget.

óg den $\frac{3}{9}$ 1813 udnævntes han til Amtmand i Buskeruds Amt, hvilket Embede han flere Gange forhen midlertidig havde bestyret, saaledes i 1803, 1806 og 1808.

Kun i 3 Fjerdingaar havde han beklædt denne Post, da Begivenhederne i 1814 aabnede ham en ny og mere omfattende Virkekreds. Hans „store Navn som dygtig Embedsmand" tildrog ham nemlig Christian Frederiks Opmærksomhed[1]), og han var derfor blandt de Mænd, som Prindsen ved Underretningen om Kielertraktaten sammen-kaldte til Mødet paa Eidsvold d. $\frac{1}{9}$ 1814. Her hørte Collett til deres Tal, der mod-satte sig Christian Frederiks Suverænitetsideer og forfægtede, at Folket selv burde bestemme sin Skjæbne, men ikkedestomindre blev han, da Prindsregenten den 2 Marts s. A. dannede sig et Regjeringsraad, kaldet til Medlem af dette. Som saadan stilledes han i Spidsen for 2det Departement, nærmest svarende til det nuværende Departement for det Indre, og under de bevægede Tider, som fulgte efter Kongevalget paa Eidsvold, vedblev han at forestaa dette Departement, nu — ifølge Kgl. Kundgjørelse af $\frac{1}{9}$ 1814 — med Titel af Statsraad. Den 13 Aug. 1814 blev det overdraget ham og hans Kol-lega Niels Aall at træde i Underhandling med de svenske Udsendinger, og Resultatet deraf var som bekjendt Krigens Ophør ved Afslutningen af en Vaabenstilstand samt Konventionen til Moss af 14 August 1814, hvorom henvises til Jac. Aalls Erindringer, 2den Udg., S. 503 og flg. Collett indlagde sig ved denne Leilighed efter Aalls Erklæ-ring „store Fortjenester af Fædrelandet", ligesom han senere udviste megen Dygtighed som Medlem af Interimsregjeringen fra d. $\frac{1}{9}$ til Foreningen med Sverige. I September førtes Regjeringen alene af Statsraaderne Collett, Aall og Rosenkrantz, og „disse 3 Mænd" — bemærker Sognepræst Faye i sin „Norge i 1814" — „fortjene at nævnes og hæ-dres med Taknemmelighed af deres Landsmænd; thi under meget vanskelige Forholde styrede de Statens Ror med Besindighed og Kraft."

Efter Rigernes Forening indtraadte Jonas Collett i det nye Statsraad som Chef for Indre-Departementet. Han var siden Medlem af den norske Regjering i 22 Aar, og Jac. Aall erklærer (l. c. S. 575 jvfr. S. 365), at det „paa hans Embedsbane som Stats-raad var Collett forbeholdent at vise sit Fædreland Tjenester, som aldrig ville glemmes." Den $\frac{2}{1}$ 1815 blev han R. N. O. „for Indsigter og ædel Virksomhed som Embedsmand og Fortjenester i Henseende til gavnlige Industri-Indretningers Forbindelse med Fattig-forsørgelsen." I 1818 fulgte han Carl Johan paa Kroningsfærden til Trondhjem, bar ved Kroningen d. 7 Sept. Scepteret og blev samme Dag udnævnt til Kommandør af Nord-stjerne-Ordenen.

Fra den $\frac{1}{1}$ 1819 undergik hans Stilling som Departementschef den Forandring, at han sattes i Spidsen for det nyoprettede „Departement for Sømilitæretaten", men efterat han i Oktober 1821 var vendt tilbage fra et Ophold i Stockholm som Medlem af den derværende Stadsraadsafdeling, fik han ved Kgl. Res. af $\frac{8}{12}$ 1821 Paalæg om fra Be-gyndelsen af 1822 indtil Videre at forestaa Departementet for Finants-, Handels- og

---

[1]) Jac. Aall: „Erindringer som Bidrag til Norges Historie fra 1800 til 1814." 2den Udg. S. 575.

Toldvæsenet, hvorunder ogsaa Indre-Departementets Sager dengang hørte. Den ende-
lige Bestyrelse deraf overdroges ham ved Grev Wedels Udtrædelse af Statsraadet d.
$\frac{3}{10}$ 1822, og Collett var senere Finantsminister, saalænge han sad i Regjeringen. Som
saadan blev han under Storthinget 1827 ved Odelsthingsbeslutning af 1 Aug. s. A. beordret
tiltalt for Rigsretten, fordi han ved sine Indstillinger havde bevirket: 1) at de provisoriske
Anordninger af $\frac{2}{7}$ og $\frac{2}{5}$ 1825 samt $\frac{27}{2}$ 1826 formentlig grundlovsstridigen vare udgivne;
2) at nogle af de paa Storthinget i 1824 bevilgede Pensioner ei vare blevne udbetalte,
og at de af samme Storthing reviderede Gage- og Pensionslister vare blevne forelagte
Kongen til Approbation, samt 3) at forskjellige Udbetalinger af Statskassen dels mod
dels udenfor Storthingets Beslutninger havde fundet Sted, deriblandt omtrent 130,000
Spd. til Opførelse af Christiania Rigshospital, Istandsættelse af Palæet m. m., og omtrent
100,000 Spd. til Anskaffelse af de 2de første Dampfartøier, Staten kom i Besiddelse af.
Ved Rigsrettens Dom af $\frac{28}{10}$ 1827 blev han imidlertid mere eller mindre fuldstændig
frikjendt. Det under 1ste Post paaklagede Forhold ansaaes nemlig „foranlediget ved
en undskyldelig Misforstaaelse af Grundlovens § 17“; de under 2den Post nævnte Hand-
linger kunde „ikke skjønnes at staa i aabenbar Strid med Grundlovens Forskrifter“,
og med Hensyn til den 3die Post afvistes Sagen som for tidligt anlagt. [1])

Statsraad Collett kunde senere, ifølge Henrik Wergelands Biografi over ham i
„Mærkelige Nordmænd“, glæde sig ved en ualmindelig Popularitet, væsentligst bevirket
ved den Dygtighed, hvormed han styrede Statens Finantser [2]). „Aar for Aar“ — beretter
Wergeland — „viste Statsregnskaberne, i hvilke duelige Hænder de befandt sig. Der
„var heller ikke delte Meninger om hans Fortjenester i saa Henseende, og Konjunk-
„turerne medførte ogsaa, at de Aar, Collett stod i Spidsen for deres Forvaltning og var
„Folkets første Mand, vare de lykkeligste for dette. I den behagelige Følelse deraf,
„og efter et glædeligt Overblik paa det Statsregnskab, Collett kunde fremlægge i 1836,
„var det ogsaa, at dette Storthing besluttede Landskattens Ophævelse . . . „Hvilken
„Mand have vi ikke i Collett? Uden C. skulde ikke dette og meget Andet have været
„muligt“, var den almindelige Mening . . . Han stod paa sin Høide. Den Første i
„Regjeringen var han tillige den Populæreste . . .“ Megen Fortjeneste har han ind-
lagt sig ved at bevare for Staten Kongsbergs Sølvverk, som Storthinget i 1827 havde
bestemt til Bortsalg, da det i længere Tid kun havde bragt Tab. Paa en i 1832 af-
holdt Auktion var den af Storthinget fastsatte Minimumspris (75,000 Spd.) endelig
bleven buden, men da Sølvproduktionen i de 2 forudgaaende Aar havde været i Tilta-
gende, traadte Collett energisk op mod Salget og fik ved sin Indstilling bevirket, at
Budet trods Storthingsbeslutningen forkastedes ved Kgl. Res. af $\frac{24}{11}$ 1832 [3]). Sølvverket

---

[1]) Med Hensyn til de anskaffede Dampfartøier anfører Aall (l. c.) S. 365: „Dampskibsfarten har
„han ved en rask Embedsfærd fremkaldt og derved paa flere Maader frembragt Liv i Landets
„Virksomhed, og det uden Tvivl længe før, end dette ellers vilde være skeet.“

[2]) Ligeledes bemærkes, at han ivrigt arbeidede for Formandskabsinstitutionen.

[3]) Jac. Aall siger herom (l. c.) S. 365, at „det var Colletts Udholdenhed og Mod til at over-
skride en indkneben Linie i Budgettet, som hindrede Verkets Undergang.“

gav senere et meget betydeligt Overskud, og det følgende Storthing billigede derfor Regjeringens Beslutning. Thinget viste derhos den Liberalitet d. ⅞ 1833 at tilstaa Statsraad Collett et Gratiale paa 3000 Spd., hvilket han dog ikke modtog.

Ogsaa fra Kongens Side erholdt han hyppige Beviser paa særdeles Naade. Herom vidne de smigrende Skrivelser, som han til forskjellige Tider modtog fra Carl Johan (se Anhanget). Den ₁²₀ 1825 blev han udnævnt til Serafimer-Ridder, og ved Stats-minister Sommerhjelms Død i 1827 skal Statsministerposten være bleven ham tilbuden, hvilken han dog afslog. Fra Aaret 1829 — da den sidste svenske Statholder, Grev Platen døde — kom han derimod som ældste Statsraad til at indtage Forsædet i den herværende Regjering, og han var nu Første-Statsraad i 7 Aar indtil 1836.

Dette Aars Storthing var som bekjendt af en oppositionel Karakter, og Carl Johan besluttede derfor, at det skulde opløses den 8 Juli, da det havde været samlet i noget over 5 Maaneder. Statsraad Collett, der skulde overbringe Budskabet, under-rettede d. ⁵⁄₇ foreløbig Storthings-Præsidenten og Budgetkommitteens Formand om Kongens Befaling, og denne Meddelelse benyttede Storthinget til at afæske Regjeringen Afskrift af det i Stockholm og Christiania angaaende Sagen Passerede og til efter Modtagelsen heraf at sætte Statsminister Løvenskjold under Rigsret, fordi han ikke havde protesteret mod Opløsningen. Følgen var, at Collett efter Grev Wedels Udnævnelse til Statholder d. ⁴⁄₉ 1836 fik Anmodning fra Kongen om at indgive Afskedsansøgning¹), og d. ¹⁰⁄₁₁ 1836 afskedigedes han derpaa i Naade med hel Statsraads-Gage — 3000 Spd. — i Pension. Denne Sum bevilgedes ogsaa af Storthinget d. ⅜ 1839.

Aaret efter sin Afsked reiste Collett med nogle af sine Nærmeste til Badet i Töplitz²) og modtog da ved sin Afreise og senere Vidnesbyrd om Kongens uforan-drede Bevaagenhed. Ogsaa fra andre Kanter fik han Beviser paa, hvor agtet og af-holdt han var, idet Storthinget i 1839, Hovedstadens Handelstand, Studentersamfundet og flere Korporationer ved Adresser og Deputationer ydede ham sin Hyldest³). Fi-nants-Departementets Personale bekostede ham malet, og Portrættet ophængtes i De-partementschefens Værelse.

Sine sidste Aar henlevede Collett i Stilhed, om Vinteren i sin Gaard i Kon-gens Gade i Christiania, hver Sommer paa sin nær ved Byen beliggende Eiendom Berg, hvilken han d. ¹⅞ 1814 havde kjøbt af Justitsraad Osterhaus for 25,000 Rdl.s Sølvværdi.

---

¹) Se Joh. H. Vogt: „Optegnelser af mit Liv og Virksomhed", Chria 1870, S. 159 og flg..

²) At han sjælelig og legemlig følte sig dybt nedslaaet ved Tanken om for Fremtiden at være uden offentlig Virksomhed, fremgaar af et Brev til Jacob Aall, dat. ³⁄₅ 1836, hvori han takker ham for hans opmuntrende Ord, og tilføier: „Det er i skjønsomme, agtede og ædelttænkende Medborgeres Deltagelse og Velvillie, at jeg finder Trøst i min Skjæbne, haar det falder tungt paa mit Hjerte, at jeg ikke længere skal kunne være nyttig, men tvertimod det Offentlige til Byrde." (Fayes Haandskriftsamling i Rigsarkivet).

³) Se herom Henr. Wergelands Biografi i „Mærkelige Nordmænd." Det smukke Hyldningsdigt, som Digteren skrev ved Statsraad Colletts Afsked, er indtaget i Anhanget.

Den ¹¹⁄₁₀ 1847 havde han den Lykke at kunne feire sit Guldbryllup, for hvilken Anledning Literaten Claus Pavels Riis havde skrevet en Festsang.

Ægtefællerne havde følgende 12 Børn, af hvilke de 10 ældste vare fødte paa Kongsberg, de 2 yngste i Christiania:

1. *Henriette*, f. d. ¹⁄₈ 1799, g. m. Stiftamtmand Frederik *Riis* og † d. ¹⁄₂ 1857.
2. *Johan*, Justitssekretær, f. d. ²⁸⁄₈ 1800, g. m. 1) Marie Frederikke *Thomasson*, 2) Margrethe Lovise *Diriks*.
3. *Caroline* Petrea, f. d. ¹⁄₃ 1802, † paa Kongsberg i Begyndelsen af 1804.
4. *Caroline* Petrea, f. d. ²⁄₁ 1804.
5. *Marthine* Christine Sophie, f. d. ¹⁄₁₀ 1805, g. m. Justitssekretær Tom John *Collett*.
6. *Elisabeth*, f. d. ²⁸⁄₁₁ 1806, g. m. Professor, Dr. Christian Peter Bianco *Boeck*.
7. *Peter* Jonathan, f. 1808, † paa Kongsberg omtrent 6 Maaneder gammel.
8. *Karen* Mathea Octava, † sammesteds 6 Maaneder gammel.
9. Cathrine Karen Octava *(kaldet Kaja)*, f. d. ¹⁄₆ 1812.
10. *Jonas* Tinus, Protokolsekretær i Høiesteret, f. d. ¹⁄₂ 1814, † d. ²⁄₂ 1858.
11. *Peter*, f. d. 28 Novbr. 1818 og død d. 22 Novbr. 1848.
12. *Eugenie* Thora Octava, f. d. 16 April 1825 og død d. 31 Okt. 1851 [1]).

Statsraad Collett døde i Christiania efter et kort Sygeleie den 3 Januar 1851, henved 79 Aar gammel. Den høitidelige Begravelse foregik d. ¹⁰⁄₁ s. A. [2]). Hans Hustru overlevede ham i næsten 10 Aar og døde i Christiania d. ⁶⁄₁₁ 1860. Se forøvrigt om hende nedenfor under 4de Generation III. No. 7.

---

3. Amtmand JOHAN COLLETT, R. N. O., R. V. O., og Hustru CHRISTIANE BIRGITHE de STOCKFLETH.

Den syvende i Rækken af Kammerraad Johan Colletts og Hustru Else Elisabeth Jensens Børn, men den yngste af de 3, som bleve voxne, fødtes paa Faderens Gods Rønnebæksholm i Syd-Sjælland d. 22 Marts 1775 og blev ved Daaben i Rønnebæk Kirke d. ¼ s. A. opkaldt efter sin Fader (se foran Side 46). I 1777 solgte Kammerraad Collett sin Herregaard, og *Johan* kom da med den øvrige Familie til Kjøbenhavn, hvor han i 1791 blev Student. Aaret efter tog han Examen philosophicum og underkastede sig d. ²⁄₆ 1793 latinsk juridisk Examen med Laudabilis. Han fulgte saaledes sine 2 ældre Brødres Exempel, idet han 18 Aar gammel var færdig med sin Embedsexamen. Den ⁴⁄₃ 1796 fik han Ansættelse som Kopist i Rentekammerets trondhjemske Kontor, forfremmedes det følgende Aar til Fuldmægtig i Kammerets dansk-norske Ta-

[1]) De af disse Børn, som bleve voxne, findes anførte nedenfor under 5te Generation II.

[2]) Professor Welhavens Sang ved Graven er indtagen i Anhanget.

belkontor og blev derefter d. $\frac{11}{3}$ 1802 udnævnt til Foged i Buskeruds Fogderi. Somsaadan boede han i de første Aar af sin Embedstid paa Gaarden Sandaker i Lier, men i 1810 kjøbte han, bebyggede og tilflyttede den nærliggende Eiendom *Huseby*, lidt ovenfor Lierelvens Udløb i Dramsfjorden [1]), og her var han siden bosat til sin Død.

Høsten efter Ankomsten til Norge blev Foged Collett — i Drammen den 23 Sept. 1803 — gift med *Christiane Birgithe de Stockfleth*, en Datter af den som Forfatter bekjendte Justitsraad og Sorenskriver i Eker, Sigdal og Modum, *Thomas Rosing de Stockfleth* (f. 1742, † 1808) og *Johanne Marie Arbien* (f. 1744, † 1804). Christiane S. var født paa Strømsø d. 3 Juli 1782 (døbt d. $\frac{3}{8}$ s. A.) og var den 3die yngste af 11 Søskende. Ogsaa hun blev Moder til 11 Børn, af hvilke de 4 ældste fødtes paa Sandaker, de øvrige paa Huseby, nemlig:

1. *Tom* John, Justitssekretær, f. d. $\frac{3}{8}$ 1804, g. m. Marthine *Collett* og † $\frac{1}{2}$ d. 1835.
2. *Hanna* Elise, f. d. $\frac{7}{3}$ 1806, † paa Huseby d. $\frac{6}{11}$ 1816.
3. *Holger* Gustav, Kgl. Fuldmægtig, Kammerherre, f. d. $\frac{17}{10}$ 1807, † d. $\frac{17}{6}$ 1870.
4. *Sophie* Augusta, f. d. $\frac{20}{10}$ 1809, † paa Sandaker d. $\frac{12}{4}$ 1810.
5. *Sophie* Augusta, f. d. $\frac{3}{8}$ 1811, g. m. Kapt.løitn. Peter *Steenstrup* og † d. $\frac{4}{3}$ 1872.
6. Peter *Jonas*, Professor, f. d. $\frac{12}{9}$ 1813, g. m. Camilla *Wergeland* og † d. $\frac{18}{12}$ 1851.
7. *Marthine* Jeannette, f. d. $\frac{30}{9}$ 1815, † d. $\frac{17}{3}$ 1836.
8. *Johan* Christian, Amtmand, f. d. $\frac{23}{7}$ 1817, g. m. Johanne Christine *Collett*.
9. *Caroline*, f. d. $\frac{11}{9}$ 1819, død paa Huseby d. $\frac{17}{9}$ s. A.
10. *Carl* Emil, Bureauchef, født d. $\frac{19}{7}$ 1821.
11. *Elise* Caroline, f. d. $\frac{3}{8}$ 1823, † paa Huseby d. $\frac{31}{8}$ 1824 [2]).

Den $\frac{4}{3}$ 1814 blev Broderen, daværende Amtmand i Buskeruds Amt, Jonas Collett af Regenten Christian Frederik udnævnt til Medlem af Regjeringsraadet, og i hans Sted blev nu den yngre Broder konstitueret som Amtmand. Da Buskeruds Amt kort efter skulde sende Repræsentanter til Rigsforsamlingen paa Eidsvold, valgtes Johan Collett som den ene af disse.

Under Eidsvolds-Mødet blev han Medlem af den Kommitte paa 9 Mand, som d. $\frac{18}{4}$ besluttedes nedsat for at udarbeide Oversigt over Rigets Finantser og afgive Forslag til en ny Banks Indretning m. V. Finantskommitteen valgte ham igjen til sin Sekretær. Paa Rigsforsamlingen hørte han forøvrigt ifølge Jacob Aalls Beretning (i „Erindringerne“, 2den Udgave, S. 418—19) til det Parti, der sluttede sig nærmest om Chr. M. Falsen („Selvstændighedspartiet“), og „hvis Øiemed fornemmelig gik ud paa at gjøre Norge til et absolut selvstændigt Rige og Prinds Christian Frederik til dets Konge.“

I August 1814 modtog Collett af Interimsregjeringen fast Ansættelse som Amtmand i Buskeruds Amt, og fra dette mødte han som Repræsentant ved det overor-

---

[1]) Paa Huseby boede Olaf den Helliges Slægtning Halvardur Vebjørnsen, der druknede i Dramselven og senere dyrkedes som Helgen under Navnet *St. Halvard*. Gaarden laa i Middelalderen til Oslo Bispestol, men solgtes senere til Private. (Krafts Norges Beskr. II. 2 Udg., S. 184).

[2]) De af disse Børn, der bleve voxne, findes anførte nedenfor under 5te Generation III.

dentlige Storthing i 1814. Her blev han Medlem af Fuldmagtskommitteen og valgtes med flest Stemmer ind i Lagthinget, som dengang saagodtsom udelukkende bestod af høitstaaende Embedsmænd. Fremdeles udnævntes han til Medlem af den Kommitte, der skulde udarbeide Forslag til Reglement for Forhandlingernes Gang, og endelig indvoteredes han i den Nimands-Kommitte, hvem det vigtige Hverv overdroges at forhandle med Sveriges Kommissærer om de Forandringer i Grundloven af 17 Mai, som foranledigedes ved Rigernes Forening.

Den ¼ 1815 blev han af den nye Konge udnævnt til Ridder af Vasa-Ordenen for sin „Virksomhed, Nidkjærhed og Duelighed som Embedsmand", og denne Orden modtog han senere i Brillanter. Den ⅞ 1818 — Carl Johans Kroningsdag i Trondhjem — blev han Ridder af Nordstjerne-Ordenen.

Ogsaa i Aarene 1818, 1824 og 1827 var Amtmand Collett[1]) Storthingsmand fra Buskeruds Amt. Paa alle disse Thing indvalgtes han i Lagthinget, og dette udnævnte ham i 1818 og 1827 gjentagne Gange til sin Vicepræsident. Endvidere var han under Storthingene i 1824 og 1827 Medlem af den „for Jordbrug og Fædrift" nedsatte Kommitte og indvoteredes tillige paa det første af disse Thing i Kommitteen „for Bank- og Pengevæsenet, paa det sidste i Kommitteen „for Berg- og Skovvæsenet". Under Storthinget i 1827 blev han syg og døde i Christiania den 19 Juni s. A. Begravelsen foregik d. ²³/₆ „med en Høitidelighed, som svarede til Mandens Værd. Storthingets „samtlige Medlemmer, Statsraadet, Generalstaben og mange andre af Stadens Borgere „og den Afdødes Venner fulgte ham til Hvilestedet, hvor Stiftsprovst Sigwardt holdt en „Tale, der saaes at gjøre et dybt Indtryk paa mange af de Tilstedeværendes Hjerte".[2])

Hans Enke, Christiane Collett, overlevede ham i 7 Fjerdingaar. Hun døde paa Huseby[3]) d. 27 April 1829 og blev begravet d. 1 Mai. Det trykte Epitafium slutter saa:

„Hun var
den ømmeste Moder — den oprigtigste Veninde,
blid i Omgang — velvillig mod Alle,
ydmyg og beskeden i Lykke — taalmodig under Sorg og Lidelser;
derfor omringe Børn, Slægtninger, Venner
med stille, dyb Vemod denne Kiste.
Derfor skal hendes Minde leve og velsignes,
saalænge sand christelig Dyd og Fromhed
agtes og hædres blandt os".

---

[1]) Om en Injurieproces, som C. i 1821 vandt over Krigsraad Flor, og om de dermed i Forbindelse staaende Hengivenheds-Adresser, som han d. ¼ 1821 modtog fra sit Amt, se Rigstid. for ¹⁴/₂ 1821 og Y. Nielsen: „Grev J. A. Sandels i Norge 1818—27", IV (i Morgenbl. 1871 No. 285 b).

[2]) Af „Morgenbladet" for den 24 Juni 1827.

[3]) Eiendommen solgtes af Dødsboet.

IIÌ a. Godseier Peter Colletts og Hustru Maren Kirstine Holmboes Børn.

1. Høiesteretsassessor PETER . COLLETT til Buskerud, R. N. O., og Hustru EILERTINE SEVERINE BENDEKE.

Peter Collett, ældste Søn af Buskeruds Eier af samme Navn og hans første Hustru Maren Kirstine Holmboe (se foran Side 55), var født paa Buskerud d. 8 August 1766 (døbt d. 14 s. M.).   Han bestemtes for den akademiske Bane og blev tilligemed sine Søskende undervist i Hjemmet af Huslærere, blandt disse af *Jonas Rein*, dengang theologisk Kandidat.   I 1784 sendtes Peter ind til Christiania lærde Skole, og herfra blev han det følgende Aar dimitteret til Kjøbenhavns Universitet, hvor han i September s. A. tog Examen Artium med Udmærkelse og derfor blev „indkaldt" til Konsistoriet for at modtage offentlig Berømmelse. Med Jonas Rein havde han sluttet et nøie Venskab, der navnlig efter Ankomsten til Kjøbenhavn ledede til en ret livlig Brevvexling mellem dem. Af Reins Breve, der gaa til 1786, findes der endnu 8, hvoraf det bl. A. viser sig, at Collett har været hans Raadgiver og Mellemhandler ved Udgivelsen af „Hagen og Axel" med flere literære Arbeider[1]).

Efter endt Examen philosophicum valgte Peter Lovkyndighed til sit Brødstudium, men synes derhos med Iver at have kastet sig over de gamle Sprog, navnlig Latin, hvori han skal have erhvervet adskillig Kyndighed. Ogsaa i den nyere Literatur var han vel hjemme, at dømme efter den betydelige og værdifulde Bogsamling, han efterlod sig. I 1788 tog han latinsk juridisk Examen med Laudabilis, blev derpaa „As-

------

[1]) Et Brudstykke af et Brev er anført oven Side 56. I samme Brev klager Rein over, at han ikke har Raad til at gjøre en for sin geistlige Befordrings Skyld nødvendig Reise til Kjøbenhavn, men at han heller ikke vil laane Noget i dette Øiemed. Ifølge et paa Brevet tegnet Koncept til en Svarskrivelse inviterede Collett ham da ned til sig, idet han gjorde ham følgende liberale Tilbud: „— — — *De skulde logere med mig; ved Ekonomie kunne vi gjerne begge komme ud med det, som jeg har om Aaret, og jeg vil i Deres venlige Omgang og det saa glade Haab at have maaskee gjort Noget til Deres tilkommende Lykke see mig uendelig belønnet herfor. Dette var den letteste Maade, men skulde De ej have Lyst hertil, da troer jeg dog vist at kunne skaffe Dem laanet af en af min Slægt eller Bekiendte det, som De kunde behøve, hvilket formodentlig dog vil blive noget vanskeligt Hvad Baden angaaer, da troer jeg vist, at han vilde gjøre for Dem hvad han kan, men videre Understøttelse kunde De ikke vente Dem af ham, da han skal efter Sigende være i meget maadelige Omstændigheder. Betænk Dem nu herpaa, min bedste Ven. Jeg troer, at det neppe vil nytte for Dem at søge uden her nærværende, og at det altsaa vil være Dem fornødent for en Tid at skilles fra Deres elskværdige A. C.* (Anne Cathrine Arbo, senere Digterens Hustru), *da hun derved desto snarere for evig vil kunne blive Deres. — —"* Rein fulgte sin Vens Opfordring og boede en Tid hos ham i Kjøbenhavn.

sessor auscultans" i Overhofretten i Christiania og udnævntes d. ¹⁹ 1791 efter aflagt Prøvevotering til „virkelig Assessor" i denne Ret¹).

Den 6 August 1794 blev han i Næs paa Hedemarken viet til *Eilertine Severine Bendeke*, født der d. 7 Oktober 1777 og Datter af Jubellæreren, Provst og Sognepræst til Næs *Peter Bendeke* (f. 1712, † 1799) og hans 2den Hustru *Wilhelmine Elisabeth Sophie von Lowzow* († 1815). Eilertine skjænkede sin Mand 11 Børn, 5 Sønner og 6 Døtre, af hvilke de 2 ældste døde i Vuggen.

I de første Aar af sit Ægteskab boede Assessor Collett paa sin Eiendom Økern i Østre Aker (kjøbt d. ¹⁹ 1794 af Generalauditør Wessel for 9,900 Rdl.) Ved Overhofrettens Ophævelse (Frdn. af ¹³¹ 1797) og den samtidige Oprettelse af de norske Stiftsoverretter blev han udnævnt til Assessor i Christianssands Overret, men fik ved Kgl. Resol. af ⁴⁹ 1797 Tilsagn om „ved indtræffende Vakance i Christiania Stiftsoverret at indtræde i samme med Anciennitet i Forhold til hans hidtil havte Plads i Overhofretten". Den ²⁵ 1801 søgte han fra Kjøbenhavn om at blive forflyttet til Christiania Stiftsoverret og udnævntes til Assessor der d. ⁸ 1802. Han havde saa meget mere Grund til at søge sig tilbage til Østlandet, som han ved Aarhundredets Skifte havde udløst sin Moder og sine Sødskende af det fædrene Gods *Buskerud*, hvis Drift han overtog efterat have erhvervet Skjøde paa Eiendommen d. ²⁹ 1800. — Den ²⁴ 1803 blev det overdraget Assessor Collett tillige at være Justitiarius i Hovedstadens Politiret, d. ¹⁸ 1806 fik han Titel af virkelig Justitsraad, og d. ¹¹ 1807 udnævntes han til Medlem af den da oprettede Overadmiralitetsret i Christiania. Tilsidst blev han ved den norske Høiesterets Organisation af Interimsregjeringen i Slutningen af September 1814 kaldet til Assessor i denne Ret. Omtrent samtidigt solgte han Økern og tilflyttede det gamle Alunverk, der tilhørte Huset „Collett & Søn".

Ved Siden af Dommerforretningerne fandt Collett ogsaa Tid til at skjøtte en større Landhusholdning paa *Buskerud*, men hvad der endmere lagde Beslag paa hans Interesse, var den betydelige Bergverks- og Fabrikvirksomhed, som han drev paa flere Steder i Nærheden af Buskerud, især paa *Hassel* Verk i Ekers Præstegjeld. Dette Verk, som han d. ½ 1809 kjøbte af Frantz Neumann m. Fl. for 150,000 Rdl., bestod i 1821 (ifølge Krafts Norges Beskrivelse, 1ste Udgave II. S. 371 o. flg.) af en Marsovn med Stangjernshammer paa Gaarden Daler samt af Manufakturverket „Frederiksminde" paa Gaarden Stensrud med Puk- og Slemmemaskiner, Stangjerns-, Spiger- og Knip-

---

¹) Rettens fungerende Justitiarius, Joh. R. Bull, erklærede i Embedsmedfør d. ²⁰ 1791, at da Peter Collett „efter Rettens derover afgivne enstemmige Skjøn er bleven anseet aldeles bekvem og duelig til at beklæde en Overhofrets-Assessors Embede, saa kan efter mine Tanker Intet hindre, at jo denne værdige unge Mand allerunderdan. kan — — beskikkes til virkelig Assessor cum voto decisivo, uden det skulde være hans Alder. — — Men da han dog i førstkommende August Maaned skal fylde sit 25de Aar, og altsaa forinden Rettens 2den Session d. A. tager sin Begyndelse opnaar den udfordrende Alder, saa bortfalder ogsaa denne Hindring." — Assessorernes særdeles fordelagtige Bedømmelser af Colletts Prøvevota findes blandt Kancelli-Indlæg i Rigsarkivet under ¹⁰ 1791.

83

Høiesteretsassessor Peter Collett til Buskerud og Hustru Eilertine Severine Bendeke.

hammere m. m., hvorfra leveredes grovere Jernvarer, som Spader, Øxer etc. Ligeledés hørte derunder en dobbelt Stangjernshammer ved Vestfossen. Malmen hentedes dels fra Arendal dels fra Colletts egne Gruber i Omegnen. Paa Buskerud Gaard, hvis Tilliggender[1] forøvrigt ere omhandlede oven Side 55, drev Eieren et stort Teglverk med Pottemageri samt et Møllebrug i Simoa-Elven. Under Hovedgaarden brugte han Sætersberg, Bakke og Braate, og i Nærheden drev han Gaardene Hassel, Linderud, Rakkestad og Daler samt et Møllebrug under Hære og et Sagbrug under Ristvedt.

Som en Mand af megen Læsning var Collett Medlem af literære Selskaber; han var saaledes med i det „corresponderende topographiske Selskab i Norge" fra dets Stiftelse i 1792 og taltes d. ²⁄₉ 1809 mellem Indbyderne til „Selskabet for Norges Vel". — I August 1814 valgtes han sammen med Sognepræst Fr. Schmidt og Jørgen Cappelen Omsted til Deputeret fra Eker i Anledning af Indsamlingen og Overrækkelsen af frivillige Gaver til Prinds Christian Frederik. I 1818 var han som Delegeret fra Høiesteret tilstede ved Carl Johans Kroning i Trondhjem og blev paa Kroningsdagen den 7 Sept. s. A. udnævnt til R. N. O.

Stor Fortjeneste har Assessor Collett indlagt sig ved i Aaret 1811 at skjænke til Universitetet det Bibliothek, han ved sin Død maatte efterlade sig, med Undtagelse af de juridiske, teknologiske og økonomiske Bøger, hvilke efter en senere Bestemmelse[2] skulde forblive paa Buskerud til Udlaan under Bestyrelse af Gaardens Eier med Tilsyn af den residerende Kapellan til Modum. Ved hans Død kom Universitets-Bibliotheket paa denne Maade i 1838 i Besiddelse af en i flere Retninger fortrinlig Bogsamling paa 3168 Bind.

Paa sine gamle Dage led Collett endel af Døvhed, og da der i en Avis i det Hele var bleven udtalt Misnøie med hans Embedsførsel, uden at han efter befalet Sagsanlæg kunde faa Forfatteren dømt, søgte han og erholdt den ²⁷⁄₇ 1830 Afsked fra Høiesteret.[3] Han havde da været Overdommer i mere end 38 Aar. Han døde paa Buskerud den 27 Juli 1836. Efter hans Død overtoges Gaarden af Sønnen John. Hassel Verk solgtes i November 1837 til Tydskeren C. W. Bennecke og Medinteressenter for omtrent 77,000 Spd. Assessorens Enke vedblev at bo paa Buskerud, hvor hun døde den 7 December 1857, 80 Aar gammel. Børnene vare:

1. *Elisabeth* Christine, f. 1795 hos Bedstefaderen i Næs paa Hedemarken, † spæd.
2. *Mathia*, f. sammesteds 1796; døde ligeledes i spæd Alder.
3. *Elisabeth* Christine, f. sammesteds d. 31 Januar 1798.

---

[1] Korntienden til de under Gaarden liggende Kirker — Heggen, Nykirke og Snarum — udgjorde i 1821 185 Tdr., og desuden hørte til Kirkerne 2 Sk℔ 6 L℔ Jordegods med Bygsel. Nogle Aar før sin Død forbrød Collett Eiendomsretten til disse Kirker (og deres Gods), fordi han ikke havde vedligeholdt dem i forsvarlig Stand. De tilfaldt derpaa Menigheden. Jvfr. Lov af ³⁄₄ 1818, Høiesteretsdom af ¹⁄₂ 1828 og „Alm. Norsk Maanedsskr." III S. 318.

[2] Kgl. Konfirmation af 17 September 1840.

[3] Se Statsraad „J. H. Vogts Optegnelser om sit Liv og sin Virksomhed", Christiania 1870 S. 95.

4. *Peter*, Undertoldbetjent, f. i Christianssand d. ¹⁄₂⁴ 1799, g. m. Christine *Stillesen.*
5. Anne *Cathrine*, f. i Chr.sand d. ¹⁄₃³ 1801, g. m. Prokur. L. *Henschien* og † d. ¹²⁄₈ 1857.
6. *Ulrikke* Charlotte Wilhelmine, f. paa Buskerud d. ½⁹ 1802.
7. *Bernt* Anker, Kvæstor ved Universitetet, senere Godseier i Danmark, f. paa Økern d. ⁸⁄₃ 1803, g. m. Emilie Henr. Christence *Rørbye* og † d. ⁷⁄₃ 1857.
8. *John*, Eier af Buskerud, f. paa Økern d. ⁶⁄₃ 1807, g. m. Antonette *Smith.*
9. *Theodora* Christiane, f. paa Hassel Verk d. ¹⁶⁄₁ 1809, g. m. Proprietær paa Lolland Carl Peter Frederik *Dreier.*
10. Peter *Nicolai* Arbo, f. paa Hassel d. ⁴⁄₇ 1811, g. m. Nicoline J. *Nagel* og † i 1848.
11. *Otto*, Undertoldbetjent, f. paa Hassel d. ³⁄₇ 1813, g. m. Vedastine *de Bretteville.*

2. ANNE CATHRINE COLLETT, gift med Kjøbmand PETER NICOLAI ARBO til Lundbygaard.

Peter Colletts og Maren Kirstine Holmboes 2det og yngste Barn, Anne Cathrine, kaldet *Trine*, fødtes paa Faderens Eiendom Buskerud d. 19 Februar 1768 (se foran Side 55) og blev døbt d. 26 s. M. Strax efter sin Konfirmation blev hun — i 15 Aars Alder — forlovet med *Peter Nicolai Arbo*, født paa Strømsø d. 6 November 1768 (døbt d. 12 s. M.), en Søn af den rige Trælasthandler i Drammen, *Johannes Arbo* (f. 1729 † 1799) og dennes 2den Hustru, *Anne Cathrine Frisenberg* (f. 1737 † 1812). Det unge Pars Bryllup stod paa Buskerud d. 5 Oktober 1788.

P. N. Arbo var først Kjøbmand i Drammen [1]), men flyttede i 1808 ned til Kjøbenhavn, hvor han kjøbte en prægtig Gaard ved Holmens Kanal, og hvor han ved Grossererforretninger erhvervede sig en særdeles betydelig Formue. Om Sommeren boede han afvexlende paa sine Eiendomme Aldershvile — et Par Mile nordenfor Kjøbenhavn — og Sanssouci, tæt udenfor samme By. I 1823 tilskjødede han sig endvidere af v. Scholten for omtrent 65,000 Rdl. den i Præstø Amt i Syd-Sjælland beliggende Herregaard *Lundbygaard* [2]), og et Par Aar senere kjøbte han efter Sekretær Petersen for omtr. 62,000 Rdl. Godset *Oremandsgaard*, ligeledes i Præstø Amt

Da Ægteskabet var barnløst, blev der oprettet reciprokt Testament, hvorefter den længstlevende af Ægtefællerne skulde faa hele Formuen, og da Arbo i Kjøben-

---

[1]) Han eiede (og bebyggede) den tæt ved Byen liggende Gaard *Gulskoven;* denne solgtes, da han bosatte sig i Danmark, men faldt atter paa Grund af manglende Betaling tilbage til sin forrige Eier og tilhører fremdeles den Arbo'ske Familie.

[2]) Denne gamle Herregaard var flere Aarhundreder tilbage i Kongens Eie, kom 1666 til Gjøngernes Høvding, Svend Povelsen, og gik saa atter tilbage til Kronen. I 1774 solgtes Lundbygaard til Private.

havn d. 16 September 1827 var afgaaet ved Døden, gik Boet saaledes udelt over til hans Enke.

Anne Cathrine Arbo solgte Aldershvile og Sanssouci samt Gaarden i Byen og boede senere altid paa Lundbygaard, hvor hun døde den 27de Januar 1846. Ved Testament af ²⁰⁄₉ 1844 havde hun stiftet et Legat paa 5000 Rdl. til Trængende i Drammens By, dog saaledes, at Renterne for Livstid skulde oppebæres af hendes Halvbroders, Overkrigskommissær Otto Colletts Enke, Marthine C. Lundbygaard og Oremandsgaard kom til Brodersønnerne Kvæstor Bernt Anker Collett og daværende Sekretær i Udenrigskabinettet, senere Minister, Peter Collett, idet disse Eiendomme i det' nævnte Testament vare blevne dem tilbudne for henholdsvis 140,000 og 134,000 Rdl. (Se herom nedenfor under 5te Generation IV No. 5 og VI No. 2).

III b. Godseier Peter Colletts og Johanne Henrikke Anchers Børn.

3. Sølvverksdirektør, Bergraad CHRISTIAN ANCHER COLLETT, R. N. O., og Hustru ANNE KARINE BIE.

Godseier Peter Colletts ældste Barn i Ægteskabet med Johanne Henrikke Ancher (se foran Side 56) blev født paa Fædrenegodset Buskerud d. 30 April 1771 og døbtes d. ⅞ s. A. med Navnet *Christian Ancher*. Den ¹⁄₁₀ 1786 blev han indskrevet ved Kongsbergs Berg-Seminarium, der dengang netop begyndte sin Virksomhed, og efterat være bleven Bergkandidat fik han ved Kgl. Resol. af ²⁷⁄₅ 1795 et Stipendium paa 400 Rdl. for under en toaarig Reise i Sverige og Tydskland at sætte sig ind i Driften ved fremmede Bergverker. Ved nye Resolutioner af ²³⁄₂ og ¹⁹⁄₅ 1797 forøgedes Stipendiet med henholdsvis 200 og 250 Rdl., hvorhos Reisen tillodes forlænget med 6 Maaneder. Efter Hjemkomsten udnævntes han d. ²¹⁄₃ 1798 til Bergmester uden Distrikt, idet der dengang ikke var noget Bergmester-Embede ledigt.

Den 13 December 1799 blev han paa Kongsberg gift med *Anna Karine Bie*, født i Elverum d. 7 Mai 1777 og Datter af Overførster ved Kongsbergs Sølvverk, *Tharald Ross Bie* og Hustru født *Leigh*. Efter Brylluppet drog Ægteparret ned til det ved Skiensfjorden beliggende Bolvigs Jernverk, som Collett siden bestyrede for Eieren, Kammerherre Severin Løvenskjold i 12—13 Aar. Han var herunder bosat paa Gaarden Vold tæt ved Verket, og der ere hans 5 Børn fødte, nemlig:

1. *Mariane*, f. d. 10 November 1800, † d. 11 Januar 1821.
2. *Johanne* Benedicte, f. d. ¹⁄₄ 1802, g. m. Biskop Chr. *Kjerschow* og † d. ³⁄₂ 1851.
3. *Tharald* Einar, Løitnant, f. d. ²³⁄₁₁ 1804, g. m. 1) M. *Tandberg*, 2) Margr. *Larsdatter*.

4. *Kaja*, døde i spæd Alder.

5. *Kaja* Marthine Christine, f. d. 4 Februar 1812.

Den ⅜ 1812 blev Collett udnævnt til Bergmester i det da oprettede vestre søndenfjeldske Distrikt (der indbefattede „Christianssands Stift, Laurvigs og Jarlsbergs Grevskaber samt hele Bratsbergs Amt“), og d. ⅞ s. A. fik han Titel af Bergraad. Han flyttede nu med sin Familie ind til Christiania, hvor han i Begyndelsen boede paa Alunverket, siden paa Søndre *Taasen* i Aker, hvilken Eiendom han den ²⁴⁄₄ 1816 for 20,000 Rdl. fik tilskjødet¹) af Kusinen, Marthine Collett, Enke efter John Collett til Ullevold.

Den ²⁶⁄₂ 1816 udnævnte Storthinget i Anledning af Gjenoptagelsen af Kongsbergs Sølvverk Bergraad Collett, Jernverkseier Jac. Aall og Direktør Baumann til som bergkyndige Medlemmer at tiltræde den af Rigsforsamlingen paa Eidsvold nedsatte faste Lovkommitte for i Forening med den at udkaste Plan til Verkets fremtidige Benyttelse og afgive Forslag til ny Berganordning m. m. Efterat have udført Hvervet og forelagt Storthinget Resultaterne, paalagde dette d. ¹⁵⁄₂ 1821 de nævnte 3 Mænd at træde sammen til en særlig Kommitte for at undersøge Kongsbergs offentlige Indretninger og afgive Forslag i saa Henseende. Denne Kommitte indleverede d. ²⁵⁄₃ 1824 til Storthinget en Indstilling²), der angav den Retning, hvori Sølvverket formentlig burde drives, og som tillige indeholdt Forslag om Bibehold af Kongsbergs Vaabenfabrik samt om Salg af det derværende Jernverk og Uld- og Linnedmanufaktur. Disse Forslag bifaldtes af Storthinget, og Planen for Sølvverkets Drift medførte nogle Aar senere saa gunstige Resultater, at Verkets i 1827 besluttede Salg itide kunde blive forebygget³). (Jvfr. foran Side 76).

Bergraad Collett var i længere Tid Medlem af Direktionen for „Selskabet for Norges Vel“⁴). I 1825 udnævntes han til R. N. O., og i Slutningen af November 1831 konstitueredes han som Direktør ved Kongsbergs Sølvverk efter den ovennævnte Baumann, under hvis Sygdom han allerede tidligere havde gjort Tjeneste som Direktør. Endelig var Collett til sin Død Finants-Departementets Konsulent i Bergverksanliggen-

¹) Han fik den først tilbygslet (d. ²⁹⁄₅ 1812). Den nuværende Hovedbygning er opført af ham.

²) Se Storthings-Forhandlinger for 1824, 4de Del, S. 53 og flg.

³) Jac. Aall har i en Afhandling „Om Kongsbergs Sølvverk“, der er optaget i „Almindeligt Norsk Maanedsskrift“ II S. 161—204, givet følgende Skildring af „Hædersmanden“ Bergraad Collett og hans Virksomhed i Bergkommitteen: „Hr. Bergraad Collett, som fra Barnsben har været bekjendt med Sølvverkets Grubedrift og siden opofret sit hele Liv til Bjergmandsvæsen, har vist ogsaa“ (ved Siden af Sølvverksdirektør Baumann) „sin store Andel i Udkastet til den nye Bjergverksdrift paa Kongsberg. Som kyndig og erfaren Bjergmand indsaa han strax Planens Hensigtsmæssighed og delte sin Medkollegas haabefulde Anskuelser; med den ham egne Sindighed og Takt for Arbeider af den Art anbefalede han en til Statens Kræfter svarende Udførelse deraf, og disse tvende kyndige Bjergmænds harmonerende Anskuelser maatte lede upartiske — skjønt mindre kyndige — Dommere til at fatte en gunstig Fordom for Planen selv og styrke dens hensigtsmæssige Udførelse“.

⁴) I Oktober 1818 indgav han med et Par Andre udførligt Forslag om Oprettelse af en offentlig Tegne- og Kunstskole i Christiania, og denne Skole blev som en Følge deraf stiftet s. A.

der, en dengang paa Grund af Sølvverkets kritiske Stilling ikke uvigtig Post. Han døde paa Kongsberg d. 10 Januar 1833. Boet solgte Taasen d. ²⁹⁄₄ 1834 til Agent Sødring for 5055 Spd. Bergraadens Enke overlevede ham i 23 Aar og døde i Bergen i sin Svigersøns, Biskop Kjerschows Hus d. 3 Februar 1856, nær 79 Aar gammel.

4. Premierløitnant CHRISTOPHER COLLETT og Hustru ANNE CATHRINE ARBO.

Godseier Peter Colletts og Johanne Henrikke Anchers næstældste Søn, *Christopher*, fødtes paa Faderens Eiendom Buskerud d. 11 Oktober 1773 (se foran Side 56). Den ²⁴⁄₄ 1792 blev han Kornet à la suite ved de Akershusiske Dragoner, fik d. ¹⁄₉ 1802 Sekondløitnants Karakter, udnævntes til virkelig Sekondløitnant d. ¹⁄₈ 1803 og avancerede til Premierløitnant d. ²⁄₆ 1808. Han var derhos gjennem flere Aar konstitueret Magasinforvalter i Drammen. I Slutningen af 1802 blev han i Skouge Præstegjæld gift med *Anne Cathrine Arbo*, født paa Gaarden Solum i Nærheden af Drammen d. 17 September 1775 og Datter af Skibskaptein i samme By *Herman Arbo* og Hustru *Anne Cathrine Schiörbeck*. Ægtefællerne havde følgende 5 Børn:

1. *Peter* Nicolai Arbo, f. paa Eker 1803, † paa Strømsø i Decbr. 1805.
2. *Peter* Nicolai Arbo, døbt paa Strømsø d. ²⁄₄ 1806, begravet der d. ₁₀⁄₄ 1811.
3. Herman *Christian*, Kjøbmand og Skibsreder i Drammen, f. paa Strømsø d. ¹⁄₃ 1807, g. m. 1) Louise *Arveskoug*, 2) Elisabeth Helene *Holter*.
4. Johan *Henrik*, f. paa Strømsø d. ²⁄₄ 1808, † der i 1809.
5. *Otto* Martinus, f. paa Strømsø d. ²⁄₇ 1811, † 1812, begravet d. ₅⁄₈ s. A.

I Slutningen af 1815 reiste Løitnant Collett ind til Christiania for at konsulere Lægerne der, men døde under Opholdet d. 17 December 1815. Den ²²⁄₁₂ s. A. blev han bisat i det Collett'ske Gravkapel. Hans Enke døde d. 1 November 1833 under et Besøg hos sin Svigerinde A. C. Arbo paa Lundbygaard i Syd-Sjælland.

5. Kommitteret i Toldkammeret, Justitsraad John COLLETT og Hustru MARIE CHRISTIANE ROSEN.

Peter Colletts og Johanne Henrikke Anchers tredie Søn, *John*, fødtes paa Buskerud d. 22 December 1774 (se foran Side 56). Han studerede ved Kjøbenhavns Universitet, hvor han d. ³⁄₁ 1793 tog dansk juridisk Examen med Karakteren „Bekvem"[1]). I 1797 blev han Kopist i det vestindisk-guineiske Rente- og Generaltold-kammers søndenfjeldske Kontor, udnævntes d. ¹⁰⁄₁₂ 1800 til Fuldmægtig i det vestindiske Kontor og blev der Renteskriver (ɔ:Kontorchef) d. ⅜ 1809. Den ¹⁵⁄₃ 1812 fik han Titel af Kammerraad, blev samme Aar Medlem af „Kontrolkommissionen for Handel med forbudne Varer", udnævntes d. ¹⁸⁄₂ 1817 til virkelig Justitsraad og blev i 1823 Kommitte-ret i det forenede Generaltoldkammer- og Kommercekollegium.

Den 3 Marts 1818 ægtede han i Kjøbenhavn *Marie Christiane Rosen*, som da var i Huset hos hans Svoger, Kjøbmand i samme By Peter Nicolai Arbo. Hun var født i Ebeltoft i Jylland d. 30 April 1796 af Forældrene Toldinspektør i Nykjøbing paa Falster *Christian Rosen* og Hustru *Elisabeth Kirstine Sletting*. Colletts havde følgende 3 Børn, alle fødte i Kjøbenhavn:

1. *Nicoline*, født d. 2 December 1818.
2. *Peter*, f. d. ³⁰⁄₅ 1820, død som Ministerresident i Constantinopel d. ⅜ 1860.
3. *Johanne* Christine, f. d. ¹⁄₂⁹ 1822, g. m. Amtmand Johan Christian *Collett*.

Efter 6 Aars Ægteskab døde Justitsraad Collett i Kjøbenhavn d. 29 September 1824, „hædret som Embedsmand og Borger, savnet som Mand og Fader" — saa lyde Ordene paa det Marmorminde, der er reist ham paa Frue Kirkes Assistentskirkegaard[2]).

Hans Enke blev 2den Gang — i Kjøbenhavn d. ²⁴⁄₈ 1828 — gift med Overlærer ved Drammens Latin- og Realskole *Christian Frederik Arbo*, født paa Eker d. 12 April 1791, Søn af Kjøbmand, senere Forvalter paa Borregaard, *Peter Wölner Arbo* og Hu-stru *Lovise Irgens*. I dette 2det Ægteskab havde hun 5 Børn, 3 Sønner og 2 Døtre[3]). Da hendes eneste Søn af 1ste Ægteskab, Minister Peter Collett i 1860 var afgaaet ved Døden, skjænkede hun og Arbo til Minde om ham et Legat paa 2000 Spd. til Dram-mens Latin- og Realskole. Den ¹⁄₆³ 1860 tog Arbo Afsked som Overlærer ved Skolen og døde d. 21 August 1868 paa sin Eiendom Gulskoven ved Drammen. Hans Enke bor fremdeles paa denne Gaard.

6. KAREN MAGDALENE COLLETT gift med Artillerikaptein, Overførster CÆSAR LÆSAR von BOECK, R. N. O.

Karen Magdalene, (kaldet *Kaja*), den ældste af Peter Colletts og Johanne Henrikke Anchers 3de Døtre, fødtes paa Buskerud Gaard d. 25 April 1776 (se foran Side 56).

---

[1]) I Badens Universitets-Tidsskrift for 1793 findes en Kancelliskrivelse af ₵ s. A., ifølge hvilken „Stud. jur. John Collett maa antages til latinsk juridisk Examen uden at underkaste sig den ved Forordning af ₵ 1788 befalede philologiske Prøve". Det vides dog ikke, at han har taget den nævnte Embedsexamen.

[2]) Ved sin Død havde han tilgode 10,144 Rdl. 54 Skill. i „Collett & Søns" Bo. (Jvfr. S. 69).

[3]) Nemlig: 1) *Jenny* Arbo, f. ₵ 1830; 2) Peter *Nicolai* A., Historiemaler, R. V. O., f. ₵ 1831; 3) Christiane *Louise* A., f. ₵ 1833, g. m. Trælasthandler i Drammen S. A. *Solberg*; 4) *Thorvald* Eugen A., f. ₵ 1835, † ₵ 1836; 5) *Carl* Oscar Eugen A., Kompagnichirurg, R. V. O., f. ₵ 1837. g. m. Jenny *Kaurin*.

Den 4 Oktober 1796 blev hun gift i Modums Præstegjeld med daværende Artilleriløitnant *Cæsar Læsar von Boeck*, Søn af Premier-Major *Mathias v. Boeck* (af en Familie fra Flandern) og Hustru *Dominica Susanna Bianco*.

Boeck var født i Fredericia d. 13 Mai 1766, blev Løitnant i Artilleriet d. ²⁄₅⁹ 1789 og beordredes Aaret efter til Norge for at optage Karter over Kongsbergs Omegn. Den ²⁄₁⁹ 1796 fik han efter Ansøgning Afsked af Militærtjenesten med Kapteins Rang og konstitueredes derefter som Overførster ved Kongsbergs Sølvverks Skove, i hvilket Embede han blev fast ansat d. ¹³⁄₁₁ 1799. I Aaret 1800 foretog han paa offentlig Bekostning en Reise for at undersøge Forstvæsenet i Danmark og Tydskland.

Den 17 November samme Aar døde hans Hustru paa Kongsberg, kun 24 Aar gammel. Af deres 4 Børn blev alene 1 Søn voxen, nemlig *Christian Peter Bianco Boeck*, Professor i Medicin ved Universitetet, født d. ⁴⁄₈ 1798 og gift med sin Kusine, *Elisabeth Collett*. (Se nedenfor under 5te Generation II No. 5.)

I Slutningen af 1806 udnævntes Overførster Boeck til Medlem af Direktionen for det offentlige Fattigvæsen paa Kongsberg, men d. ⁴⁄₄ 1810 tog han Afsked af Statens Tjeneste og nedsatte sig som Trælasthandler i Kragerø. I 1818 valgtes han til Storthingsrepræsentant fra Kragerø og Risør og var samme Aar blandt Storthingets Deputerede ved Carl Johans Kroning i Trondhjem, i hvilken Anledning han d. ⁴⁄₄ 1818 blev R. N. O. Ogsaa i 1824 og 1830 mødte han paa Storthinget for de ovennævnte Byer.

Efter sin 1ste Ægtefælles Død var Boeck endnu gift 3 Gange, nemlig 1) i 1803 med *Gunhild Andrine Børresen*, f. d. ¹⁄₉ 1784, død d. ²⁄₈ 1804[1]), Datter af Skibsreder i Drammen Lars B. og Karen f. Robsahm; 2) i 1804 med *Cathrine Margrethe Peckel*, f. d. ¹⁄₅¹ 1786, død d. ¹²⁄₈ 1808[2]), Datter af Apotheker Frantz P. og Christiane Sophie f. Rogstad; 3) i 1809 med *Ingeborg Cathrine Blehr*, f. d. ²⁄₄⁴ 1773, død d. ¹⁄₆ 1827[3]), (tidligere gift med Kjøbmand Henrik Bjørn), Datter af Kjøbmand Bengt Blehr og Marie Dorothea Hedevig f. Hichmann. — Boeck var Medlem af Hoved-Matrikuleringskommissionen. Han døde i Christiania d. 16 Juni 1832[4]).

---

7. MAREN CHRISTINE COLLETT, gift med Statsraad JONAS COLLETT, R. Seraf. O., K. N. O., R. D. O.

Maren Christine (kaldet *Tina*), den næstældste af Peter Colletts og Johanne Henrikke Anchers 3de Døtre, fødtes paa Strømsø d. 25 Mai 1777 (døbt d. ⁴⁄₈). 9 Aar

---

[1]) 1 Søn, *Andreas Boeck*, f. paa Kongsberg 1804, afskediget Sognepræst.

[2]) 4 Sønner, af hvilke de 3 yngste bleve voxne, nemlig: 1) *August B.*, Grosserer, senere Kasserer ved Gasværket i Christiania, f. 1806, 2) *Cæsar B.*, Skibsreder i Drammen, f. 1807, og 3) *Carl Wilhelm B.*, f. 1808, forhenv. Professor i Medicin ved Universitetet, K. St. O. O., R. Æ. L.

[3]) 1 Søn († spæd) og 1 Datter, *Caroline B.*, f. 1811, g. m. Biskop *Juell*.

[4]) Boeck skjænkede i 1811 1000 Spd. Sølv til Oprettelsen af det norske Universitet.

gammel mistede hun sin Fader, og Aaret efter tog Fætteren John Collett, dengang Kjøbmand i London, hende med sig over til denne By, hvor han satte hende i Pension. Her forblev hun til Vaaren 1793, da hun med John Collett og hans Hustru atter kom tilbage til Norge (se foran Side 62). Den 15 Oktober 1797 blev hun i Modums Præstegjeld gift med sin Fætter, den senere Statsraad *Jonas Collett*. I 1823 blev hun udnævnt til Statsfrue ved Dronning Desiderias norske Hof. Statsraadinde Collett døde i Christiania d. 6 November 1860 og blev begravet d. 10 s. M. 12 Børn; se forøvrigt under hendes Ægtefælle Side 74 o. flg.

8. MATHIA BERNHARDINE COLLETT, gift med Sølvverksdirektør POUL STEENSTRUP, R. V. O.

Den yngste af Peter Colletts og Johanne Henrikke Anchers Døtre, *Mathia Bernhardine*, fødtes paa Strømsø d. 13 Januar 1779 (se foran Side 56) og blev opkaldt efter sine Slægtninger Bernt Anker og hans Hustru Mathia. Efter Faderens Død var hun en Tid i Huset hos Bernt Anker, og ifølge dennes Testament af ¹¹⁄₈ 1801 fik hun 4000 Rdl., der vare blevne hende „tilsagte efter hans Kones Disposition"; jvfr. Side 54.

Den 26 Oktober 1806 blev Mathia paa Kongsberg gift med daværende Bergkandidat *Poul Steenstrup*, en Søn af Proprietær og Landvæsens-Kommissær i Jylland, *Hans Severin Steenstrup* og Hustru *Charlotte Sophie Resen*[1]). Poul Steenstrup[2]) var født paa Hovedgaarden Kjeldkjær ved Veile d. 10 December 1772. Han var den yngste af 3 Sønner og skal „paa Vuggen" være bleven udnævnt til Fænrik, men da han snart røbede Talent for mekaniske Arbeider og Lyst og Evne til Studeringer, blev han sat ind i Koldings Skole, hvorfra han i 1790 dimitteredes til Universitetet. Efterat have taget Artium og Andenexamen, studerede han hovedsagelig Mekanik og Mineralogi. I 1797 kom han op til Kongsberg, hvor han besøgte Seminariet, og i April 1800 underkastede han sig Bergexamen med bedste Karakter („Meget bekvem"). Ved Kgl. Resol. af ⁴⁄₇ 1801 fik han et Stipendium paa 500 Rdl. i 3 Aar „for at foretage en videnskabelig-praktisk Reise til Tydsklands og Østerriges Værker og Fabrikker". I 1804 kom han tilbage fra denne Reise og fik nu 700 Rdl. i Vartpenge, „indtil en til hans Duelighed passende Virksomhed kunde blive ham anvist". Den ⁴⁄₇ 1805 blev det paalagt ham at

---

[1]) „Hendes Fader var den sidste mandlige Descendent af de fordum berømte sjællandske Biskopper Hans Poulsen Resen og dennes Søn Hans Hansen Resen", heder det i „Genealog. og biogr. Arkiv", Kjøbenhavn 1840—49, S. 333. Jvfr. foran S. 19.

[2]) I nedenstaaende Levnetsbeskrivelse er Bibl. Poul Botten Hansens Fremstilling i „Eidsvolds-Galleri" 1ste Samling i alt Væsentligt fulgt.

indkomme med Forslag til Anlæg af et Jernverk paa Kongsberg, hvorved skulde skaffes Beskjæftigelse for Arbeidsstokken ved Sølvverket, der da var besluttet nedlagt, og under hans Ledelse opførtes derfor paa Bergstaden en Marsovn, der toges i Brug 1809. Med Sølvverket var tillige Mynten bleven nedlagt. Denne kjøbte Steenstrup og forandrede den til en Fabrik for Tilvirkning af Brasianstaal, men da det i 1807 blev bestemt, at Mynten atter skulde sættes i Gang, gav han Bygningerne tilbage mod Godtgjørelse for havte Omkostninger og fungerede derpaa midlertidig baade som Myntmester og Guardein indtil 1809. I dette Aar blev han Medlem af Direktionen for Stedets offentlige Fattigvæsen, hvilket Hverv han skjøttede i mere end 50 Aar. Den ⅓ 1811 udnævntes han til Bergmester.

I 1810 ødelagde en Ildebrand de industrielle Indretninger, der vare satte i Forbindelse med Bergstadens Fattigvæsen, og Regjeringen besluttede nu d. ¼ 1811 i Stedet at oprette et storartet militært Uld- og Linnedmanufaktur, hvortil Steenstrup skulde udarbeide Planen. Efter et Par Aars Forløb var Fabrikken færdig, og Steenstrup blev udnævnt til dens 1ste Direktør. Omtrent samtidig opførtes efter hans Udkast Kongsbergs Vaabenfabrik, der sattes i Forbindelse med Jernverket og ligeledes underlagdes hans Bestyrelse.

Fra Bergstaden valgtes han til Rigsforsamlingen paa Eidsvold, hvor han hørte til de mere moderate Medlemmer af „Selvstændighedspartiet" (Falsens Parti), og fra samme By mødte han ligeledes paa Storthingene i 1814 og 1824. Den ⅔ 1816 udnævntes han til R. V. O. — Imidlertid var det kongsbergske Jernverk begyndt under ret gunstige Omstændigheder. Der viste sig dog snart flere Ulemper ved Anlægget, idet de omliggende Skove ikke kunde producere tilstrækkeligt Brændsel til Verkets Forsyning, medens Malmen samtidig maatte hentes langveis fra, og da Krigsaarene kom med Pengeforvirring og Standsning i Handelen, kunde Driften ikke bære sig. I disse daarlige Tider gik det ogsaa tilbage med Manufakturet, hvis Administration derhos synes at have ladet Et og Andet tilbage at ønske, ligesom det ogsaa hørte til den Slags Indretninger, der overhovedet drives heldigere af Private end af det Offentlige, og Storthinget besluttede derfor paa Forslag af en Kommitte, bestaaende af Bergraad Collett, Jac. Aall og Direktør Baumann, at baade Jernverket og Manufakturet skulde sælges (jvfr S. 86). Steenstrup blev nu i 1824 sat paa Vartpenge, og da Vaabenfabrikken til samme Tid blev udsondret og undergivet en egen ny Bestyrelse, var han uden offentlig Beskjæftigelse. Han foretog derpaa en fleraarig Reise til det nordlige Sverige, hvor han bl. A. paa Carl Johans Anmodning undersøgte Jernverkerne Selet og Gellivare. I 1827 vendte han tilbage til Kongsberg og kom i November 1831 atter ind i Statens Tjeneste, idet han efter Bergraad Collett blev konstitueret som Bergmester i det „vestre søndenfjeldske Distrikt". I 1833 udnævntes han til 1ste Medlem af Sølvverksdirektionen paa Kongsberg, men 6 Aar efter søgte og erholdt han Afsked fra denne Stilling d. ⁷⁄₅ 1839.

Allerede under Steenstrups Ophold i Sverige var der bleven reist Søgsmaal mod hans Medbestyrere ved det nedlagte Manufaktur. I denne Sag blev han snart efter Hjemkomsten indviklet, og i 1838 dømtes han til en Mulkt af 200 Spd. samt til in solidum med Medbestyrerne at betale 20,000 Spd. i Omkostninger og Erstatning for Fabrikkens uheldige Administration. Det erkjendtes dog[1]), at Steenstrup „ingen- „lunde havde handlet af egennyttige Bevæggrunde, men at det Hele havde sin Grund „i Mangel paa den behørige Orden i Forretningerne samt paa det tilbørlige Tilsyn med „hans Kolleger — en Forsømmelse, der maatte undskyldes derved, at S. paa hin Tid var „overlæsset med andre Forretninger for det Offentlige". I sine „Erindringer" erklærer ogsaa Jac. Aall (S. 58), at Steenstrups „Indsigt i Maskinvæsenet, mangesidige Talent og „uegennyttige Færd bør skee sin Ret", og at han var en Mand, hvem „Fædrelandet tak- „nemligen stiller iblandt de første og ivrigste Stiftere af den nye Sølvverksdrift, men „som — af Aarsager, der ei bør tilregnes ham — havde intet Held til en hensigtsmæs- „sig Bestyrelse af de Anlæg, som i den omhandlede Tid betroedes hans Overbestyrelse". Regjeringen greb derfor villigen den Udvei at foreslaa en Likvidation af det idømte Beløb mod den Fordring, Steenstrup gjorde paa Statskassen for tilgodehavende Gage som Manufakturets Bestyrer, og paa et saadant Opgjør gik Storthinget ind i 1848.

Hans Hustru, Mathia, døde paa Kongsberg d. 9 Oktober 1847; Steenstrup over-levede hende i netop 17 Aar og døde i samme By d. 9 Oktober 1864, nær 92 Aar gammel[2]).

Deres 8 Børn ere alle fødte paa Kongsberg; af disse naaede følgende 7 voxen Alder:

1. *Peter* Severin, f. d. $\frac{29}{11}$ 1807, Kapteinløitnant i Marinen, g. m. Sophie Augusta *Collett* og † som Verksbestyrer d. $\frac{1}{2}$7 1863; se 5te Generation III No. 3.
2. *Charlotte* Sophie, f. 1809. Ugift, bor paa Kongsberg.
3. *Herman*, f. 1813, Toldinspektør i Skien, R. St. O. O., g. m. Margrethe *Hasberg*.
4. *Henriette* Mathia, f. 1814. Ugift, bor paa Kongsberg.
5. *Christian* Collett, f. 1815, Verksmester ved Carljohansværns Værft, R. D. O., R. V. O., g. m. Nicoline *Koht*.
6. Hans *Leonhard*, f. 1816, Myntguardein, g. m. 1) Margr. *Conradi*, 2) C. *Conradi*.
7. *Karen* Kirstine, g. m. Myntmester Caspar Herman *Langberg* og død 1857.

---

9. Fænrik JAMES HENRIK COLLETT,

James, den næstyngste af Peter Colletts og Johanne Henrikke Anchers Børn, fødtes paa Faderens Eiendom Buskerud d. 12 Juli 1781 (døbt d. $\frac{1}{8}$). Han indsattes

---

[1]) Se Regjeringens Proposition desangaaende i Storth.-Efterretningerne for 1845.
[2]) Se om ham Krafts og Langes Forfatterlexikon S. 598 samt Erslews do. III S. 228.

i 1797 i Christiania Kathedralskole, men dimitteredes i April 1801 privat til Universitetet, hvor han tog Examen artium med Haud illaudabilis. Ved Krigens Udbrud i Februar 1808 kaldtes han til Fanerne og blev d. 3 Oktober s. A. udnævnt til Fænrik ved 1ste jydske Infanteriregiment, „dog uden Anciennitet, indtil han havde taget den befalede Examen“. Han døde ugift i Kjøbenhavn 1811 — kun 30 Aar gammel — og blev begravet paa den derværende militære Kirkegaard.

---

10. Kjøbmand, Overkrigskommissær OTTO COLLETT, R. V. O., og Hustru MARTHINE JOHNNETTE COLLETT.

Otto, yngste Søn af Peter Collett til Buskerud og Johanne Henrikke Ancher (se foran S. 56), var født paa Buskerud d. 1 September 1784 (døbt d. 29 s. M.). Som ungt Menneske kom han i Huset til sin Fætter, John Collett til Ullevold; denne antog ham i Søns Sted og bestemte ham til sin eventuelle Efterfølger i Firmaet „Collett & Søn“.

Den 5 Februar 1808 blev Otto fra Adoptivforældrenes Eiendom Fladeby i Enebak gift med sin 19aarige Pleiesøster *Marthine Johnnette Collett*, en Datter af hans afdøde Fætter, Kjøbmand i Christiania *Peter Collett* og Hustru *Karen Elieson*. Ægteskabet var barnløst. Som Nygifte boede de i en Gaard i Raadhusgaden[1]), men efter Pleiefaderens Død i Begyndelsen af 1810 flyttede de hen i „Collettgaarden“, og siden boede de der om Vinteren og paa Ullevold om Sommeren.

Otto Collett gjorde fra Krigsaaret 1808 til November 1814 Tjeneste som Sektionschef under 2den Division af det frederikshaldske Kystværn og blev senere Chef for hele Divisionen, ligesom han i samme Anledning fik Titel af Overkrigskommissær. — Han var fremdeles Formand i „Selskabet for Akers Sogns Vel“, Repræsentant i „det Kgl. Selskab for Norges Vel“ og Medlem af Bestyrelsen for „Christiania By's Vel“. Ligeledes sad han indtil 1819 i Direktionen for „det norske Søassuranceselskab" og fik ved Reskr. af ⅔ s. A. Paalæg om med Justitiarius Berg, Expeditionssekretær J. H. Vogt, Advokat Aars og Kjøbmand Jac. Meyer at „sammentræde i en Direktion for at bestyre de Anliggender“, som vedkom det af Storthinget i 1818 besluttede Laan paa 600,000 Spd. Den ⅔ 1820 udnævntes han til R. V. O.

Ved John Colletts Død d. ⅔ 1810 gik hele Boets Masse over til hans Enke, Marthine, der nu fortsatte Forretningerne for egen Regning under det gamle Firma „*Collett & Søn*“. Husets Ledelse overdrog hun til sin Adoptivsøn, Otto, og denne

---

[1]) Denne Gaard (No. **12**, nu tilhørende Grosserer Hesselberg) kjøbte Otto C. d. ⁷⁄₅ 1807 for 4500 Rdl., men d. ⅔ 1812 solgte han den atter for 5000 Rdl. til sin Svoger, Veimester Steen. En Maaned efter afhændede Steen den til Marcus Pløen for 50,000 Rdl. (!) — et Exempel paa Datidens Pengeforvirring. (Af Christiania By's Panteregister).

skulde som Bestyrer ifølge den derom oprettede Kontrakt af $\frac{1}{2}$⁰ 1810 (se foran S. 69) faa en Trediedel af hvert Aars Overskud, uden altsaa at blive Medeier. Handelshuset var dengang i en udmærket Forfatning, hovedsagelig paa Grund af det livlige Opsving, som Trælasthandelen efter en kortvarig Stilstand havde taget om Høsten 1809, og da Aarene 1810 og 1811 ogsaa vare heldige[1]), begyndte saaledes Firmaets nye Styrer sin Virksomhed under gunstige Auspicier. Men en langvarig og navnlig for Trælasthandelen mislig Periode fulgte ovenpaa disse gyldne Tider. Krig, Misvæxt og daarlige Handelskonjunkturer strømmede ind paa en Gang, en grændseløs Forvirring i Pengevæsenet bragte Uorden i alle Eiendomsforhold, og gjennem længere Tidsrum vare Havnene lukkede af fiendtlige Orlogsmænd, der hindrede al Udskibning. Det Værste var dog, at da Fredens Time slog, fandt Trælasten ikke paa langt nær en saadan Afsætning paa det vigtigste Marked England som tidligere, idet nemlig dette Land for at ophjælpe Trælastexporten fra Canada havde vedtaget Toldbestemmelser, der viste sig i høi Grad fordærvelige for den norske Lastehandel. De sørgelige Følger udebleve da heller ikke for Collett-Huset. Til dettes talrige Sagbrug laa en overordentlig Mængde Jordegods med Skov, hvoraf fulgte en stor Gjældsmasse og en trykkende Forrentning, og denne Omstændighed blev naturligvis under Byrden af Uaar og Pengemangel til ubodelig Skade, idet Jordeiendommene i kort Tid sank exempelløst i Pris. For Skovenes Vedkommende havde de daarlige Trælastkonjunkturer samme Følge, og snart maatte Sagbrugene med sin store, kostbare Arbeidsstok helt eller delvis standse sin Virksomhed. Gjennem flere Aar holdtes dog Forretningerne paa Grund af Firmaets Soliditet gaaende omtrent som tidligere, men flere nye Uheld paaskyndede Husets Fald, idet nogle Skibe forliste, ligesom en voldsom Brand paa Christiania Bordtomter d. $\frac{4}{7}$ 1819 fortærede en betydelig uassureret Beholdning af dets Planker og Bord. Efter et Par Reiser til England for at skaffe Penge og søge Henstand hos Firmaets største Kreditor, Boultons & Pelly i London, saa Otto Collett, som ikke var Manden til at rede Forviklingerne, sig endelig d. $\frac{21}{1}$ 1821 nødsaget til at overgive det engang saa blomstrende, mere end 100 Aar gamle, Handelshus til Skifteretten, dog under Forbehold af, at Kgl. Skiftekommissærer maatte blive beskikkede til Boets Behandling.

Til Skiftekommissærer udnævntes ved Høieste Resolution af $\frac{23}{1}$ 1821 Krigsassessor Peter Elieson (Colletts Fætter), Høiesteretsadvokat Aars og Kjøbmand Jac. Nielsen. Den $\frac{4}{}$ 1822 afgave disse en trykt Fortegnelse over Boets Eiendomme og Beholdninger, hvorefter Aktiva skulde beløbe sig til ikke mindre end 702,185 „Species", medens Passiva ansloges til 210,000 „Papir-Species", 40,000 „Sølv-Spdlr.", 4000 Hb. B$, 27,000 £, 20,000 Frcs., 3000 Gylden og 20,000 Rbdl., tilsammen beregnet til 292,666 Spd. Sølv[2]).

---

[1]) Jacob Aalls „Erindringer" ere især benyttede som Kilde ved nærværende Fremstilling.

[2]) De mere væsentlige Eiendomme vare da: *Alunverket*, værdsat til 8000 Spd.; *Dals* 2 Sage m. m., do.
7500; *Sæbesyderiet og Oliemøllen*, solgt for 13,503 Spd.; *Bjølsens* 3 Sage m. m., værdsat for
8000 Spd.; *Ullevold*, 35,000; *Nordre Taasen*, 10,000; *Sandaas*, 1000; *Langfos* Skov, 3500; *Dælen-
Pladsen* paa Grønland, 1000; *3die Dælen-Eng*, 12,000; *4de do.*, 2000; *Løgster* Bordtomt, 3000;

De faste Eiendomme vare imidlertid altfor høìt ansatte, og mange af dem kunde senere paa Auktion ikke udbringes til de paahæftede Pantebeløb. I Betragtning af de daarlige Tider for Salg af Jordegods gik Kreditorerne d. ¼ 1823 ind paa en Ordning, hvorefter Firmaet Boultons & Pelly samt Otto Collett i Fællesskab´fik overdraget hele Boet til fri Raadighed i 5 Aar fra d. ²⁄₈ 1823 at regne mod at svare Kreditorerne lovlige Renter og ved Tidsrummets Udløb enten betale dem deres Tilgodehavende „eller overlevere Boet igjen, i det Væsentlige i samme Stand". Pantekreditorerne skulde dog være berettigede til at holde sig til Pantet, og en større Del af Jordegodset sattes derfor efterhaanden til Auktion. Eiendomspriserne holdt sig imidlertid i Løbet af de 5 Aar fremdeles uforholdsmæssig lavt, hvortil kom, at de nye Kompagnonner ikke kunde enes, og da Fællesskabet d. ²⁄₈ 1828 ophørte, var Boets Stilling ikke bleven forbedret. Tvertimod havde det lidt en væsentlig Knæk ved at Boultons & Pelly som Panthavere d. ²⁷⁄₈, ²⁷⁄₉ og ²⁄₁₀ 1827 havde stillet dets maaske værdifuldeste Eiendomme, Fladeby, By og Narvestad til Auktion og faaet sig dem tilslaaede for tilsammen kun 25,000 Spd.[1] Omtrent samtidig solgtes „Collettgaarden" til Kjøbmand Ziiölner for 8000 Spd. Boet gik i 1828 atter over til Skiftebehandling, og Expeditionssekretær Poul Holst, Sorenskriver P. F. M. Heltzen og Kjøbmand Jac. Nielsen beskikkedes til Skiftekommissærer. Prokurator D. Vogt blev Curator bonorum. I de nærmest følgende Aar bleve nu de tilbageværende Eiendomme realiserede[2], uden at dog alle Kreditorer ved Boets Af-

---

1 Søbod, solgt for 2606; „Collettgaarden", værdsat for 16,000; *Møllenhof* Gaard og Skov, Kværn- og Sagbrug, 16,000; *Slattum* og *Markerud* Gaarde, Skove og Sag, 12,000; *Halvorkjernsbergets* Skov, 3500; *Stalsbergs* 6 Sage, 20,000; *Østre Ous* Skov, 1500; *Løitens & Rommedals* Almenninger, 35,000; *Steensaasens* Gaard og Skov, 5000; *Sætre* do. do, 1500; *Lunde* do., 1500; *Spigset* do. do., 4000; *Skotterud* do. do. 2500; *By* og *Narvestad* Brug med 7 Sage, 35,000; *Midtskov* Gaard og Skov, 3500; *Malmer* do. do., 4500; *Uller* do., 2000; *Lunderby* do. do. 1500; *Skjørberg* do., 3000; *Fladeby* Gods med underliggende Gaarde, Skove, 8 Sage, Teglværk, Kværnebrug m. m., 85,000; *Ramstad* og *Falla* Gaarde, Skove og Sag, samt *Troldhuls* 2 Sage, 15,000; *Aklangbergets* Gaard og Skov, 1500; *Opsal* Skov, 1500; *Melgaard* Gaard og Skov, 2500; *Storhof* Skov, 3500; *Nøkleby* do., 3500; *Sand* Gaard og Skov, 3000; *Knappen* do. do., 2100; *Mustad* Skov, 5000; *Digernes* do., 3000; *Amundrud* do., 1500; *Viberg* do., 2500; *Rakkestad* do., 1500; *Bratlien* Gaard og Skov, 2500; *Trøften* Skov, 9000; *Ellingsrud* Gaard og do., 2000; *Drøbak* og *Gjerdrum* Skove, 4000; *Sørpebøl* do., 2000; *Kjølstad* Gaard og do., 2500; *Mo* Skov, 3500; *Hekner* Gaard, 1500; *Møllenhoug* do. og Skov, 2000; *Braskeruds* Skov, 2500; *Blinderen* Gaard, 3500; *Berskov* do. og Skov, 2500; *Haaknermarkens* Skov, 3000; *Stomperud* Gaard og do., 5000; *Kulsrud* Gaard, 5000; *Helliebøl* Skov, 1000; *Langaasen* do., 2000; *Fusker* Gaard og do., 15,000; *Skadskiølen* Skov, 1000; *Rudsbjerget* Gaard og do., 3000; *Rud* do. do. 2000; *Trøen* Skov, 3000; *Hofos* Gaard og do., 6000; *Sesvold* do. do., 1900; *Aslaksrud* Skov, 1600; *Orderud* do., 1500; *Aasnes* Gaard og do., 3000; *Løngelstad* Gaard, 1500; *Teien* do. og Skov, 2500; *Stormoen* Skov, 7500; *Berger* Gaard og do., 2500; *Heer* Skov, 3000; Skibet „Sophie", solgt for 2606; ⅓ i „Johs. Tønder", do. 1050; ⅓ i „Eucharis", værdsat for 2000; ⅓ i „Dovre", do. 1500.

[1]) Auktionen blev senere paaanket, men d. ¹⁹⁄₈ 1828 sluttedes Forlig, hvorefter Boultons & Pelly forhøiede Kjøbesummen til 30,000 Spd.

[2]) Ullevold med Nordre Taasen og ⅓ af Blinderen solgtes d. ²⁴⁄₈ 1829 for tilsammen 12,150 Spd. til Staten. Ved Auktion d. ¹⁸⁄₈ 1833 afhændede denne atter Store Ullevold (til Generalmajor Birch) for 9,500 Spd., Lille Ullevold for 3000 Spd., Taasen for 5000 Spd. og Blinderen for 2500 Spd.

slutning (i 1832?) kunde blive dækkede [3]).   Nogle Brug med tilhørende Skov kjøbtes tilbage af Otto Collett, som imidlertid havde begyndt en Trælasthandel for egen Regning.   Blandt disse Eiendomme vare Bjølsens og Dals Sage, Troldhuls Sagbrug, Ramstad samt Slattum og Markerud Gaarde, Sage og Skov (alt tilsammen kjøbt for 13,450 Spd.)   Collett vedblev at bo paa Ullevold, som han havde forpagtet af Staten, og her døde han d. 14 April 1833.   Om hans Enke, der overlevede ham i 32 Aar, se under 5te Generation I No. 3.

5te Generation.

I. Kjøbmand Peter Colletts og Hustru Karen Eliesons Børn[2])

1. Karen Christiane Collett, gift med Kjøbmand, Veimester Iver Steen, R. V. O.

Kjøbmand Peter Colletts og Karen Eliesons ældste Barn, Karen Christiane, kaldet *Kaja*, fødtes i „Collettgaarden" i Christiania d. 6 September 1784 og blev døbt d. 14 s. M Hun havde faaet i Arv efter sin Moder en sjelden scenisk Begavelse og var i Begyndelsen af dette Aarhundrede, da de dramatiske Forestillinger stode paa Dagsordenen i Christianias sociale Verden, en af Prydelserne paa Byens Privattheatre. Den 1 August 1808 blev hun dersteds gift med Kjøbmand *Iver Steen*, hvem hun bragte en ikke ubetydelig Medgift, idet hun allerede i sin tidlige Ungdom havde arvet nogen Formue, navnlig efter Faderen, Bedstefaderen James Collett, og sin nedennævnte Broder af samme Navn[3]). Iver Steen var født i Christiania d. 18 September 1784 af Forældrene Kjøbmand *Even Steen* og Hustru *Golette Christine Aares*. Efter sin Fader arvede han den i Aker beliggende Gaard Ellingsrud (med Underbrugene Furuset, Bagaas og Bjørnstvedt).   Her havde han i Gang 3 Sage, et Møllebrug og et Teglverk, og i Skedsmo drev han det betydelige Braatebrug, som han havde faaet med sin Hustru — Den ⅔ 1809 udnævntes han til Veimester à la suite i Veietaten og gjorde som saadan Tjeneste i Akershus Amt. For sine Fortjenester af Veivæsenet blev han d. ²⁷⁄₇ 1816 R. V. O. Steen førte ifølge Biskop Pavels's „Dagbogs-Optegnelser 1815—16" (Side 499) en Tid lang „et meget brillant Hus[4]), havde et overmaade kostbart Møblement og kjørte med 4 Heste for sin Vogn", men han var

---

[1]) Efterretning om Udlodningen har ikke været til at opspore.

[2]) Se foran Side 59.

[3]) I 1796 var Generalkrigskommissær (senere Statsminister) *Peder Anker*, Moderens Fætter, hendes Værge.   Den Formue, hun bragte Steen, angives i Pavels's „Dagbogs-Optegnelser" for ¹⁄₇ 1816 — vistnok med en Overdrivelse — til 10,000 £.

[4]) Ved Universitetets Stiftelse tegnede han sig for et Bidrag af 1000 Rdl.

en daarlig Økonom, og d. ²⁄₉ 1816 gjorde han Opbud. Boet sluttedes først d. ²⁷⁄₂ 1839, og dets Indtægt var da 70,951 Spd., medens Udgiften udgjorde 107,515 Spd. — Steen døde paa Ellingsrud d. 28 September 1828, hans Enke i Christiania d. 26 Februar 1856. De havde kun 1 Barn, Karen (kaldet *Kaja*) Steen, der først var gift med den rige Kjøbmand og Eier af Boteløkken ved Christiania, Bernhard *Young*, og efter hans Død med Kjøbmand Christopher *Dybwad*, Eier af Hengsengen paa Ladegaardsøen.

---

2. James Collett,

Kjøbmand Peter Colletts og Hustru Karen Eliesons eneste Søn, fødtes i Christiania den 6te Juni 1787 (døbt d. 15 s. M.). I den oftnævnte Bog, „Gamle Dage" af Fru C. Dunker, fortælles Side 344, at *James* var Moderens Afgud, og at han for ikke at blive ganske bortskjæmt blev sendt op i en Slags Pension hos Præsten Bull i Vang paa Hedemarken. Her døde han Sommeren 1795 ved at synke ned i en Hængemyr og blev begravet d. ²⁴⁄₁ s. A. Med ham uddøde den ældre Collett-Linie paa Mandssiden. Hans Moder og Søstre arvede efter ham tilsammen 10,791 Rdl. 80 Skill.

---

3. Marthine Johnnette Collett, gift med Kjøbmand Otto Collett, R V. 0.

Marthine Johnnette[1]), Kjøbmand Peter Colletts og Hustru Karen Eliesons yngste Barn af dem, som voxede op, var født i Christiania d. 27 August 1787 og døbt d. ½ s. A. (se foran Side 59). Hun adopteredes af sin Farbroder, John Collett til Ullevold og blev d. 5 Februar 1808 paa Fladeby i Enebak gift med sin 5 Aar ældre Pleiebroder og Faders Fætter, *Otto Collett*, der findes nærmere omhandlet foran Side 93. Efter sin Mands Død d. ¼ 1833 boede Marthine Collett i nogen Tid paa Markerud i Nitedals Præstegjeld, hvor hendes Ægtefælle i sin Tid havde bygget et Enkesæde, men senere flyttede hun til Christiania, hvor hun døde d. 25 Marts 1865[2]).

II. Statsraad Jonas Colletts og Hustru Maren Christine Colletts Børn[3]).

1. Henriette Collett, gift med Stiftamtmand Frederik Riis, R. N. 0., R. V. 0.

Den ældste af Statsraad Colletts Børn, *Henriette*, fødtes paa Kongsberg d. 14 August 1799. I 1825 blev hun Hoffrøken hos Dronning Desideria, og i 1834 udnævn-

---

[1]) I sin Ungdom arvede hun ligesom Søsteren, Kaja, nogen Formue; se under denne.

[2]) Ifølge Svigerindens, Anne Cathrine Arbo's Testament af ²⁄₉ 1844 nød hun fra dennes Død d. ¹⁄₁ 1846 Renter af 5000 Rdl. dansk. Se foran S. 85.

[3]) Se foran Side 78.

tes hun til Statsfrue ved dennes norske Hofstat. Den 14 August 1833 blev hun i Christiania gift med Stiftamtmand *Frederik Riis*[1]), en Søn af Kjøbmand i nævnte By, *Johan Riis* og Hustru *Marie Birgitte Gravengaard*. — Fr. Riis var født i Christiania d. 29 Januar 1789, blev i 1806 Student fra sammes lærde Skole og tog juridisk Embedsexamen i 1809. Aaret efter fik han Ansættelse som Politifuldmægtig i Christiania, blev d. $\frac{2}{4}$7 1813 Politisekretær dersteds og fungerede fra 1814 til 1815 tillige som Sekretær ved Overadmiralitetsretten og som Assessor i Akershus Stiftsoverret, indtil han i August 1815 blev konstitueret og i 1816 virkelig Byfoged i Christiania. I 1825 blev han R. V. O., udnævntes i 1831 til Amtmand i Nordre Bergenhus Amt og blev d. $\frac{11}{4}$ 1832 Stiftamtmand i Trondhjems Stift. I 1833 modtog han Nordstjerne-Ordenens Ridderkors og ansattes d. $\frac{2}{1}$1 1840 som Stiftamtmand i Akershus Stift og Amtmand i Amtet af samme Navn, hvilket sidste Embede fragik ved Udgangen af 1842. — I Ægteskabet med Henriette Collett havde Riis en Datter, *Valborg*, født d. $\frac{1}{5}$4 1834, gift d. $\frac{4}{10}$ 1861 med Skibsfører, tidligere Løitnant i Marinen, *Fredrik Wilhelm Stabell Grøntvedt*, og død d. $\frac{1}{3}$ 1865. — Stiftamtmand Riis døde i Christiania d. 22 Oktober 1845. — Vinteren 18$\frac{5}{4}$$\frac{6}{7}$ opholdt hans Enke sig i Italien for sin Datters Sundheds Skyld, men her paadrog hun sig en Lamhed, hvoraf hun siden led, indtil hun afgik ved Døden i Christiania d. 19 Februar 1857.

2. Justitssekretær Johan Collett, gift med 1) Marie Frederikke Thomasson, 2) Margrethe Louise Diriks.

Statsraad Colletts ældste Søn, *Johan*, er født paa Kongsberg d. 28 December 1800 og døbt d. $\frac{2}{1}$3 1801 (se foran Side 78). I 1822 dimitteredes han til Universitetet fra Christiania Kathedralskole, blev samme Aar Student og tog i December 1823 Examen philosophicum. Den $\frac{22}{17}$ 1828 underkastede han sig den latinske juridiske Examens theoretiske Del og d. $\frac{2}{1}$1 1830 dens praktiske Afdeling, begge med Haud illaudabilis. I 1824 ansattes han i Finants-Departementet, hvor han d. $\frac{2}{9}$ 1829 blev Fuldmægtig og d. $\frac{21}{11}$ 1833 udnævntes til Bureauchef. I Februar 1835 blev han konstitueret og d. $\frac{3}{4}$ s. A. fast ansat som Justitssekretær i Christiania Stiftsoverret. Ved Siden heraf var han gjennem flere Aar Bestyrer af Carl Johans private Kasse i Norge.

Den 18 Mai 1838 blev han i Christiania gift med *Marie Frederikke Thomasson*, født paa Frederikshald i 1812, Datter af den engelskfødte Agent *James Thomasson* og *Septima* f. *Carisius* (fra Arendal), men allerede Aaret efter, d. 28 Marts, mistede han

---

[1]) Riis havde tidligere været gift med: 1) *Birgitte Elisabeth Smith* (f. 1793, g. 1812, † 1818), 2) *Anne Cathrine Smith* (f. 1795, g. 1818, † 1829), begge Døtre af Kjøbmand i Christiania *Lars Smith* og Hustru *Magdalene Gude*. Med sin første Kone havde han 4 Sønner og 1 Datter (3 af disse døde unge), med den anden 3 Sønner og 1 Datter.

sin unge Hustru[1]). 3 Dage forud havde hun født ham en Søn, der i Daaben fik Navnet *Frederik Jonas Lucian Bothfield.* Justitssekretær Collett blev anden Gang — i Christiania d. 17 November 1841 — gift med *Margrethe Louise Diriks*, en Datter af Statsraad (og Chef, først for Justits-, senere for Kirke-Departementet), St. N. O., *Christian Adolph Diriks* (f. 1775 † 1837) og Hustru *Maren Kirstine Tax.* Margrethe D. var født den 1 September 1798 i Kjøbenhavn. Hun fødte sin Ægtefælle 1 Søn, *Arthur*, født i Christiania d. $\frac{18}{1}$ 1845, død sammesteds d. $\frac{29}{5}$ 1847.

I Aaret 1852 kjøbte Collett efter Professor M. Skjelderup en Tomt med en herlig Beliggenhed ved Frognerkilen, og her byggede han Landstedet *Framnæs*[2]), som han siden 1854 har beboet[3]). Den 7 September 1859 mistede han der sin Hustru, Margrethe.

---

3. Caroline Petrea Collett.

Caroline, Statsraad Jonas Colletts 3die ældste Datter, men den næstældste af dem, der naaede voxen Alder, er født d. 23 Januar 1804 paa Kongsberg, hvor Faderen dengang var bosat som Foged i Numedal og Sandsvær. Hun er ugift og bor i Christiania.

---

4. Marthine Christine Sophie Collett, gift med Justitssekretær Tom John Collett.

Statsraad Colletts fjerde Datter fødtes paa Kongsberg d. 12 Oktober 1805 og fik Navnet *Marthine* Christine Sophie efter sine Forældres Kusine, John Colletts Hustru, der stod Fadder til hende. Den 8 Juni 1832 blev hun i Christiania gift med sin Fætter, Justitssekretær i Akershus Stiftsoverret *Tom John Collett.* Ægteskabet er nærmere omhandlet under ham; se Side 101, 5te Generation III No. 1.

---

5. Elisabeth Collett, gift med Professor Dr. Christian Peter Bianco Boeck, K. St. O. O., R. N. O., R. Æ. L.

Elisabeth, den 5te i Rækken af Statsraad Colletts og Maren Christine Colletts Døtre, er født paa Kongsberg d. 28 November 1806. Den $\frac{16}{10}$ 1828 blev hun i Christiania gift med sin Fætter, daværende Lektor ved Universitetet *Christian P. B. Boeck*,

---

[1]) Til Begravelsen d. $\frac{4}{4}$ 1839 skrev Professor P. J. Collett en Sang, der findes i Anhanget.

[2]) I Muren er indsat Familiens Vaaben i Marmor, det samme, som forhen stod paa det nu nedrevne Collett'ske Gravkapel ved Vor Frelsers Kirke i Christiania; se Side 7.

[3]) Efter sin Moders Død udløste han d. $\frac{1}{9}$ 1861 sine Søskende af den fædrene Eiendom *Berg* i Vestre Aker, men d. $\frac{3}{4}$ 1862 solgte han igjen Gaarden til Overretssagfører O. A. Arnesen.

en Søn af den Side 88 omhandlede Overførster *Cæsar Læsar v. Boeck* og *Karen Magdalene Collett.* Christian Boeck er. født paa Kongsberg d. 5 September 1798, tog Examen artium i 1817, 2den Examen i December 1823 og medicinsk Embedsexamen med Haud illaudabilis d. $\frac{17}{5}$ 1824. Fra 1825 til 1827 var han med offentlig Understøttelse udenlands for at studere Veterinærvidenskab[1]) og blev i 1828 udnævnt til Lektor i denne Disciplin ved Universitetet. I 1837 reiste han i videnskabeligt Øiemed med Stipendium i Sverige, og Aaret efter fulgte han en større fransk videnskabelig Expedition til Finmarken og Spitsbergen, i hvilken Anledning han i 1841 blev Ridder af Æreslegionen. Den $\frac{15}{7}$ 1840 udnævntes han til Professor i Fysiologi, komparativ Anatomi og Veterinærmedicin ved Universitetet Han har senere flere Gange havt offentligt Stipendium til videnskabelige Reiser i Norge og Udlandet. I 1851 blev han R. N. O., i 1863 R. St. O. O. og d. $\frac{21}{8}$ 1866 Kommandør af sidstnævnte Orden „for videnskabelig Fortjeneste“. Fra 1829 til 1860 var han Medlem af Direktionen i „Selskabet for Norges Vel“, og for Tiden er han Præses i „Videnskabernes Selskab i Christiania“. Fremdeles er han Æres-Doktor ved Lunds Universitet samt Medlem af adskillige udenlandske videnskabelige Instituter. I 1855 tilkjendte det Kgl. Svenske Vetenskaps-Akademi ham en Guldmedaille for fysiologiske Arbeider, og det følgende Aar fik han den store Medaille paa Verdensudstillingen i Paris for et af ham opfundet fysisk-fysiologisk Apparat. — Prof. Boeck har i norske og svenske Tidsskrifter offentliggjort flere medicinske og naturvidenskabelige Afhandlinger[2]).

Boecks 5 Børn ere alle fødte i Christiania, nemlig: 1) Christine Magdalene Thora (kaldet *Tina*), f. d. $\frac{1}{1}$ 1830; 2) Cæsar *Hakon*, Politilæge i Christiania, f. d. $\frac{21}{2}$ 1832, g. m. Sophie Ingeborg *Meyer* (1 Søn); 3) *Axel* Jonas, Cand. med., Universitetsstipendiat, f. d. $\frac{16}{5}$ 1833; 4) *Thorvald* Olaf, Cand. jur., f. d. $\frac{15}{8}$ 1835, g. m. Julie *Maschmann* (2 Døtre); 5) *Eyvind* Frithjof, f. d. $\frac{9}{3}$ 1848, † d. $\frac{30}{12}$ s. A.

---

6. Cathrine Karen Mathia Collett.

Statsraad Jonas Colletts næstyngste Datter, Cathrine Karen Mathia, kaldet *Kaja*, er født d. 16 April 1812 paa Kongsberg, hvor Faderen dengang boede som Foged i Numedal og Sandsværs Fogderi. Hun er ugift og bosat i Christiania.

---

7. Protokolsekretær Jonas Tinus Collett.

Jonas Tinus, Statsraad Colletts næstyngste Søn, fødtes paa Kongsberg d. 14 Februar 1814 (se foran Side 78). Han tog Examen artium i 1833, Examen philosophi-

---

1) Se herom „Magasin for Naturvidenskaber“, VI Side 317 & VIII Side 344.

2) Se Norsk Forfatterlexikon S. 85 og Nordisk Conversationslexikon, 2 Udg. I S. 563. Hans Biografi findes i Illustr. Nyhedsblad for 1865 No. 51.

cum i Juni 1834 og juridisk Embedsexamen, theoreticum i Juli 1839 og practicum i Januar 1844, begge med Laudabilis. Allerede som Student fik han Ansættelse i Justits-Departementet, hvor han blev Fuldmægtig d. $\frac{2.6}{}$ 1847. Den $\frac{4}{}$ 1851 udnævntes han til Protokolsekretær i Høiesteret. Han døde ugift i Christiania d. 22 Februar 1858.

8. Peter Collett.

Statsraad Colletts yngste Søn, *Peter*, fødtes i Christiania d. 28 November 1818. I ung Alder blev han sendt til den herrnhut'ske Opdragelsesanstalt i Christiansfeld og gik senere i Christiania lærde Skole. I 1841 tog han præliminær Examen ved Universitetet og studerede derpaa Medicin, men døde i sin Fødeby d. 22 November 1848. Ugift.

9. Eugenie Thora Octava Collett.

Den yngste af Statsraad Colletts Børn, *Eugenie*, fødtes i Christiania d. 16 April 1825 og døde ugift sammesteds d. 31 Oktober 1851 (Se Gravsangen i Anhanget).

III. Amtmand Johan Colletts og Hustru Christiane Birgithe de Stockfleths Børn.

1. Justitssekretær Tom John Collett og Hustru Marthine Christine Sophie Collett.

Amtmand Colletts ældste Søn, *Tom* John, fødtes paa Gaarden Sandaker i Lier d. 9 September 1804 (se foran Side 79). Han blev fra Drammens lærde Skole dimitteret til Universitetet, hvor han tog Examen artium i 1822, Examen philosophicum i Juni 1824 og juridisk Embedsexamen, theoreticum d. $\frac{8}{}$ 1827 med Laudabilis og practicum d. $\frac{13}{}$ 1828 med Haud illaudabilis. Var først Kopist i Kirke-Departementet, konstitueredes derefter som Universitets-Sekretær d. $\frac{2.8}{}$ 1829 og udnævntes d. $\frac{26}{}$ 1831 til Justitssekretær i Akershus Stiftsoverret.

Den 8 Juni 1832 blev han i Christiania gift med sin Kusine, den Side 99 nævnte *Marthine Christine Sophie Collett*, f. d. 12 Oktober 1805 og Datter af Statsraad *Jonas Collett*. I dette Ægteskab fødtes:

1. *Johanne* Christiane, f. d. $\frac{4}{}$ 1833, g. m. Civilingeniør Jens Theodor Paludan *Vogt*.
2. *Thomas*, f. d. $\frac{5}{}$ 1835, Distriktslæge, g. m. Sine *Kobro*.

Justitssekretær T. J. Collett døde i Christiania d. 1 Februar 1835 og blev begravet d. 5te samme Maaned.

2. Kammerherre Holger Gustav Collett, R. V. O.

Amtmand Johan Colletts og Hustru Christiane de Stockfleths næstældste Søn, *Holger* Gustav, fødtes paa Gaarden Sandaker i Lier d. 17 Oktober 1807 (se foran Side 79). Han blev dimitteret til Universitetet fra Drammens lærde Skole, tog Examen artium i 1825, 2den Examen i December 1826 og theoretisk juridisk Embedsexamen d. $\frac{2}{1}$3 1831 med Haud illaudabilis. Allerede som Student blev han ansat i Finants-Departementet, hvor han avancerede til Fuldmægtig d. $\frac{2}{5}$7 1834. Ved Indre-Departementets Oprettelse d. $\frac{1}{1}$ 1846 blev han Fuldmægtig i dettes Postkontor og ansattes i 1852 som Expeditør for Statens Dampskibe samt Pakkepostexpeditør i Christiania. Den $\frac{2}{9}$9 1856 udnævntes han til Rigs- og Ordensherold ved St. Olafs-Ordenen og fungerede som saadan ved Carl XV's Kroning i 1860; fra denne Stilling tog han Afsked i 1865. Den $\frac{1}{5}$5 1858 blev han Kammerherre og i 1861 R. V. O. Han døde ugift i Christiania d. 17 Juni 1870.

3. Sophie Augusta Collett, gift med Kapteinløitnant i Marinen Peter Severin Steenstrup.

Sophie Augusta, den ældste af Amtmand Johan Colletts Døtre, der naaede voxen Alder, fødtes paa Faderens Eiendom Huseby i Lier d. 9 Februar 1811 (se foran Side 79). Efter Forældrenes Død kom hun i Huset hos sin Moster, Sophie Margrethe de Stockfleth, gift med Sølvverksdirektør Baumann paa Kongsberg, og i deres Hus stod d. 2 April 1835 hendes Bryllup med daværende Premierløitnant i Marinen, *Peter* Severin *Steenstrup*, ældste Søn af Sølvverksdirektør *Poul Steenstrup* og *Mathia Bernhardine Collett* (se Side 90). Peter Steenstrup var født paa Kongsberg d. 29 November 1807, blev Sekondløitnant i Marinen d. $\frac{2}{1}$9 1828, Premierløitnant d. $\frac{8}{1}$ 1834 og Kapteinløitnant d. $\frac{1}{8}$9 1850. Efter Faderen havde han arvet et ualmindeligt mekanisk Talent, og dette foranledigede ham i 1842 til at anlægge „Akers mekaniske Verksted" i Christiania, sandsynligvis den første private Indretning af denne Art her i Landet. For ganske at kunne ofre Verkstedet sin Tid tog han d. $\frac{8}{1}$ 1854 Afsked af Marinens Tjeneste. Den $\frac{1}{1}$1 1854 udnævntes han til Medlem af Tilsynskommissionen for Eidsvolds-Jernbanen og fungerede som saadan indtil d. $\frac{2}{5}$5 1857. Han døde d. 17 Februar 1863 paa sin Eiendom *Lillefos* ved Akerselven i Christiania[1]. Enken, Sophie Steenstrup, der forblev boende paa Lillefos, fulgte sin Ægtefælle d. 4 Mai 1872 (begravet d. 8 s. M.)

---

[1] Et Par af S. forfattede Piecer ere nævnte i Norsk Forfatterlexikon Side 597.

Steenstrups 7 Børn ere: 1) Pauline Bernhardine (kaldet *Polly*), f. d. ⅔⅔ 1835; 2) Johanne *Christiane*, f. d. ³⁄₁⁰ 1838, g. m. Overretssagfører Henrik *Horn;* 3) Martine Jeannette Collett (kaldet *Tina*), f. d. ¹⁄₂⁵ 1840; 4) *Hilda*, f. d. ⁴⁴⁄₂ 1842; 5) *Peter*, f. d. ²⁄₁⁸ 1845, Premierløitnant i Infanteriet, Bestyrer af Larbrofossens Træmasse-Fabrik; 6) *Hjalmar*, f. d. ¹⁄₅⁰ 1847, Cand. theol.; 7) *Sofie* Augusta Collett, f. d. ²⁄₁⁰ 1850.

4. Professor Peter Jonas Collett og Hustru Jacobine Camilla Wergeland.

Peter *Jonas*, den mellemste af Amtmand Johan Colletts og Hustru Christiane Birgithe de Stockfleths 5 Sønner, fødtes paa Faderens Eiendom Huseby, i Lier d. 12 September 1813 (se foran Side 79). Efterat have gjennemgaaet Drammens lærde Skole blev han derfra i 1831 dimitteret til Universitetet, hvor han samme Aar underkastede sig Examen artium og Juni 1832 Examen philosophicum. Den ⅔⅔ 1835 tog han theoretisk og d. ¹⁄₅⁸ 1837 praktisk juridisk Embedsexamen, begge Afdelinger med Laudabilis. I Aarene 1839—1840 foretog han med offentligt Stipendium (paa 850 Spd.) en videnskabelig Reise over London til Frankrige, Italien, Tydskland og Danmark og lagde sig under denne — navnlig ved Universiteterne i Paris, Rom, München, Berlin og Kjøbenhavn — specielt efter Statsøkonomi, Retsfilosofi, administrativ Ret og europæisk Statsforfatning, ligesom han ogsaa søgte at gjøre sig bekjendt med vedkommende Landes videnskabelige Samlinger og Literatur[1]). Efter Hjemkomsten fra denne Reise blev han d. ⅔ 1841 udnævnt til Lektor i Lovkyndighed ved Universitetet.

Den 14 Juli s. A. blev han paa Eidsvolds Præstegaard gift med Jacobine *Camilla Wergeland*, en Datter af den som Forfatter bekjendte Provst og Sognepræst til Eidsvold *Nicolai Wergeland* (f. 1780, † 1848) og Hustru *Alette Dorothea Thaulow* (f. 1780, † 1843). 4 Sønner, nemlig:

1. *Robert*, f. i Christiania d. ¹⁄₂² 1842, Cand. philos., Zoolog.
2. *Alf*, f. paa Eidsvold d. ⅔ 1844, Cand. jur., g. m. Mathilde Sophie *Kallevig*.
3. *Oscar*, f. i Chr.a d. ²⅔ 1845, Cand. jur., 2den Sekretær i Udenrigs-Kabinettet.
4. *Emil*, f. i Christiania d. ³⁄₈⁰ 1848, Civilingeniør.

Ved Universitetet holdt Collett Forelæsninger fornemmelig over Retsfilosofi, Fædrelandets offentlige Ret, Arveret og Personret. Ved Kgl. Resol. af ¹⁄₇ 1846 blev det overdraget ham sammen med daværende Assessor Lasson og Professor Hallager „at udarbeide Udkast til en Lov om Arveretten og de øvrige hermed i Forbindelse staaende Dele af Civilretten", og i Fællesskab med disse Mænd udgav han derefter 1) Udkast til Lov om Arv med Motiver (Christiania 1847), 2) Betænkning om, hvorvidt Stervboer bør kunne deles uden Mellemkomst af offentlig Autoritet (sammesteds 1849) og 3) Udkast til Lov om forsvundne og fraværende Personer (sammest. 1849). I 1851

---

[1]) Hans Indberetning om Reisen findes i Univers.- og Skole-Annaler, 2 Række II Side 372 o. flg.

udkom i Kontratryk de 3 Fjerdedele af hans „Forelæsninger over Personretten efter den norske Lovgivning", og efter hans Død ere alle hans Foredrag over denne Disciplin ved Bistand af Professor Fr. Brandt — for 2den Dels Vedkommende i flere Udgaver — udgivne i Trykken (senest i Christiania 1865 og 1866).

Colletts literære Virksomhed indskrænkede sig imidlertid ikke til Retsvidenskaben alene. Ogsaa Skjønliteraturen omfattede han med varm Interesse, og paa dette Felt har han leveret ikke faa Arbeider, navnlig i literær-kritisk Retning. De fleste af disse findes — dels under Navn, dels under Mærket C. eller No. 9 — optagne i Bladet „Den Constitutionelle" i Tidsrummet fra 1837 til og med 1840 og bestaa af Digte, Tidsbilleder, Reiseskizzer, Anmeldelser af æsthetiske Verker og Theaterrecensioner m. M. Fra hans Reise i Italien haves følgende Skildringer[1]): I Asbjørnsens Aarbog „Hjemmet og Vandringen" (1847), „La bella Italia"; i sammes „Ydale" (1851), „Breve fra Rom" og i „En Nyaarsbog" (1854) „Julies Grav i Verona" (af hans efterladte Papirer). Endvidere findes nogle Digte fra hans Haand indtagne i Fr. Barfods „Brage og Idun" B. I og III (Kjøbenhavn). I Aarene før sin Død leverede han endelig en Række Korrespondancer fra Christiania til det danske Blad „Fædrelandet". I den af Sognepræst Jørgen Moe forfattede Nekrolog over Collett (se Illustreret Nyhedsblad for 1852 No. 15) heder det, at hans skjønliterære Virksomhed „heltigjennem røber en ualmindelig Begavelse. Kjækhed, „Friskhed og Lune, der ofte hæver sig til Humor, udmærke allerede hans tidligste „Frembringelser; i de sildigere hersker tillige en Klarhed og Ro, som kun en moden „Livsanskuelse kan give. Af alle dem, der har givet Bidrag til vor unge Literatur, „er der neppe Nogen, der har skrevet en saa skjøn og — i god Betydning — klassisk „Prosa. Hans Sprog var let, klart indtil Gjennemsigtighed og dog farverigt; hans Vit-„tighed og Lune streifede aldrig om paa egen Haand, de maatte stedse tjene til Tan-„kens sikre Betegnelse. I sine Kritikker var han streng, om man vil, skarp, og i sin „første Fremtræden altfor vragende, men dog retfærdig; thi han formaaede som Faa „at se ind i Gjenstandens Væsen, og alle ydre Sammenføininger faldt fra hinanden for „hans Blik . ."[2]).

Den ⅜ 1848 blev Collett udnævnt til Professor i Lovkyndighed ved Universitetet. Aaret efter byggede han´sig en Gaard ved Uranienborgveien i Christiania, men her døde han allerede den 18 December 1851, kun 38 Aar gammel (begravet d. ²⅞/₁₂ s. A). Dødsfaldet er anmeldt i Christianiaposten for d. ²³/₁₂ under megen Beklagelse over hans tidlige Bortgang[3]).

Hans efterladte Ægtefælle *Camilla Collett* — en Søster af Digteren Henrik Wergeland — er født d. 23 Januar 1813 i Christianssand, hvor Faderen da var residerende Kapellan, kom 4 Aar gammel med Forældrene til Eidsvold og besøgte fra sit

[1]) Alle udkomne i Chr.a. Se forøvrigt Norsk Forf.-Lex. S. 141—142 og Nordisk Konvers.-Lex. II S. 263.
[2]) Jvfr. Thue's „Læsebog i Modersmaalet" (1846) Side 610, hvor et af C.'s Digte er optaget.
[3]) En Mindesang af Digteren A. Munch er tilligemed det Væsentligste af J. Moe's ovennævnte Nekrolog indtagen i Anhanget.

14de til 16de Aar den hernhut'ske Opdragelsesanstalt i Christiansfeld, af hvilken der dengang gik. et stort Ry. Sommeren 1834 reiste hun i Faderens Selskab til Paris og vendte om Høsten over Amsterdam, Hamburg og Kjøbenhavn tilbage til Hjemmet. Fra 1836 til Forsommeren 1837 var hun i et længere Besøg hos en Hamburger-Familie, hvis Bekjendtskab hun under den foregaaende Reise havde gjort, og i hvis literært dannede Hjem hun modtog en væsentlig Paavirkning af tydsk Literatur og Kunst. Hun er bekjendt som Forfatterinde til følgende skjønliterære Arbeider: I Bladet „den Constitutionelle" har hun fra 1841—1843 anonymt leveret endel Feuilletonner, der findes specificerede i „Norsk Forfatterlexikon 1814—1856", Side 141. Asbjørnsens Aarbog „Hjemmet og Vandringen" (1847) indeholder fra hendes Haand Skizzen „Kongsgaard", og hans „Ydale" (1851) ligeledes Fortællingen „Et Gjensyn". I 1855 udkom [1]) særskilt „Amtmandens Døtre", en Fortælling, 2 Dele (2den Udgave, Kjøbenhavn 1860). Efter Udgivelsen af denne Bog, der senere er oversat paa Svensk og Tydsk, har hun sædvanligvis skrevet under Mærket „Forf. til Amtmandens Døtre". Ved Juletider 1860 udgav hun „Fortællinger" (nye og gamle), hvilke ligeledes ere oversatte paa Svensk. Derpaa fulgte (Julen 1862) „I de lange Nætter", hvoraf Størsteparten siden er trykt i Sverige med Titel „Under långa nättor". 1 1863 udkom Piecen „Et undersøisk Parlament". Til „Illustreret Nyhedsblad" leverede hun i 1863—64 en Række Korrespondancer fra Berlin og Paris, af hvilke de fleste under et Vinterophold i Stockholm 1866 bleve omarbeidede og indtagne i en Bog, hun der lod trykke under Titelen „I ljusa dagar". En i 1867 udkommet Bog „Ved Løvfaldstid" indeholder blandt Bidrag fra Forskjellige ogsaa et fra Forf. til „Amtmandens Døtre", betitlet „Breve fra Hovedstaden". Hendes seneste Arbeide er „Sidste Blade", (ældre Korrespondancer og nye Skizzer, Kjøbenhavn 1868). I Aarenes Løb har hun derhos i norske og danske Blade og Tidsskrifter (navnlig i „Morgenbladet", „Aftenbladet", „Norsk Folkeblad", E. Bøgh's „Folkets Avis" og H. P. Holst's „For Romantik og Historie") ladet indrykke Digte, Tidsbilleder og andre Opsatser [2]).

Efter sin Ægtefælles Død solgte Camilla Collett Gaarden ved Uranienborg og har senere — med Hjemstavn i Christiania — i flere Vintere opholdt sig i Udlandets Hovedstæder, især i Kjøbenhavn, Stockholm, Paris, Berlin og Rom.

5. Marthine Jeannette Collett,

kaldet *Tina*, Amtmand Johan Colletts og Hustru Christiane Birgithe de Stockfleths yngste Datter af dem, der bleve voxne, fødtes paa Gaarden Huseby i Lier d. 30 September 1815. Hun døde d. 17 Marts 1836 i Frederiksværn under et Ophold hos Søsteren, Sophie Steenstrup.

[1]) Hvor et andet Stedsnavn ikke er anført, er Udgivelsesstedet Christiania.
[2]) Jvfr. Nordisk Konversations-Lexikon 2 Udgave II Side 264 og Bibliothekar Botten-Hansens „La Norvège littéraire" Side 11, 44, 47, 214 & 231.

**6. Amtmand Johan Christian Collett[1]), K. St. O. O., K. D. O., R. N. O., og
Hustru Johanne Christine Collett.**

Amtmand Johan Colletts og Hustru Christiane Birgithe de Stockfleths næst-
yngste Søn, *Johan* Christian, er født paa Faderens Eiendom Huseby i Lier d. 23 Juli
1817 (se foran Side 79). Dimitteret fra Christiania Kathedralskole blev han Student i
1834, tog 2den Examen i Juni 1835 og juridisk Embedsexamen, theoreticum d. $\frac{2}{7}$ 1840
og practicum d. $\frac{2}{1}$ s. A., begge med Laudabilis. Allerede i 1835 blev han ansat i Fi-
nants-Departementet, hvor han i 1843 blev Fuldmægtig og d. $\frac{4}{5}$ 1845 Bureauchef i Af-
delingen for det Indre. Ved Indre-Departementets Oprettelse d. $\frac{1}{7}$ 1846 overflyttedes
han til dette og blev Expeditionssekretær der d. $\frac{27}{12}$ 1849. Den $\frac{5}{8}$ 1854 udnævntes han
til Amtmand i Christians Amt (Bopæl paa Lillehammer) og blev d. $\frac{26}{5}$ s. A. „for for-
tjenstfuld Embedsvirksomhed“ R. St. O. O.[2]). I den første Halvdel af 1857 opholdt
han sig i Kjøbenhavn for paa Norges Vegne at bistaa den derværende svensk-norske
Minister ved Underhandlingerne om Sundtoldens Ophævelse, og udnævntes d. $\frac{3}{4}$ s. A.
til R. N. O. Ligeledes blev han d. $\frac{8}{9}$ næstefter Kommandør af Dannebrog. Den $\frac{23}{2}$ 1859
ansattes Collett som Amtmand i Akershus Amt, forrettede i 1859 og 1860 gjentagne
Gange som konstitueret Generalpostdirektør under den senere Statsraad K. Motzfeldts
Fravær og udnævntes d. $\frac{4}{5}$ 1859 til Formand i Bestyrelsen for de nye Jernbaneanlæg
— Kongsvingerbanen, Hamarbanen og Størenbanen — hvilket Hverv ophørte d. $\frac{13}{7}$ 1863.
I August 1861 var han under Kongens Udenlandsreise Medlem af Interimsregjeringen
og blev d. $\frac{15}{11}$ 1868 udnævnt til K. St. O. O. Amtmand Collett har deltaget i flere
Kgl. Kommissioner, saaledes i Kommissionen for Oprettelse af en polyteknisk Anstalt
(udnævnt d. $\frac{19}{7}$ 1847), i Skydskommissionen (Formand, udnævnt d. $\frac{23}{1}$ 1858) og i Tilsyns-
kommissionen for Aas Landbrugsskole (udnævnt d. $\frac{25}{1}$ 1862). Siden 1860 har han boet
i egen Gaard i Homannsbyen i Christiania.

Collett blev gift i Skouge Præstegjæld d. 4 Juni 1846 med sit Næstsøskende-
barn, *Johanne Christine Collett*, født d. $\frac{1}{9}$ 1822, Datter af den forannævnte Justitsraad
John Collett og Hustru *Marie Christiane Rosen* (se mere om hende nedenfor under
5te Generation No. VII, 3). 2 Døtre:

1. Anna *Christiane*, f. i Christiania d. 30 Marts 1847.
2. *Emma*, f. i Christiania d. 14 Juli 1850.

Ved Broderens, Professor Colletts Død i Slutningen af 1851 tog Amtmand Col-
lett dennes ældste Søn, *Robert*, i Huset.

---

[1]) Se om ham Norsk Forfatterlexikon ved Kraft og Lange Side 141.

[2]) Samtidig fik han Afsked som Ordens-Kancellist, hvortil han var bleven udnævnt ved Ordenens
    Oprettelse d. $\frac{31}{8}$ 1847.

7. Bureauchef Carl Emil Collett.

Amtmand Johan Colletts og Hustru Christiane Birgithe de Stockfleths yngste Søn, *Carl* Emil, er født paa Huseby i Lier d. 19 Juli 1821 (se foran Side 79). Han blev Student 1839, tog Examen philosophicum i Juni 1840 og juridisk Embedsexamen, theoreticum d. ²⁄₅ 1845 og practicum d. ²⁄₇ s. A., begge Afdelinger med Laudabilis. I Begyndelsen af 1846 blev han ansat i Kirke-Departementet, hvor han d. ¹⁄₃ 1853 udnævntes til Fuldmægtig og d. ²⁄₄ 1858 blev Bureauchef i Kontoret for Skole- og Fattigvæsenet. Fra d. 1 August 1856 hár han været Medudgiver af Departements-Tidenden. Bureauchef Collett bor siden 1864 i egen Gaard i Homannsbyen i Christiania. Han er ugift, men har antaget sin Broders, Professor Colletts 3die Søn, *Oscar*, i Søns Sted.

IV. Hoiesteretsassessor Peter Colletts og Hustru Eilertine Severine Bendekes Børn.

1. Elisabeth Christine Collett,

kaldet *Lise*, den ældste af de Børn, der bleve voxne, fødtes d. 31 Januar 1798 i Næs Præstegjeld paa Hedemarken i Morfaderens, Provst og Sognepræst Peter Bendekes Hus (se foran Side 83). Hun har i en Række af Aar boet hos sin Søster, Theodora Dreier, først paa Lolland, men siden 1870 i Kjøbenhavn.

2. Undertoldbetjent Peter Collett og Hustru Christine Stillesen.

Høiesteretsassessor Peter Colletts og Hustru Eilertine Severine Bendekes ældste Søn, *Peter*, fødtes d. 14 Februar 1799 i Christianssand, hvor Faderen dengang var ansat (se Side 82). Han tog Examen artium i 1821 og blev d. 8 August 1829 paa Hassel Verk paa Eker gift med *Christine Stillesen*, født i Drammen d. 17 Januar 1803, Datter af Mægler i Drammen Cand. jur. *Christen Stillesen* og Hustru *Alexandrine Elisabeth Been*. Peter Collett boede paa Hassel Verk indtil 1835, da han blev udnævnt til Undertoldbetjent i Drammens Told-Distrikt. Han er bosat paa den tæt ved Drammen liggende Gaard Nordre *Dannevig*, hvorpaa han fik Skjøde i 1853. Den ⁴⁄₁ 1867 tog han Afsked som Toldbetjent. 3 Sønner, nemlig:

1. *Jonas* Peter Severin, Telegrafintendant, f. d. ¹⁄₉ 1830, g. m. Anna Marie *Due*.
2. *Christen* Stillesen, Cand. philos., Telegrafist, f. d. 7 August 1831.
3. *Alfred*, f. d. ⁴⁄₇ 1840, død som Kjøbmand i Christiania d. ³⁄₁₁ 1870.

3. Anne Cathrine Collett, gift med Overretsprokurator Lorentz Henschien.

Anne Cathrine, Datter af Høiesteretsassessor Peter Collett til Buskerud og Hustru Eilertine Severine Bendeke, født es i Christianssand d. 13 Januar 1801. Den 23 September 1822 blev hun paa Modum gift med Prokurator *Lorentz Henschien*, en Søn af Stiger ved Kongsbergs Sølvverk *H. J. Henschien* og Hustru *Gjertrud Johannesdatter*. Han var født i Sandsvær d. 2 Februar 1786, tog omkring Aaret 1809 dansk juridisk Examen og fik d. § 1813 Bevilling som Prokurator ved alle Over- og Underretter i Akershus Stift. Henschien boede først paa sin Eiendom Hære paa Eker, senere paa en anden ham tilhørende Gaard Myhre i Sandsvær, men i 1839 kjøbte han af Sorenskriver Falsen for 12,000 Spd. den betydelige og smukt bebyggede Gaard *Hoen* paa Eker, og her var han siden bosat til sin Død. Han eiede ogsaa Gaardene Holter og Thorud i Sørum, og alle disse Eiendomme skal han have holdt i udmærket Stand. Ægtefællerne døde begge paa Hoen i 1857, han d. 11 August, hun d. 19 December. De havde havt 4 Børn, 3 Døtre og 1 Søn, men kun denne Sidste, *Hans Peter Henschien*, overlever dem. Han er gift og bor paa Hoen.

4. Ulrikke Charlotte Wilhelmine Collett,

Høiesteretsassessor Peter Colletts og Hustru Eilertine Severine Bendekes næstyngste Datter, er født paa Faderens Eiendom Buskerud d. 19 Februar 1802. Hun er ugift og bor i Christiania.

5. Kvæstor Bernt Anker Collet[1]) til Lundbygaard, R. D. O., og Hustru Emilie Henriette Christence Rørbye.

Bernt Anker, den næstældste af Høiesteretsassessor Peter Colletts og Hustru Eilertine Severine Bendekes Sønner, født es paa Økern ved Christiania d. 8 August 1803 (se foran Side 84). Dimitteret fra Christiania Kathedralskole blev han Student i 1822, tog Examen philosophicum i Juni 1826 og latinsk juridisk Examen, theoreticum d. $\frac{2}{7}$ 1828 og practicum d. $\frac{22}{13}$ s. A., begge med Haud illaudabilis. Han var først ansat i Kirke-Departementet, hvor han blev Fuldmægtig d. $\frac{31}{1}$ 1831 og senere konstitueredes som Bureauchef, men udnævntes d. $\frac{4}{7}$ 1834 til Kvæstor ved Universitetet og blev som saadan ved Kgl. Resol. af $\frac{17}{12}$ 1839 kaldet til Medlem af den Kommission, der skulde føre Overbestyrelsen og Kontrollen med de nye Universitetsbygningers Opførelse.

---

[1]) Kvæstor C. og hans Børn skrive Familienavnet med et „t".

109

Kvæstor Bernt Anker Collet til Lundbygaard, og Hustru Emilie Henriette Christence Rørbye.

Den 25de September 1832 blev han gift med *Emilie Henriette Christence Rørbye*, født i Drammen d. 1 April 1805 og Datter af Magasinforvalter, Overkrigskommissær *Ferdinand Rørbye*, R. D. O., og Hustru *Frederikke Eleonore Cathrine de Stockfleth*. Kvæstor Collet's boede i Pilestrædet i Christiania i egen Gaard (Skjøde fra Major Ugla af ⅛ 1836 for 9500 Spd.). De havde 2 Børn, nemlig:

1. Eilertine Eleonore *(Elna)*, f. d. ¼ 1834, g. m. Kapt.løitn. Thv. *Lund* og † d. ⅑ 1866.
2. *Peter* Ferdinand, f. d. ¼ 1836, Cand. jur., Godseier, g. m. Haralda J. M. *Toft*.

Efter Fasteren, Anne Cathrine Arbo, der døde d. ²⁷⁄₇ 1846 (se foran Side 85), blev Kvæstor Collet Eier af det i Syd-Sjælland beliggende Gods *Lundbygaard*, som i Enkefru Arbo's Testament af ⅖ 1844 var bleven ham tilbuden for en Kjøbesum af 140,000 Rdl. Han besluttede nu at bosætte sig paa denne Herregaard, fik efter Ansøgning d. ¾ 1849 Afsked fra Universitetets Tjeneste og drog om Vaaren 1850 med sin Familie ned til Danmark. Nogen Tid forud — d. ¹²⁄₁₂ 1848 — var han bleven R. D. O. Collet døde paa Lundbygaard d. 2 Februar 1857. Hans Enke døde sammesteds d. 17 April 1868. Ægtefællerne ere bisatte i Hammer Kirke.

---

6. John Collett til Buskerud og Hustru Antonette Johanne Smith.

Den mellemste af Høiesteretsassessor Peter Colletts og Hustru Eilertine Severine Bendekes 5 Sønner, *John*, er født paa Faderens Eiendom Økern ved Christiania d. 2 September 1807 (se Side 84). Han besøgte Agerdyrknings-Seminariet paa Sem i Jarlsberg og dimitteredes derfra d. ³⁄₉ 1830 med Karakteren „Meget Godt". I 1839 udløste han sine Søskende fra Eiendomsretten til Fædrenegodset Buskerud for omtrent 35,000 Spd. og har siden drevet denne Gaard, hvorfra han dog i Aarenes Løb har frasolgt flere Underbrug, saaledes Sætersberg og Sørbraaten, Rypaas og Bakke samt Brevig med Kongssagene — de sidste solgtes 1841 til Landhandler Peder Gregersen for 27,000 Spd. Buskeruds nuværende dyrkede Areal skal dog endnu være meget betydeligt.

Den 25 Marts 1840 blev John Collett paa Stabæk i Bærums Præstegjeld gift med *Antonette Johanne Smith*, født i Drammen d. 15 December 1811 og Datter af Kjøbmand dersteds *Elias Smith* og Hustru *Karen von Cappelen*. Ægtefællerne have 3 Børn, alle fødte paa Buskerud, nemlig:

1. *Cathrinus* Nicolai Arbo, født d. 30 Marts 1841, Civilingeniør.
2. *Albert* Peter Severin, født d. 15 September 1842, Brugseier, Trælasthandler.
3. Karen Elise Theodora, *(Kaja)*, f. d. 17 August 1844, g. m. Løitnant Ole H. J. *Krag*.

7. Theodora Christiane Collett, gift med Carl Peter Frederik Dreier.

Theodora Christiane (kaldet *Dora*), den yngste af Høiesteretsassessor Peter Colletts og Hustru Eilertine Severine Bendekes Døtre, er født paa Hassel Verk paa Eker d. 16 November 1809 (se Side 84).   Hun var en Tid i Huset hos sin Faster, A. C. Arbo paa Lundbygaard i Syd-Sjælland, og blev derfra Vaaren 1842 gift med *Carl Peter Frederik Dreier*, som da var Herregaardens Forvalter.   Han var født d. 3 Marts 1808 i Simested Sogn i Viborg Stift af Forældrene Sognepræst dersteds *Niels Dreier* og Hustru *Thomine Nicoline Reutze*.   Den bekjendte danske Naturforsker, Dr. Salomon Dreier, var hans yngre Broder.   Omtrent samtidig med Brylluppet kjøbte Dreier Eiendommen Glostrup paa Lolland, og her fødtes Børnene *Anna* (f. 1843) og *Salomon* (Student).   Proprietær Dreier blev gjentagne Gange valgt til Medlem af Landsthinget fra Lolland.   I 1870 solgte han Glostrup for 75,000 Rdl. og flyttede med sin Familie til Kjøbenhavn.   Han døde der d. 11 Juli 1871.   Hans Enke eier og bebor et Landsted paa Vesterbro i Kjøbenhavn.

8. Peter Nicolai Arbo Collett og Hustru Nicoline Johanne Marie Nagel.

Peter *Nicolai* Arbo, den næstyngste af Høiesteretsassessor Peter Colletts og Hustru Eilertine Severine Bendekes Børn, fødtes paa Hassel Verk paa Eker d. 4 Novbr. 1811 (se Side 84).   Han blev Student i 1832 og tog Examen philosophicum i Juni 1833.   Den 13 Mai 1839 blev han i Christiania gift med *Nicoline Johanne Marie Nagel*, født paa Kongsvinger d. 24 December 1815 af Forældrene Bataillonslæge *Nicolai Christian Frederik Nagel* og Hustru *Marie Louise Bech*.   Ægtefællerne havde 1 Søn, *William*, født d. ²⁹⁄₃ 1840, Cand. jur. — I Februar 1850 forlod Nicolai Collett Landet og døde kort efter i Paris.

9. Undertoldbetjent Otto Collett og Hustru Vedastine Henriette le Normand de Bretteville.

Høiesteretsassessor Peter Colletts og Hustru Eilertine Severine Bendekes yngste Barn, *Otto*, er født paa Hassel Verk paa Eker d. 5 April 1813 (se Side 84).   Han blev Student 1833, tog 2den Examen i Juni 1834 og underkastede sig latinsk juridisk Examen, theoreticum d. 4 1840, practicum d. ²⁄₁ s. A., begge med Haud illaudabilis.   Kort forud var han kommen ind i Revisions-Departementet, men i 1851 blev han ansat som

Undertoldbetjent i Christiania Tolddistrikt. — Den 22 December 1845 blev han i Christiania gift med *Vedastine Henriette le Normand de Bretteville*, født i Byen Provins i Champagne, Datter af Receveur des contributions directes *Charles le Normand de B.* (af en gammel Adelsfamilie fra Normandie) og Hustru *Amelia Ritter* fra Danzig. Vedastine var en Halvsøster af afdøde Statsraad Bretteville, og var i 1845 i Besøg hos ham. I Ægteskabet fødtes følgende 5 Børn:

1. *Adèle*, f. paa Manglerud i Aker d. ²³⁄₄ 1848, † d. ¼ 1854 i Draveil ved Paris.
2. *Eugène* Beauharnais Ferdinand, f. i Chr.a d. ¼ 1849, Student og Reserveofficier.
3. *Lucie*, f. i Christiania d. ⸝₁₇ 1851, † d. ¼³ 1854 i Draveil.
4. *Marie*, f. paa Solberg i Borre Præstegjeld d. ²⁄₄ 1855.
5. *Charles* Otto de Bretteville, f. sammesteds d. ⁴⁄₀ 1859.

Otto Collett eiede fra 1844—45 en Del af Store Frøen i Aker, fra 1846—49 Manglerud sammesteds, fra 1849—62 Solberg i Borre; siden 1863 er han Eier af Reistad i Asker og siden 1865 af en Gaard i Bernt Ankers Gade i Christiania.

V. Bergraad Christian Ancher Colletts og Hustru Anne Karine Bies Børn.

1. Mariane Collett,

den ældste Datter, fødtes paa Gaarden Vold · i Solums Præstegjeld d. 10 November 1800 (se foran Side 85). Hun var forlovet med daværende personel Kapellan, senere Garnisonspræst og Hofprædikant C. L. Schydtz, men døde i Christiania d. 11 Januar 1822 (begravet paa Akers Kirkegaard d. 19 s. M.). Gravstenens Indskrift slutter saa:

> „Rig paa Ynde, Kundskab, Dyd
> I alle Forhold blid og fattet,
> Din Brudgoms Alt, din Kredses Fryd —
> Dit Savn er tungt og uerstattet".

---

2. Johanne Benedicte Collett, gift med Biskop Peter Christian Hersleb Kjerschow, R. N. O.

Johanne Benedicte, Bergraad Colletts næstældste Datter, fødtes d. 14 Januar 1802 paa Gaarden Vold i Solums Præstegjeld. Fra Faderens Eiendom Taasen i Aker blev hun d. 27 Oktober 1820 gift med residerende Kapellan sammesteds *Peter Christian Hersleb Kjerschow*, født i Rødø Præstegjeld d. 29 Juni 1786 af Forældrene Sognepræst (senest til Brønø) *Rasmus Sundt Kjerschow* og Hustru *Benedicte Marie Hersleb*.

Han blev Student fra Trondhjems Skole 1804, tog theologisk Embedsexamen med Lau-
dabilis i 1808, ansattes d. ⁴⁄₁ 1810 som Lærer ved det norske Landkadetkorps, blev
d. ²²⁄₁₂ 1814 residerende Kapellan for Akershus Slotsmenighed samt Akers Præstegjeld
og udnævntes d. ⁶⁄₂ 1823 til Sognepræst i Aker og Oslo. Den ₁⁄₁₀ 1830 blev han Biskop
i Nordland og Finmarken (Bopæl i Tromsø), udnævntes d. ²⁸⁄₉ 1832 til geistligt Medlem
af Nordstjerne-Ordenen og forflyttedes d. ⁶⁄₂ 1848 til Bispestolen i Bergens Stift, fra
hvilken Stilling han erholdt Afsked i Naade d. ²⁸⁄₁₁ 1857. — Ægtefællerne havde 7 Børn,
af hvilke følgende 5 bleve voxne: 1) *Christian* Collett K., f. 1821, Stiftamtmand i Tromsø
Stift, g. m. Adelaide *Esbensen*; 2) *Marie*, g. m. Konsul Andreas *Aagaard* i Tromsø;
3) *Mariane*, ugift; 4) *Caroline*, g. m. Konsul Jacob *Michelsen* i Bergen; 5) *Erasmus*
Theodor, f. 1833, Høiesteretsadvokat, g. m. Anna *Aagaard*. — Bispinde Kjerschow døde
i Bergen d. 3 December 1851, og 15 Aar efter — d. 24 November 1866 — døde Kjer-
schow sammesteds, 80 Aar gammel. Om nogle Smaaskrifter af ham se Norsk Forfatter-
lexikon Side 340.

3. Løitnant Tharald Einar Collett, gift med 1) Maren Tandberg, 2) Anne Margrethe Larsdatter.

Tharald Einar, Bergraad Christian Colletts og Hustru Anne Karine Bies eneste
Søn, fødtes paa Vold i Solums Præstegjeld d. 23 November 1804 (se Side 85). Den
⁴⁄₁ 1825 udnævntes han til Sekondløitnant ved Trondhjemske Infanteribrigade, men fik
ved Kgl. Resol. af ⁸⁄₂ 1830 Tilladelse til for et Aar at staa surnumerær i Brigaden,
hvilken Tilladelse senere forlængedes til 1 April 1832, dog saaledes, at han i den Tid
efter nærmere Bestemmelse skulde gjøre Tjeneste i Christiania Garnison. Den ⁵⁄₁ 1832
erholdt han efter Ansøgning Afsked i Naade fra Tjenesten. Han blev gift i Christiania
i 1842 (?) med *Maren Tandberg* og bosatte sig derpaa i Drammen, hvor hans Hustru
efter et Par Aars Ægteskab døde. De havde ingen Børn. Mange Aar senere blev
han gift paa Kongsberg med *Anne Margrethe Larsdatter*. Ægtefællerne, der ere bosatte
paa Bergstaden, have en Datter, Einarda *Margrethe* Pernille Anker Collett, f. d. ₁⁄₁₀ 1859.

4. Kaja Marthine Christine Collett.

Bergraad Christian Colletts og Hustru Anne Karine Bies yngste Barn, *Kaja*, er
født paa Gaarden Vold i Solums Præstegjeld d. 4 Februar 1812. Hun er ugift og bor
i Bergen.

VI. Løitnant Christopher Colletts og Hustru Anne Cathrine Arbo's Søn,

Kjøbmand Herman Christian Collett, gift med 1) Louise Arveskoug, 2) Elisabeth Helene Holter.

Af Løitnant Christopher Colletts 5 Børn (se foran Side 87) har alene Sønnen Herman *Christian* naaet voxen Alder. Han er født i Drammen d. 14 Marts 1807 og driver Forretninger som Kjøbmand og Skibsreder i denne sin Fødeby. Her var han fra d. $\frac{3}{5}$1 1848 til d. $\frac{22}{7}$ 1853 Branddirektør og har siden 1869 fungeret som Administrator ved Byens Bankafdeling.

Den 17 September 1830 blev han i Skouge Præstegjeld gift med *Louise Arveskoug*, født d. 18 Juli 1808 og Datter af Kjøbmand, senere Proprietær i Skouge *Ulrik Frederik Arveskoug* og Hustru *Barbara Kirkgaard*. 4 Børn, alle fødte i Drammen, nemlig:

1. *Anna* Cathrine Elisabeth, f. d. $\frac{1}{8}$2 1832, g. m. Kompagnichirurg S. Daniel *Schiøtz*.
2. *Wilhelmine* Louise, f. d. $\frac{1}{3}$1 1834, g. m. Distriktslæge Morten Andreas L. *Aabel*.
3. *Christopher*, f. d. $\frac{12}{7}$ 1835, Student, død d. $\frac{21}{9}$ 1864.
4. *Christiane*, f. d. $\frac{1}{9}$2 1837, g. m. praktiserende Læge Poul Høy *Blich*.

Christian Colletts 1ste Hustru døde i Drammen d. 3 Marts 1843. Han blev anden Gang — d. 20 August 1845 i den nævnte By — gift med *Elisabeth Helene Holter*, født i Drammen d. 12 Mai 1821, Datter af Toldkontrollør dersteds *Ivar Holter* og Hustru *Wilhelmine Margrethe Rode* og død i sin Fødeby d. 8 Januar 1852. Af dette 2det Ægteskab har Collett følgende 3 Børn:

1. *Louis*, f. i Drammen d. 20 Mai 1846, Kjøbmand.
2. *Margrethe*, f. i samme By d. 30 Januar 1849.
3. *Elise*, f. sammesteds d. 2 Januar 1852.

VII. Kommitteret i Toldkammeret, Justitsraad John Colletts og Hustru Marie Christiane Rosens Børn.

1. Nicoline Collett,

den Ældste af Børnene, er født d. 2 December 1818 i Kjøbenhavn, (se Side 88). Fra sin Konfirmation var hun i Huset hos Fasteren, Anne Cathrine Arbo paa Lundbygaard, men har siden dennes Død i 1846 boet paa Moderens nuværende Eiendom Gulskoven ved Drammen.

2. Minister Peter Collett, Kammerherre, R. St. O. O., R. D. O., Stk. pers. S. & L. O.

Justitsraad John Colletts og Hustru Marie Christiane Rosens eneste Søn, *Peter*, fødtes i Kjøbenhavn d. 30 Mai 1820. Han gik i Drammens lærde Skole og dimitteredes derfra til Universitetet, hvor han tog Artium i 1836, 2den Examen i Juni 1837 og latinsk juridisk Examen, theoreticum d. $\frac{12}{6}$ 1840 og practicum d. $\frac{15}{7}$ 1844, begge med Laudabilis. I 1841 blev han ansat i Kirke-Departementet, men valgte senere den diplomatiske Karriere og udnævntes d. $\frac{14}{11}$ 1845 til 2den Sekretær i Udenrigs-Kabinettet i Stockholm. Aaret efter blev han ved sin Fasters, A. C. Arbo's Død Eier af det i Præstø Amt i Syd-Sjælland beliggende Gods *Oremandsgaard*, der i den Afdødes Testament af $\frac{20}{9}$ 1844 var bleven ham tilbuden for en Kjøbesum af omtrent 134,000 Rdl. (se Side 85). Paa Godset, hvis samlede Ager og Eng udgjorde 281 Tønder Hartkorn, fandtes imidlertid ingen Hovedbygning, og Peter Collett var aldrig bosat der.

Den $\frac{7}{8}$ 1848 blev han R. D. O., gik i 1853 som Legationssekretær til Wien og forflyttedes i 1855 i samme Egenskab til St. Petersburg. Den $\frac{16}{4}$ 1856 udnævntes han til Kammerherre og blev d. $\frac{2}{2}$ 1857 R. St. O. O. „for fortjenstfuld Embedsvirksomhed". Sommeren 1859 blev han derpaa udnævnt til Envoyé extraordinair & Ministre plenipotentiair ved Hoffet i Konstantinopel, og samme Aar fik han Storkorset af den persiske Solens og Løvens Orden i Anledning af en afsluttet Traktat mellem de forenede Riger og Persien.

Minister Collett døde i Constantinopel d. 2 August 1860 (begravet i Kjøbenhavn). Oremandsgaard, hvis Værd i de senere Aar var steget betydeligt, solgtes af hans Arvinger til Grosserer A. Hage for omkr. 420,000 Rdl. Se om P. Collett Norsk Forfatterlexikon Side 141.

3. Johanne Christine Collett, gift med Amtmand Johan Christian Collett.

Johanne Christine (kaldet *Hanne*), den Yngste af Justitsraad John Colletts og Hustru Marie Christiane Rosens Børn, er født i Kjøbenhavn d. 19 Februar 1822 (se Side 88). Hun var indtil 1837 i en Pension i sin Fødeby, kom derpaa til Moderens nye Hjem, Gulskoven ved Drammen og blev derfra d. 4 Juni 1846 gift med den Side 106 nævnte Amtmand *Johan Christian Collett*, til hvem man forøvrigt henviser.

6te Generation.

I. Justitssekretær Johan Colletts og Hustru Marie Frederikke Thomassons Søn,

Frederik Jonas Lucian Bothfield Collett,

er født i Christiania d. 25 Marts 1839 (se S. 99). Han gjennemgik sin Fødeby's lærde Skole, men valgte derefter at gaa Kunstnerbanen, og har nu — for en Del under Veiledning af Professor Gude — uddannet sig som Landskabs- og Marinemaler. I de senere Aar har han hovedsagelig opholdt sig i Udlandet, navnlig i Düsseldorf og Kjøbenhavn.

II. Justitssekretær Tom John Colletts og Hustru Marthine Christine Sophie Colletts Børn.

1. Johanne Christiane Collett, gift med Civilingeniør Jens Theodor Paludan Vogt.

Johanne Christiane, Justitssekretær T. J. Colletts eneste Datter, er født i Christiania d. 4 Mai 1833 (se Side 101). Den 12 December 1863 blev hun i sin Fødeby gift med Ingeniør *Jens* Theodor Paludan *Vogt*, en Søn af Sognepræst til Eidsvold *Nils Nilsen Vogt* (f. 1798, † 1869) og Hustru *Petronelle Andrea Petersen* (f. 1805, † 1843): Jens Vogt er født d. 23 September 1830 paa Eker, hvor Faderen da var residerende Kapellan. Efterat have uddannet sig i Ingeniørvæsenet paa polytekniske Læreanstalter i Gøtheborg, Hannover og Carlsruhe blev han ved Hjemkomsten til Fædrelandet i 1853 ansat som Assistent ved Statens Veivæsen, men gik snart efter over i en lignende Stilling ved Kanalvæsenet, hvor han efter nogle Aars Forløb blev Arbeidsbestyrer, en Post, han fremdeles beklæder. Ved Kgl. Resol. af $\frac{2}{6}$7 1860 tilstodes der ham „for et Tidsrum af indtil 1 Aar et maanedligt Tilskud af 25 Spd. for under en Reise i Europa og Amerika yderligere at uddanne sig som Ingeniør og navnlig som Vandbygger". Uden at benytte dette Stipendium besøgte han derpaa i Løbet af 1861 de nordamerikanske Fristater og Canada samt England, Frankrige og Tydskland, og i 1866 reiste han med offentligt Stipendium til Udstillingen i Stockholm. — 6 Børn, hvoraf følgende 5 leve: 1) *Nils* V., f. d. $\frac{2}{9}$4 1864; 2) *Valborg* Marthine, f. d. $\frac{3}{5}$0 1866; 3) Petra *Marie*, f. d. $\frac{2}{4}$3 1869; 4) *Johanne* Eleonore, f. d. $\frac{2}{1}$9 1870; 5) *Tom* John Collett, f. d. $\frac{2}{8}$7 1872.

2. Distriktslæge Thomas Collett og Hustru Sine Kobro.

Thomas, Justitssekretær Tom John Colletts og Hustru Marthine Colletts eneste Søn, er født i Christiania d. 6 Januar 1835, faa Uger før Faderens Død (se foran Side 101). Han blev Student i 1855, tog Examen philosophicum i December 1856 og medicinsk Embedsexamen med Haud illaudabilis d. $\frac{19}{12}$ 1862. Strax efter sin Examen fik han Ansættelse som Læge under Vinterfisket i Finmarken og blev d. $\frac{25}{2}$ 1863 udnævnt til Distriktslæge i Ytre Nordhordlands Distrikt, hvor han bebor eget Hus i Lindaas Præstegjeld, 3 Mile nordenfor Bergen.

Den 19 September 1864 blev han i Mangers Præstegjeld gift med *Sine Kobro*, født i Hosanger d. 20 September 1843, Datter af Sognepræst til Manger *Isak Lange Kobro* og Hustru *Ervine Andrea Henriette Essendrop* (en Søster af Statsraad E.) 3 Sønner og 1 Datter, alle fødte i Lindaas, nemlig: 1) *Jonas* Martin, f. d. $\frac{14}{10}$ 1865; 2) *Isak* Kobro, f. d. $\frac{19}{1}$ 1867; 3) *Ervine*, f. d. $\frac{17}{10}$ 1868; 4) *Tom* John, f. d. $\frac{26}{8}$ 1871.

III. Professor Peter Jonas Colletts og Hustru Jacobine Camilla Wergelands Børn.

1. Cand. philos. Robert Collett.

Professor Colletts ældste Søn, *Robert*, er født i Christiania d. 2 December 1842. Efter Faderens Død (se foran Side 103) kom han i Huset hos sin Onkel, Amtmand Johan Collett, og blev i 1861 fra Nissens Skole i Christiania dimitteret til Universitetet, hvor han samme Aar tog Examen artium og i December 1862 Examen philosophicum. Han studerede først Jurisprudents, men forlod i 1868 dette Studium for at studere Zoologi og har dels særskilt, dels i flere inden- og udenlandske Tidsskrifter og Blade (oftere anonymt) udgivet adskillige Arbeider og Opsatser af zoologisk Indhold[1]). I 1864 reiste

[1]) Heriblandt følgende: I „Nyt Magazin for Naturvidenskaberne": i B. 13, 1864: Oversigt af Christiania Omegns ornithologiske Fauna; i B. 14, 1865: Zool.-botan. Observationer fra Gudbrandsdalen og Dovre; i B. 15, 1866: Do. fra Hvaløerne; i B. 18, 1871: Ornithol. Bemærkninger til Norges Fauna. I „Forhandl. i Vidensk. Selskabet i Christiania", Aarg. 1868: Norges Fugle og deres geographiske Udbredelse i Landet (i Uddrag indført i „Journ. für Ornithologie" B. 17 af Droste-Hülshoff); Aarg. 1871: *Lycodes Sarsii*, n. sp. ex ordine gadoideorum anacanthinorum descr.; Aarg. 1872: Slægten *Latrunculus* og dens nordiske Arter. Ornith. Iagttagelser fra Nordland og Vestfinmarken. I „Bericht über die 18te Versamml. der deutschen Ornith.-Gesellsch., Münster 1871": Stationäre u. theilweise überwinternde Vögel Norwegens. I „Proceedings of the Zool. Soc. of London" 1871: On the assymetry of the skull in *Nyctala tengmalmi*. I „Statistisk Årbog for Kongeriget Norge", af Dr. O. J. Broch, 1871: Oversigt over Norges vigtigste Hvirveldyr. (Jvfr. Bibliothekar Botten-Hansens „La Norvège littéraire" S. 149 & 231).

han med Universitets-Stipendium i Egnen omkring Gudbrandsdalen før at foretage zoologiske og botaniske Undersøgelser, og i 1865, 1871 og 1872 fik han lignende Understøttelser til naturvidenskabelige Reiser, henholdsvis paa Hvaløerne, i Nordre Trondhjems Amt og i Vest-Finmarken. I 1869 blev han Medlem af „Deutsche Ornithologen-Gesellschaft" i Berlin; i 1870 optoges han som Medlem af „Kais. Kgl. zool.-botan. Verein" i Wien, og i 1871 af Videnskabsselskabet i Christiania. Siden 1872 har han været Prof. Raschs Amanuensis og Assistent ved Universitetets zoologiske Musæum.

2. Cand. jur. Alf Collett og Hustru Mathilde Sophie Kallevig.

Professor Peter Jonas Colletts og Hustru Camilla Wergelands næstældste Søn, *Alf*, er født den 8 August 1844 paa Eidsvolds Præstegaard, hvor Moderen dengang var i Besøg hos sin Fader, Provst Nicolai Wergeland (se foran Side 103). I 1861 blev han fra Christiania Kathedralskole dimitteret til Universitetet, hvor han samme Aar blev Student og i Juni 1862 underkastede sig Examen philosophicum. Den $\frac{11}{12}$ 1867 tog han juridisk Embedsexamen med Laudabilis og kom d. $\frac{1}{4}$ 1868 ind i Marine- og Post-Departementets Expeditionskontor for Marineafdelingen, hvor han fremdeles er ansat.

Han blev gift i Christiania d. 14 December 1871 med *Mathilde* Sophie *Kallevig*, født i Arendal d. 31 August 1845, eneste Datter af Dispachør i denne By, Cand. jur. *Waldemar Kallevig* (f. 1814, † 1866) og Hustru *Hanna Juell* (f. 1819, † 1870).

3. Cand. jur. Oscar Collett, 2den Sekretær i Udenrigs-Kabinettet, R. D. O.

Oscar, den næstyngste af Professor Peter Jonas Colletts og Hustru Camilla Wergelands 4 Sønner, er født i Christiania d. 23 December 1845. I 1855 kom han i Huset hos sin Farbroder, Bureauchef Carl Collett (se Side 107) og blev i 1863 fra Nissens Institut dimitteret til Universitetet, hvor han samme Aar tog Examen artium. Den følgende Sommer gjennemgik han et Kursus til Uddannelse af Reserveofficerer, efter hvis Tilendebringelse han d. $\frac{9}{8}$ 1864 blev ansat som Sekondløitnant uden fast Løn i 2den akershusiske Infanteribrigade. I December s. A. tog han Examen philosophicum og underkastede sig i December 1869 juridisk Embedsexamen med Haud illaudabilis, hvorefter han i nogen Tid arbeidede som Volontør i et Departement. Den $\frac{1}{7}$ 1870 blev han ansat som Attaché ved Gesandtskabet i Kjøbenhavn, udnævntes d. $\frac{1}{7}$ 1872 til 2den Sekretær ved Udenrigs-Kabinettet i Stockholm og blev d. $\frac{29}{9}$ s. A. Ridder af Dannebrog.

4. Civilingeniør Emil Collett.

Den yngste af Professor Peter Jonas Colletts og Hustru Camilla Wergelands Sønner, *Emil*, er født i Christiania d. 30 August 1848. Høsten 1865 fulgte han med Moderen til Stockholm, hvor han sattes i den polytekniske Læreanstalt. Her uddannede han sig som Civilingeniør og fik efter endt Kursus i 1869 Ansættelse ved en større teknisk Bedrift paa Skutskär i Nærheden af Gefle. Vaaren 1870 kom han tilbage til Christiania, hvor han d. $\frac{2}{5}$ s. A. blev antaget som Volontør ved Statens Jernbaneanlæg. I Juli 1871 blev han fast ansat som „Assistent" ved disse Anlæg.

IV. Amtmand Johan Christian Colletts og Hustru Johanne Christine Colletts Børn.

1. Anna Christiane Collett

er født i Christiania den 30te Marts 1847 (jevnfør foran Side 106).

2. Emma Collett

er født i Christiania den 14de Juli 1850 (jevnfør foran Side 106).

V. Undertoldbetjent Peter Colletts og Hustru Christine Stillesens Børn.

1. Telegrafintendant Jonas Peter Severin Collett og Hustru Anna Marie Due.

Jonas Peter Severin, den ældste af Sønnerne, er født d. 10 Mai 1830 paa Bedstefaderens, Assessor Colletts Eiendom Hassel Verk i Ekers Præstegjeld (se foran Side 107). Han blev Student i 1849, tog Examen philosophicum i December 1850 og studerede en Tid Mineralogi, i hvilken Anledning han i 1851 fik Universitets-Stipendium for at foretage en geognostisk Reise i Egnen om Røraas. I 1855 ansattes han som Telegrafinspektør og Stationsbestyrer i Christiania Telegrafdistrikt, og i 1869 blev han Telegrafintendant.

Den 10 Oktober 1867 blev han i Lillesand **gift** med *Anna* Marie *Due,* født i Flekkefjord d. 11 April 1839 og Datter af Overtoldbetjent i Lillesand *Carsten Schjødt Due* og Hustru *Magdalene Marie Buck.*

2. Cand. philos. Christen Stillesen Collett,

den mellemste af Toldbetjent Peter Colletts og Hustru Christine Stillesens 3 Sønner, er født paa Hassel Verk paa Eker d. 7 August 1831. Han tog Examen artium i 1849 og Examen philosophicum i Juni 1851, men gik senere ligesom den ældre Broder over til Telegrafvæsenet og er for Tiden ansat ved Hovedstadens Telegrafstation. Fra 1869 til Foraaret 1872 var han konstitueret Inspektør og Stationsbestyrer i Christiania Telegrafdistrikt. Ugift.

3. Kjøbmand Alfred Collett, Cand. philos.

Alfred, den yngste af Toldbetjent Peter Colletts og Hustru Christine Stillesens Sønner, födtes i Drammen, d. 11 Juli 1840 (se Side 107). Han blev Student i 1858, tog Examen philosophicum i December 1859 og studerede derpaa Filologi, men besluttede at gaa over til Handelen og blev senere Kompagnon i Firmaet „Otto Pay & Co:", hvis Forretninger i Christiania han bestyrede. Kun 30 Aar gammel døde han pludselig i den nævnte By d. 2 November 1870 som Følge af et Fald fra Hesten. 14 Dage forud var han bleven forlovet med sin Kusine *Anna Dreier* (se Side 110).

VI. Kvæstor Bernt Anker Collets og Hustru Emilie Henriette Christence Rørbye's Børn.

1. Eilertine Eleonore Collet, gift med Kapteinløitnant i Marinen Thorvald Lund, R. S. O., R. Æ. L.

Kvæstor Collets eneste Datter, Eilertine Eleonore, kaldet *Elna,* födtes i Christiania d. 11 April 1834 (se Side 109). 16 Aar gammel kom hun med sine Forældre til Lundbygaard i det sydlige Sjælland, og derfra blev hun d. 10 November 1863 gift med daværende Premierløitnant i den norske Marine, *Thorvald Lund,* en Søn af Kjøbmand i Frederikshald *Anders Lund* og Hustru *Anne Cathrine Brandt.* Efter et henved 2 Aars Ophold i Kjøbenhavn flyttede Ægtefællerne Høsten 1865 op til Christiania, hvor de bosatte sig, og her fødtes Datteren *Elna* d. 12 Januar 1866. En Uge efter afgik Moderen ved Døden, d. 19 s. M. Hun blev bisat i Hammer Kirke ved Lundbygaard.

Thorvald Lund er født i Frederikshald d. 19 Marts 1825, blev Sekondløitnant i Marinen d. 1/4 1845, Premierløitnant d. 2/3 1857 og Kapteinløitnant d. 11/3 1865. J Februar 1855 udnævntes han til R. Æ. L. og i 1868 blev han R. S. O. Siden 1/3 1870 har han gjort Officiers-Tjeneste i Marinens Stab.

---

2. Peter Ferdinand Collet til Lundbygaard og Rønnebæksholm, gift med Haralda Judithe Margrethe Toft.

Peter Ferdinand, Kvæstor Bernt Anker Collets og Hustru Emilie Henriette Christence Rørbye's eneste Søn, er født i Christiania d. 7 Mai 1836 (se foran Side 109). I ung Alder kom han ned til Danmark, hvor Faderen var bleven Eier af Herregaarden *Lundbygaard* i Hammer Sogn, Præstø Amt, og i 1854 blev han Student ved Kjøbenhavns Universitet. Aaret efter tog han der Examen philosophicum, og i 1862 underkastede han sig fremdeles latinsk juridisk Examen med Laudabilis. Han overtog derpaa Eiendommen Lundbygaard, hvor han har udført omfattende Byggeforetagender og tidsmæssige Forbedringer. Godset udgjør 271 Tdr. Hartkorn i Ager og Eng.

Den 17 November 1863 blev han paa Gammelkjøgegaard (et Stamhus i Nærheden af Kjøge) gift med *Haralda* Judithe Margrethe *Toft*, der bragte ham den nær ved Næstved beliggende Herregaard *Rønnebæksholm*, den samme, som 100 Aar tilbage i Tiden var i Collett-Familiens Eie (se Side 41 og 45). Haralda Toft er født paa Rønnebæksholm d. 17 Februar 1842, Datter af Godseier, Cand. jur. *Harald Peter Nicolai Toft* og Hustru *Anne Marie Elise Carlsen* fra Gammelkjøgegaard[1]).

Collets have siden boet afvexlende paa Lundbygaard og Rønnebæksholm, der ligge omtrent 1½ Mil fra hinanden. 3 Børn, alle fødte paa sidstnævnte Herregaard, nemlig: 1) *Holger* Peter Harald, f. d. 2/8 1864; 2) *Marie* Emilie Jutta Francisca, f. d. 2/3 1866; 3) *Emilie* Haralda Eleonore Emmy, f. d. 2/6 1869.

VII. John Colletts og Hustru Antonette Johanne Smiths Børn.

1. Civilingeniør Cathrinus Nicolai Arbo Collett,

den Ældste af Børnene, er født paa Faderens Eiendom Buskerud d. 30 Marts 1841 (se foran Side 109). Fra 1859 til 1864 uddannede han sig i Ingeniørfaget ved den polytek-

---

[1]) Harald Toft kjøbte d. 4/6 1840 Rønnebæksholm af Kammerraad Grüner for 135,000 Rdl., og det følgende Aar foretog han en fuldstændig Restauration af Hovedbygningen. Han døde før Datterens Fødsel d. 22/7 1841. Enken, der senere blev gift med Biskop Grundtvig, døde d. 9/7 1854.

niske Skole i Hannover, var derefter et Aars Tid Assistent ved et privat Jernbanean-
læg i Skaane og gjorde fra 1865 til 1867 Tjeneste som Ingeniør ved Statsjernbanerne
i Würtemberg. I 1867 kom Cathrinus Collett tilbage til Norge, hvor han samme Som-
mer fik Ansættelse — først som Assistent, senere (fra 1869) som Sektionschef — ved
de norske Statsjernbaneanlæg, men Vaaren 1872 modtog han privat Engagement ved
Anlægget af Bergslagsbanen i Sverige, og der er han for Tiden ansat.

2. Brugseier og Trælasthandler Albert Peter Severin Collett.

Albert Peter Severin, yngste Søn af John Collett til Buskerud og Hustru An-
tonette Johanne Smith, er født paa Buskerud Gaard d. 15 September 1842. I ung
Alder kom han paa Kontoret hos et Trælasthus i Christiania og blev i 1868 Medinter-
essent i „Salsbrugets Interessentskab", der i de senere Aar har drevet en større Træ-
lasthandel og Sagbrugsvirksomhed i Namdalens Fogderi, hvor dets Skove ere beliggende
— dels i Fosnæs, dels i Lekø Præstegjeld. Det egentlige Salsbrug, hvortil hører Gaar-
den Mo, ligger ved Udløbet af Salsvandet. I 1871 blev Collett Eneeier af dette Brug
med tilhørende Skove, og i Kolvereids Præstegjeld i Namdalen har han derhos kjøbt
de 2de Oplø-Gaarde samt Gaarden Lillekvisten. Han er bosat paa Oplø.

3. Karen Elise Theodora Collett, gift med Premierløitnant i Artilleriet Ole Herman Johannes-Krag.

Karen Collett (kaldet *Kaja*), de Foregaaendes Søster, er født paa Buskerud d. 17
August 1844 og blev derfra d. 4 Juni 1870 gift med Premierløitnant *Ole* Herman Johan-
nes *Krag*, en Søn af Provst og Sognepræst til Eidsvold, *Hans Peter Schnitler Krag* og
Hustru *Hermana Thomine Rogneby*. Krag er født i Vaage Præstegjeld d. 7 April 1837,
blev d. $\frac{13}{8}$ 1857 Sekondløitnant i 1ste akershusiske Infanteribrigade og fungerede i Tids-
rummet fra 1858-61, først som Volontør siden som Assistent, ved Statens Veivæsen; udnævn-
tes til Premierløitnant i Brigaden d. $\frac{3}{7}$ 1861, tog i 1863 Høiskoleexamen og blev d. $\frac{1}{7}$ 1864
Sekondløitnant i Artilleribrigaden med Bibehold af Officiersanciennitet og med Tilladelse
til at henstaa 1 Aar surnumerær i Brigaden. Han overtog derpaa som Entreprenør
endel Bro- og Planeringsarbeider ved Drammen-Randsfjords-Jernbaneanlægget og senere
sammen med en Civilingeniør Bygningen af en Skraajernbane fra Jarlsbergs Zinkverk
til Dramselven; beordredes i Oktober 1866 til Kongsbergs Vaabenfabrik som Kontrol-
officierselev; fungerede fra Marts 1868 til Juli 1869 som Kontrolofficier ved Hovedar-
senalets Geværforandrings-Verksted i Christiania; udnævntes d. $\frac{2}{7}$ 1869 til Premierløit-

nant i Artilleriet, og blev i Juli 1870 Kontrolofficier ved Vaabenfabrikken paa Kongsberg. Han har erhvervet sig et Navn som Opfinder af flere sindrige Geværkonstruktioner, hvorpaa han har taget Patent. — 1 Søn, *Herman* Anton John Krag, født paa Kongsberg d. $\frac{1}{3}^6$ 1871.

VIII. Peter Nicolai Colletts og Hustru Nicoline Johanne Marie Nagels Søn,

Cand. jur. William Collett,

er født i Christiania d. 29 Marts 1840 (se foran Side 110). Efterat have gjennemgaaet sin Fødeby's lærde Skole blev han Student i 1857, tog Examen philosophicum i December 1858 og underkastede sig juridisk Embedsexamen med Haud illaudabilis d. 21 December 1863. Den 1 April 1865 ansattes han i Marine- og Post-Departementets Afdeling for Marinen, men gik Sommeren 1870 over til samme Departements Postafdeling.

IX. Undertoldbetjent Otto Colletts og Hustru Vedastine Henriette le Normand de Brettevilles Børn.

1. Reserveløitnant Eugène Beauharnais Ferdinand Collett,

den Ældste af de Børn, som have naaet voxen Alder, er født i Christiania d. 15 Juli 1849 (se foran Side 111). Fra Nissens Institut blev han i 1868 dimitteret til Universitetet, hvor han samme Aar tog Examen artium. Den $\frac{4}{7}$ 1869 ansattes han efter aflagt Reserveofficiers-Prøve som Sekondløitnant uden fast Aflønning ved 2den akershusiske Infanteribrigade og tog i December s. A. Examen philosophicum ved Universitetet. Studerer Jurisprudents.

---

2. Marie Collett.

Undertoldbetjent Otto Colletts eneste gjenlevende Datter, *Marie*, er født paa Faderens Eiendom Solberg i Borre Præstegjeld d. 24 Juli 1855.

---

3. Charles Otto de Bretteville Collett,

de Foregaaendes Broder, er født paa Gaarden Solberg i Borre d. 30 Mai 1859 (jevnfør foran Side 111).

X. Løitnant Tharald Einar Colletts og Hustru Anne Margrethe Larsdatters Barn,

Einarda Margrethe Pernille Anker Collett,

er født paa Kongsberg d. 4 Oktober 1859 (se foran Side 112). I August 1862 blev hun ved Omsorg af Nicoline Collett, (se 5te Generation VII, No. 1), sat i Huset hos Pastor Marcus Wøldike i Skivum Sogn, Jylland, hvor hun er bleven opdraget.

XI. Kjøbmand, Skibsreder Christian Colletts og Hustru a) Louise Arveskougs, b) Elisabeth Helene Holters Børn.

1. Anna Cathrine Elisabeth Collett, gift med Kompagnichirurg Sören Daniel Schiötz.

Den Ældste af Kjøbmand Christian Colletts Børn, *Anna* Cathrine Elisabeth, er født i Drammen d. 12 Juni 1832. Den 26 Juli 1855 blev hun i sin Fødeby gift med Søren *Daniel Schiøtz*, en Søn af Foged i Jæderen og Dalerne *Søren Daniel Schiøtz* og Hustru *Charlotte Petronelle Rosenkilde*. Han var født i Stavanger Juleaften 1828, blev Student i 1846, tog 2den Examen i December 1847 og medicinsk Embedsexamen med Laudabilis d. $\frac{14}{15}$ 1852. Han praktiserede nu en Tid i Bærum, men flyttede Høsten 1855 til Kongsvinger, og her fik han Tilladelse til at forblive boende, ogsaa efterat han d. $\frac{21}{3}$ 1862 var bleven udnævnt til Kompagnichirurg i trondhjemske Brigade. Den $\frac{6}{3}$ 1863 forflyttedes han som Kompagnichirurg til Hovedstationen og gjorde fra Juli s. A. Tjeneste som Læge ved den norske Garde i Stockholm. Ved den dansk-tydske Krigs Udbrud søgte han Permission og drog d. $\frac{4}{2}$ 1864 ned til Danmark, hvor han blev ansat ved Hovedlazarettet paa Als. Her paadrog han sig ved Overanstrængelser en Gigtfeber, der hurtigt endte hans Liv d. 7 Marts 1864. Han blev begravet paa Augustenborgs Kirkegaard. — Ingen Børn. — Hans efterladte Ægtefælle har senere hovedsageligen boet i Christiania, dog med et Par længere Ophold i Paris, hvor hun har uddannet sig i musikalsk Retning.

---

2. Wilhelmine Louise Collett, gift med Distriktslæge Morten Andreas Leigh Aabel.

Wilhelmine Louise, (kaldet *Mina*), Kjøbmand Christian Colletts næstældste Datter, er født paa Strømsø d. 11 Mai 1834 og blev gift i Lands Præstegjeld d. 28 Decbr.

1857 med Morten *Andreas* Leigh *Aabel*, en Søn af Provst og Sognepræst til Land *Peder Pavels Aabel* og *Margrethe Engelke Magdalene Leigh.* Aabel er født i Sogndals Præstegaard d. 10 Februar 1830, blev Student fra Christiania Kathedralskole i 1848, tog 2den Examen i December 1849 og medicinsk Embedsexamen med Haud illaudabilis d. ⅜ 1856, var i 1857 konstitueret Distriktslæge i Vestfinmarken og praktiserede siden et halvt Aars Tid i Solør, men nedsatte sig i 1858 i Næs paa Øvre Romerike. Den ⅙ 1864 udnævntes han til Distriktslæge i Indre Søndfjords Distrikt, hvor han er bosat i Førde. Han har udgivet „Riimstubber" (1862) samt nogle Sange og Smaadigte; se Norsk Forfatterlexikon Side 1. 7 Børn, 4 Sønner og 3 Døtre.

3. Christopher Collett,

Kjøbmand Christian Colletts eneste Søn i Ægteskabet med Louise Arveskoug, fødtes i Drammen d. 2 December 1835. I 1853 blev han fra Drammens lærde Skole dimitteret til Universitetet, hvor han samme Aar tog Examen artium med Laudabilis. Efter i lang Tid at have lidt af Lamhed døde han i sin Fødeby d. 21 September 1864.

4. Christiane Collett, gift med praktiserende Læge Poul Høy Blich.

Christiane, de Foregaaendes Søster, er født i Drammen d. 12 September 1837 og blev der i Oktober 1856 gift med *Poul Høy Blich*, en Søn af Oberst *Jens Christian Blich* og Hustru *Severine Elisabeth Nicoline Hedahl.* Blich er født i Christiania d. 6 Mai 1826, blev Student 1844, tog 2den Examen i Juni 1845 og medicinsk Embedsexamen med Haud illaudabilis d. ⅜ 1851. Han praktiserer i Arendal. Blich's have 2 Børn, begge Sønner.

5. Louis Collett,

den Ældste af Kjøbmand Christian Colletts Børn i 2det Ægteskab, er født i Drammen d. 20 Mai 1846 (se foran Side 113). Han gik først i sin Fødeby's lærde Skole, kom derfra til Sløjdskolen i Gøtheborg for at uddanne sig i teknisk Retning og besøgte siden Carljohansværns tekniske Læreanstalt og mekaniske Verksted. Siden 1870 har han været paa et Handelskontor i Skien.

6. Margrethe Collett,

den Foregaaendes Søster, er født i Drammen d. 30 Januar 1849 (se foran Side 113).

7. Elise Collett,

de Foregaaendes yngste Søster, er født i Drammen d. 2 Januar 1852 (se Side 113).

ANHANG.

I.

Dr. JOHN COLET, Dean of St. Paul's, London.
(Se foran Side 2).

John Colet var Søn af en rig Silkehandler, Alderman, Sheriff og senere 2 Gange Lord Mayor i London, Sir *Henry Colet* og *Christiana Knevet*, en Dame af adelig Herkomst. Henry Colet blev slaaet til Ridder af Henrik d. VII. Han havde 22 Børn, 11 Sønner og ligesaa mange Døtre, men 21 af dem døde i ung Alder, og kun den ældste, John, voxede op. Moderen overlevede alle sine Børn og blev henimod 90 Aar gammel. John var født i London 1466. Fra en London'er-Skole kom han i 1483 til Universitetet i Oxford, hvor han specielt studerede Theologi og snart gjorde sig bekjendt ved sine ualmindelige Kundskaber. ·Efterat have taget Graderne ansattes han, 19 Aar gammel, ved en Kirke i Suffolk, men vedblev dog fremdeles sine Universitetsstudier og foretog derhos i videnskabeligt Øiemed Reiser til franske og italienske Læreanstalter. Efter sin Hjemkomst holdt han stærkt besøgte theologiske Forelæsninger ved Oxfords Universitet og blev i 1497 ordineret til Decanus (Dean, den nærmeste geistlige Embedsmand efter Biskoppen), dog uden endnu at erholde Ansættelse som saadan ved nogen bestemt Kirke. Fremdeles tog han — i 1504 — Doktorgraden i Theologi ved Oxforder-Universitetet. Han erhvervede sig nu hurtigt et Navn som Prædikant og lærd Theolog, og ligesom han allerede fra Skoledagene af havde staaet i nøie Venskabsforbindelse med den bekjendte Lordkantsler, Sir *Thomas Moore*, saaledes tiltrak han sig senere ogsaa den lærde *Erasmus Rotterodamus's* Opmærksomhed. Med denne indgik Colet et Venskab, der først ophørte ved hans Død, og disse 2 førte gjennem Rækker af Aar en videnskabelig Brevvexling, hvis Indhold senere bearbeidedes af Erasmus. Colet bistod derhos sin Ven ved Forfattelsen af dennes berømte Udgave af det nye Testamente i græsk Text med latinsk Oversættelse og Anmærkninger.

Ligesom Rotterodamus paa Fastlandet, saaledes førte Colet i England baade med Pen og Mund en skarp Strid mod den skolastiske Theologi, og begge banede de Reformationen Veien ved tappert at kjæmpe mod den romerske Kirkes Uvidenhed og moralske Fordærvelse.

I Aaret 1505 blev Colet uden derom at have ansøgt kaldet til Dean ved St. Paul's, Londons fornemste Kirke, og fra dennes Prædikestol rettede han især sine reformatoriske Angreb mod Klostrenes Misbrug og mod Papismen med dens Overtro og Billeddyrkelse. Ligeledes ivrede han specielt mod Coelibatet og mod den katholske Kirkes Lære om Skjærs-ilden og Skriftemaalet. Det heder, at han var den Første paa sin Tid, som lærte Folket Trosartiklerne, de 10 Bud og Fadervor paa Modersmaalet. Han blev selvfølgelig snart stemplet som en Frafalden og anklagedes gjentagne Gange offentlig for Kjætteri, men fri-kjendtes dog i de høieste Instanser af Erkebispen i Canterbury og af Kongen, først Henrik d. VII, senere Henrik d. VIII. Mærkeligt nok, stod han sig saa godt med den sidstnævnte Fyrste, at han i 1513 udnævntes til Kongens Prædikant, ja Rotterodamus paastaar endog, at Colet hørte til Henrik d. VIII's „privy council".

I 1510 afgik Sir Henry Colet ved Døden og efterlod Dean'en som Universalarving overordentlige Rigdomme, i Særdeleshed bestaaende i Jordegods. Sønnen anvendte Største-parten af denne Formue i veldædige Øiemed, og navnlig har han sat sig et varigt Minde ved Stiftelsen af en storartet Friskole i London. Den fik Navn af St. Pauls Skole og bestaar den Dag idag, men de af Colet opførte pragtfulde Skolebygninger ere forlængst nedbrændte.

John Colet døde (ugift) af Tæring i September 1519, 53 Aar gammel, og blev be-gravet i St. Pauls Kirken. Rotterodamus forfattede hans Levnetsbeskrivelse og sendte den i et Brev til den berømte *Justus Jonas* i Erfurt. Det er denne Biografi, som ligger til Grund for de senere engelske Skildringer af Colets Liv.

II.

2 Digte af DITLEVINE COLLETT, gift med Magistratspræsident i Christiania, Konfe-rentsraad NICOLAI FEDDERSEN.

(Se foran Side 31).

1.

Et Høyagtnings-Vidne fra nogle Hyrdinder i Norden til den norske Ovidius.

Hvis Verdens Skikke var som i de ældre Tider,
En Ære-Støtte vi opreiste Dig, *Tullin!*
Men da vor Alder nu ei slige Moder lider,
Saa gid vi havde kun saa sindrig Pen som Din,

Paa det vi kunde her Din Roes saa net avmale
Som Du har malet alt, Din Maji-Dag især!
Og at — dog nei, det er forgjæves, vi vil tale;
Hver Tanke, Du har tænkt, Din Ære-Støtte er.

Ja tro, Vor norske *Young!* Din Lykke skulde blive
Din Tænke-Evne liig, hvis de formaa'de det,
Som sig Beundrere af Dig her underskrive,
Til Tegn, at deres Kiøn kan ogsaa tænke ret.
Saa skriver og underskriver
Dorinde.
M. R., K. V. (*Karen Vogt*), K. A. (*Karen Anker*),
D. E. (*Dorothea Elieson*), A. S., B. M., M. L.
(*Mathia Leuch*).

2.

For C— til —¹).

Jeg, som har gjennemgaa't saa mange Livets Scener,
  Jeg tænkte, ingen Ting jeg burde ønske mig;
Men søde Phyllis, ach! nu vist jeg andet mener,
  Da baade jeg har se't og lært at kiende Dig!

Hvorledes Eva var, veed ingen mig at sige,
  Hun sluttelig var smuk; men dette veed jeg nu,
At hvis den søde Glut og første skabte Pige
  Sin Adam gjorde glad, saa var hun vist som Du.

Forkynd mig Skiæbne, at jeg skal en Cæsar blive,
  Og eie uden Dig en Verden eller to,
Ja dette kunde vel en nedrig Sjæl henrive;
  Men med Dig vilde jeg før i en Hytte bo.

Ach Phyllis! Skal Du da min Phyllis aldrig blive?
  Sandt nok, at dette var ei Lykke nok for Dig;
Jeg Dine Dyder ei sin rette Løn kan give;
  Men dog — min Phyllis ach! vælg ingen uden mig.

III.

Bryllups-Vers ved Justitsraad PETER ELIESON'S og ANNA COLLETT'S Bryllup.

(Se foran Side 42).

Da
Brudgommen, høyædle og velbaarne Herr *Peder Eliesen*,
Kongel. Mayestæts velbestalter Justitz-Raad etc.
og Bruden, velædle og velbyrdige Jomfrue
Jomfrue *Anna Collet,*
celebrerede deres høytidelige Bryllups-Fest
i mange høyfornemme Venners Nærværelse udi den Kongel.
Residentz-Stad Kiøbenhavn den 22 Novbr. 1754,
ere følgende faae og ringe Linier indsendte fra
det høyædle Brude-Pars underdanige Tienere, *Martinus Urberg:*

Det gamle Ordsprog bli'r dog sandt,
  Som ideligen høres:
En Elsker nok sin Mage fandt,
  Hvorhen de endog føres;
Hvorpaa vi nu Exempel har
  Ved denne Bryllups-Glæde
Og *dette Himmel-samlet Par,*
  Som Ægteskab indtræde.
Naar der er ingen Ild saa stærk,
  Som Elskovs-Ild mon være,
Saa er det et forgiæves Værk,
  Man Vand derpaa vil bære;
Thi mange Vande ikke kand
  Den Elskovs-Ild udslukke,
Kun Døden eene er den Mand,
  Mod hvem man ey tør pukke.
Det var det eene Grændse-Skiæl,
  Som skulde kunde skille

En *Ruth* og *Boas* deres Siæl
  Fra fælleds Elskovs-Ville.
Dog findes der den Kiærlighed,
  Der ikke vil erkiende,
At Døden skulle have Sted
  At skille Ven fra Frende.
Hvor mangen Ægte-Fælle er
  I Døden sammenføyet
Med den, den har havt Hierte-kiær
  I Livet, naar de Øyet
Paa eengang begge har lukt til,
  Een Grav har giemt dem begge,
Særdeles, naar de begge vil
  Sig efter Gudsfrygt legge;
Da nyder de den Kiærlighed,
  Som Døden ey kan vende,
Naar begge faaer i Himlen Sted
  Og elsker uden Ende.

---

¹) Dette Digt er indtaget i Stedet for det Side 31 nævnte Fødselsdagsvers til Feddersen.

En *Jonathan* og *David* saa
  I Kiærlighed forbindes,
At, hvordan, alting end vil gaae,
  De dog tilsammen findes.
See, saadan en magnetisk Magt
  I Kiærlighed er inde:
De, som har paa hinanden Agt,
  De nok hinanden finde.
Saaledes har Hr. *Brudgom* og
  Sin *Brud* vidst at oplede,
Endskjønt *Hun* lang Vey fra *Ham* drog,
  At følge var *Han* rede.
Og hvad var vel Magneten, som
  Saa langt *Ham* kunde drage?
Hans Brud er dydig, yndig, from,
  Og *Han* er *Hendes Mage.*
Et saadant ædelt, yndigt *Par*
  Er *Bruden* og *Brudgommen*,
Det Skade blev, om *De* ey var
  Herned til os ankommen;
Ney, deri *Deres Ædelhed*
  Man ogsaa klarlig kiender,
At *De* i denne Stad og Sted
  Sin Ægte-Pagt fuldender,
At *Christiania* ey maae
  Den Ære eene nyde;
Men *Kiøbenhavn* kand ogsaa faae
  Sin Andeel og sig fryde.
Saa drikker da i Kongens Stad
  Jêrs Bryllups-Skaal med Ære,

Lad alle see, hvor I saa glad
  Paa Norsk *Jêr* kand adbære.
Men *ædle Brud!* som haver mig
  Beviist den store Ære
At ville tilforpligte sig
  I Moders Sted at være:
I Fald jeg altfor tiiligen
  Min Moder skulde savne,
Hun mig da ville tage hen,
  Og Moderlig omfavne:
Hun drager nu sאa lang en Vey,
  Og jeg tilbage bliver,
Dog veed jeg vist, at *Hun* mig ey
  I Glemme-Bogen skriver.
Saa lever da i mange Aar
  I Velstand, Fryd og Lykke,
Gid Himlen med de beste Kaar
  Og Naade *Dem* besmykke!
At *Dem* maa vederfares her,
  Hvad *Deres* Dyd kand sømme,
Forfædrenes Berømmelser
  I Hobetal nedstrømme!
Saa at enhver kand skiønne paa,
  Hvad Lykke, Hæld og Ære
Om *Deres* Hus maa altid staae
  Og omkring *Dennem* være!
Derpaa en Skaal der drikkes maa
  For *Bruden* og *Brudgommen*,
Den *tredie* man venter paa,
  Som ey endnu er kommen".

IV.

Sorenskriver, Justitsraad THOMAS ROSING de STOCKFLETH's Epitafium over PETER COLLETT til Buskerud.

(Se foran Side 56).

„Hvo var nyttigere for Staten:
Kjøbstædmanden, han som med karg Varsomhed
  betraadte klogere Fædres sikre Bane
og — bleven rigere uden egen Vindskibelighed —
  trives kun i Stadens kvalme Luft,
  mores kun ved betydende Tal
og saa med Taabens dorske Ligegyldighed
magelig tilvender sig de Fortjentes Fortrin;
ansees ofte for en arbeidsom Træl, naar han
med jevne Puls-Slag damper over at postere

  i den drøie Gjældner-Rulle;
beundres tidt med gabende Bifald, enten
naar hans gyldne Karm ruller tordnende frem
  over den gungende Stenbro,
eller og hans raske Løber med Lynildens Fart
skyder sig frem over den glatte Rendebane
imellem Bifald smilende Tilskuere, og ellers
  nøisom med den Titel af ærlig Mand,
  i Mangel af en mere glimrende,
glemmer, at hans Kald opfordrer ham til at vise,

at dette værdige Navn
bestod i noget mere end at
ikke frygte for Bøddel eller Slutter, —
eller og den jevnt tænkende Landboer,
som kjendte sine Evner, dyrkede dem
og dannede sig en Plan
for det stille Livs rolige Glæder;
som følede det stort at være sig selv bevidst
at have fremmet de Ringes Held
ved Mildhed og Haandsrækning,
og at det er en Krands værd, ved gavnlige Forsøg
at have belæret den tungnemmede Landmand,
og i en liden Kreds,
omringet af huslige Glæder,
at have ofte udbredet Lyksaligheder,
rene som den uskyldige Moder Natur,
paa hans aabne Mark?
Læser!
er dig dit Valg tvetydigt,
Saa vend dine vanhellige Øine bort fra dette Blad,
et svagt, men velment Mindesmærke!
Ikke Rang og tomme Titler,
ikke fordærvet Smag af kildrende Lyster,
ikke fremmede Egnes her optagne Daarligheder,
ikke grisk Paaholdenhed eller tankeløs Ødselhed
udmærkede nogensinde den Mand,
hvis Minde,
hædret ved Venners Taarer
og hans Undergivnes Velsignelser,
skal være Menneskevennen dyrebart:
Peter Collett, Herre til Buskerud Gaard.
Hans Titler – ikke betalte med Guld, som Forsynet
rundelig havde tildeelt ham, og hvis Værd han
kjendte med den Forsigtiges Godgjørenhed,
ei heller med Smiger, som han foragtede,
vare:
En driftig Landmand,
en virksom Dannemand,

en gjæstfri Husfader;
Hans Ære at opfylde sine Pligter som
en kjærlig Ægtefælle, en omhyggelig Fader,
en retskaffen Nordmand
og især: at ikke blues ved at være Christen,
beskeden uden at hykle,
venligen uden at indsmyge sig,
ligefrem uden at være plump,
mild i Omgang, streng i Sæder,
følsom uden denne forstemte Ømhed,
som byder at daane
ved den Skjønnes smeltende Triller,
men bliver til en Middelting af et Suk og
en Gisp ved Brødres Død.
At han faldt af i sin Manddoms bedste Aar
gjør hans Savn des smerteligere
for mange elskende Venner,
endnu mere for 10 haabefulde Børn,
og hvad —
for den elskværdige Kone, hans mageløse Frue,
Johanne Henrica født *Ancher*,
hvis Kjærlighed — den Himlen lønne —
prøvet ved at se ham dø sex langsomme Maaneder,
hvis Navn — hvis Hjerte —
er den største Lovtale over den Mand,
hvis Savn koster saa dyrebar Taare.
Dette er Sandhed;
uden den skulde dette ikke være tegnet
af en Haand,
som aldrig borgede Hyklerens Pensel
eller den leiede Lovtalers svulmende Kløgt
for at smigre Levende eller Døde.
Læser!
blues ikke ved dine ømme Følelser.
Taarerne selv
hædre Menneskevennen, var han end en Helt,
naar de offres en dydig og god Mands Minde.
Numini ut thus, sic honesta laus viris cedit bonis.

V.

Takskrivelse fra Direktionen for „Selskabet for Norges Vel" til MARTHINE CHRISTINE SOPHIE COLLETT f. ELIESON.

(Se foran Side 65).

S. T. Frue *M. C. S. Collett*
til Christiania.

Deres meget ærede Skrivelse af 1 November tilligemed de indesluttede 250 Rdl., hvilke høistærede Frue har behaget at tilstille Selskabet som et Contingent-Legat for Deres afdøde Mand, Ridder John Collett, har Directionen med megen Erkjendtlighed modtaget, og tillade De os herved at bevidne Dem vort Samfunds forbindtligste Tak og Høiagtelse saavel for den indsendte Gave, som især fordi De derved har skjænket Selskabet den Glæde at kunne for stedste opbevare i sine Bøger som i sit Minde Navnet af en ligesaa virksom som fortjent Patriot, hvis altfor tidlige Bortgang ogsaa var et udmærket Tab for det Selskab, i hvis første Opkomst han deeltog med saa megen Varme, og af hvilket han lovede sig ligesaa meget godt for Fædrelandet, som han deri haabede at finde mange skjønne Anledninger for sin patriotiske Virksomhed og gavmilde Opoffrelser til Norges Vel. Ligeledes modtage De, høistærede Frue, vort Selskabs erkjendtligste Tak, fordi De ved at indtræde i vort Samfund som Medlem har givet et følgeværdigt Exempel for Norges mange hæderlige Kvinder, uden hvis særdeles Deltagelse i vort Norges Vel saare lidet i saa mange Henseender vil vorde udrettet; ogsaa tør Directionen med Tryghed haabe, at et skjønt Exempel, givet af en blandt Norges hæderværdigste Husmødre, sikkerligen vil følges af mange hendes ædle Medborgerinder.

Christiania i Directionen af det Kgl. Selskab for Norges Vel d. 7 December 1811.

Friederich, P. zu Hessen,   *Bech,*   *Raßmusen,*   *Rosted,*   *Platou,*   *Bull,*

Peder Anker,   *Rosenkrantz,*   *H. Wedel-Jarlsberg.*

VI.

I. Uddrag af en Skrivelse fra den norske Regjeringskommission til Foged i Numedal & Sandsværs Fogderi, JONAS COLLETT, dateret I Juni 1808.

(Se foran Side 74).

„— — — Commissionen har med den Følelse, som skyldes den retskafne Embedsmand og et agtværdigt Embedsforhold, modtaget Deres Skrivelse af 28de f. M. og erfarer deraf med fuldkomneste Bifald det ligesaa oplyste som patriotiske Forhold, Deres Velædelhed i denne besværlige Tidspunct har anvendt for at sikre det Dem betroede Fogderie saavel nærværende som Fremtids Held og Existents. — — — — Endelig anseer Commissionen det for en behagelig Pligt at indsende Deres Velædelheds Skrivelse directe til Hans Mayestæt Kongen, anseende samme og Deres brugte Embedsforhold som den bedste Anbefaling for en saa agtværdig og retskaffen Embedsmand til Landsfaderens Kongelige Naade."

2. Skrivelse fra den norske Regjeringskommission til Frederik d. VI, dat. 3 Juni 1808.

„Ved allerunderdanigst medfølgende Skrivelse af 28de forrige Maaned har Fogden over Nummedal og Sandsværd i Buskeruds Amt, Jonas Collett, forelagt Commissionen en Beretning om, hvorledes deels det Korn, som af Magasinerne er blevet tilstaaet dette Fogderie til Undsætning, og deels det Korn, som var opbevaret i de i Fogderiet etablerede Bøjgdemagasiner, af ham er bleven anvendt til ikke alene at afhjælpe den øjeblikkelige Trang, som existerede saavel paa Brødføde, som Sædekorn, men ogsaa til at sikkre Fattigvæsenet nogen Understøttelse for i Sommer.

Det forekommer Commissionen, at denne retskafne og agtværdige Embedsmand ved dette sit kloge Forhold har virket saa hæderligen, ikke allene til at befrie deres Mayestæts Undersaatter i det ham anbetroede Fogderie, hvilket indbefatter endeel Fjeldbøjgder, fra øjeblikkelig Mangel, men tillige til at betrygge dem i Fremtiden og sikkre deres Haab til Høstens Tid, at Commissionen ikke bedre kan anprise Hans Embedsforhold og Virksomhed, end ved allerunderdanigst at forelægge Deres Mayestæt det af ham selv for sin kloge Huusholdning aflagte Regnskab, — og da denne brave Mand alt længe forhen har været Commissionen hæderligen bekjendt, saavel for sin virksomme og retskafne Embedsførelse, som for sin patriotiske og agtværdige moralske Characteer, saa anseer Commissionen det for Pligt allerunderdanigst at anbefale denne udmærkede Kongens og Statens Tjener til Deres Mayestæts Kongelige Naade."

VII.

Breve fra CARL JOHAN til Statsraad JONAS COLLETT.
(Se foran Side 77.)

1.

Monsieur le Conseiller d'état de Collett; J'ai reçu la lettre, par laquelle Vous m'annoncez, qu'en l'absence du Rigs-Statholder Comte de Sandels Vous présidez dans le conseil d'état. Le Comte de Sandels m'avait déja prévenu, que Vous seriez chargé de cette fonction honorable, et je suis bien-aise de Vous voir de nouveau dans une place que Vous avez déjà une fois auparavant occupée à ma parfaite satisfaction. En donnant tous vos soins aux véritables intérêts de la patrie, en faisant tous Vos efforts pour seconder mes intentions pour le bonheur de la Norvège et pour le maintien de l'ordre public, Vous acquerrez de nouveaux titres à ma bienveillance et à l'estime de Vos compatriotes. La marche que Vous avez toujours tenue dans la ligne des devoirs de bon citoyen, m'est garante que Vous justifierez la confiance placée en Vous.

Je Vous prie de me tenir au courant de ce qui se passe, et de me donner, dans Vos lettres, les éclaircissemens qui seraient de nature à ne pas pouvoir entrer dans les rapports officiels du conseil et qui devraient cependant parvenir à ma connaissance. Je désire aussi que Vous y joigniez Votre opinion particulière dans le cas où elle ne serait pas toujours d'accord avec celle des autres membres du conseil. Ces avis, en me mettant à même de bien peser le pour et le contre, par les détails et circonstances que Vous m'aurez transmis, pourront guider les résolutions que j'aurai à prendre. Sur ce je prie Dieu qu'Il Vous ait, Monsieur le Conseiller d'état, en Sa sainte et digne garde, étant

Rosersberg le 8 Août 1819.

Votre affectionné

Charles Jean.

P. S. Des particuliers à Stockholm ont reçu des lettres de Christiania qui parlent beaucoup de l'arrestation et de l'interrogatoire de l'individu soupçonné d'avoir mis le feu au magasin de planches dans le Waterland. Je Vous prie de suivre avec une grande attention cette affaire, et de me communiquer tout ce qui y sera relatif.

C. J.

2.

Monsieur le Conseiller d'Etat Collett; J'ai reçu la lettre que Vous m'avez écrite le 29 Décembre. En Vous désignant pour remplacer le Comte de Wedel au Département des finances, j'étais sûr d'avance que Vous Vous efforceriez de justifier ma confiance et de répondre à l'attente de vos concitoyens. L'activité que Vous avez jusqu'içi déployée au service de la patrie m'est garant que Vous remplirez avec le même zèle les importans devoirs dont Vous êtes maintenant chargé. Si, dans l'exercise de Votre nouvelle fonction, Vous aviez besoin de mes conseils, je Vous les donnerai avec plaisir et Vous pouvez toujours compter sur ma bienveillance. Sur ce je prie Dieu, qu'Il Vous ait, Monsieur le Conseiller d'état Collett, en Sa sainte et digne garde, étant

Stockholm le 13 Janvier 1822.

Votre affectionné

Charles Jean.

3.

Monsieur le Conseiller d'Etat Collett; J'ai reçu Vos rapports jusqu'au 11 ainsi que Votre lettre particulière du 28 Juillet. Comme je fais repondre, par le ministre d'état, à tout ce qui regarde les affaires publiques, il ne me reste que de Vous exprimer ma parfaite satisfaction du zèle et de l'activité que Vous n'avez pas discontinué de déployer depuis que Vous êtes à la tête du Département des finances. Les payemens publics s'exécutent dans un ordre régulier, voila un point essentiel dans tous les états. Cet ordre n'a pas toujours existé en Norvège, et c'est avec plaisir que j'attribue à Vos soins cet heureux changement, et que je Vous tiens compte des resultats qui sont la suite des bonnes dispositions que Vous avez prises.

Ce n'est pas sous ce rapport seul que j'ai à Vous marquer mon contentement. Vous avez voué toutes Vos facultés à bien répondre à la confiance que je Vous avais montrée en Vous plaçant à la tête du conseil d'état pendant l'absence de Monsieur le Comte de Sandels. Vous avez exercé une surveillance active et paternelle sur toutes les branches de l'administration, et Vous m'en avez rendu un compte exact et régulier. Ce surcroit de travail cesse pour Vous maintenant que le Rigs-Statholder est retourné à son poste, mais je ne cesserai pas de me rappeler des services que Vous avez rendus dans cette occasion.

La reconnaissance que Vous exprimez si vivement pour les mésures particulières que j'ai prises en Votre faveur Vous donne un nouveau titre à ma bienveillance, et je Vous invite à y compter dans toutes les circonstances.

Je Vous renouvelle l'assurance de mes sentimens et prie Dieu qu'Il Vous ait, Monsieur le Conseiller d'état Collett, en Sa sainte et digne garde, étant

Stockholm le 19 Août 1823.

Votre bien affectionné

Charles Jean.

4.

Monsieur le Conseiller d'état Collett. ,Avant d'avoir lu Votre lettre du 1er Août, j'étais déjà instruit, par le rapport du Maréchal Comte de Sandels, de l'action entamée contre Vous devant le Rigs-Ret   Je Vous avoue que je n'ai pu qu'éprouver un sentiment de profonde indignation en apprenant cette nouvelle inattendue.   Vous savez qu'en 1814 j'ai acquis la Norvège avec tous les droits de souveraineté que les rois de Danemarc y avaient auparavant; que j'ai cédé, en échange de ce royaume, les duchés de Schleswig et de Holstein qui étaient en ma possession, ainsi qu'un créance de douze millions; que lorsque la rébellion de quelques hommes me força d'entrer en Norvège à la tête d'une armée, je pouvais joindre à mes premiers droits, encore celui de la conquête; mais que voulant donner à la nation Norvégienne une preuve de mon amour pour la liberté, je renonçai à la plénitude de mes droits incontestables, et je sanctionnai la constitution.   En faisant cet abondon d'un droit légitime j'étais guidé autant par mes principes que par l'affection que je portais déjà à la masse de la nation et par l'estime personnelle que j'avais pour quelques individus recommendables dont j'avais fait la connaissance.   Vous-même, Monsieur le Conseiller d'état, Vous fûtes un des premiers chainons qui me lia avec la nation par Votre participation à la convention de Moss.   Vos concitoyens Vous doivent la plus vive reconnaissance des services que Vous leur rendites puisque Vous leur évitates les ravages, suites d'une invasion, et tous les malheurs qu'elle traine avec elle.   Vous n'avez pas discontinué de leur rendre depuis de nouveaux services, Vous avez même couru le hazard de me déplaire par Vos conseils, que je regardais quelquefois comme l'effet des prétentions des assemblées précédentes, et opposées tant à la lettre de la loi fondamentale qu'aux droits et aux privilèges de la puissance constituée par le traité de Kiel, et par l'abandon spontané des prérogatives consacrées par le droit public de l'Europe.   J'étais bien loin de penser que quelques-uns de Vos concitoyens, revêtus d'un caractère qu'ils ne doivent qu'à ma bienveillance pour le peuple Norvégien, et à mon amour pour les garanties nationales, repondraient d'une manière si blamable à mon indulgence et à Vos efforts patriotiques.   Mais en leur cédant une partie des droits que me donnaient les traités, je n'ai jamais eu l'intention de permettre qu'ils abusassent de ma générosité, en empiétant sur les attributions de la royauté.   J'aime à croire que le peuple Norvégien est reconnaissant des soins que je me donne pour son bonheur, mais je ne suis pas de Votre opinion pour ce qui regarde quelques-uns de ceux que l'intrigue et les suggestions ont fait nommer représentans.   Il se trouve dans l'assemblée beaucoup d'hommes dignes de l'estime publique et de ma confiance; mais il-y-en a aussi des mal-intentionnés qui ne cherchent qu'à semer des troubles et de la discorde pour satisfaire des intérêts étrangers.   S'il n'en était pas ainsi, comment aurait-on proposé un pareil attentat contre un citoyen intègre, un homme vertueux comme Vous, que tous doivent honorer au lieu de le persécuter?   Comment aurait-on pu entrainer la majorité de l'Odels-Thing à écouter une proposition aussi contraire au devoir?   Comment, enfin, aurait on pu attenter au droit le plus sacré de l'homme jusqu'à le traduire devant un tribunal national, pour le faire juger d'après l'*esprit* d'une loi fondamentale et non d'après sa *lettre*.   C'est à la lettre qu'on prête serment d'obéissance, c'est la lettre que j'ai accepté et non l'esprit factieux et chicaneur de quelques hommes qui veulent interpréter cet acte.   Je crois dans ma conscience qu'il serait préférable de vivre au millieu des sauvages de l'Amérique septentrionale, ou parmi les malheureux Grecs, que la discorde et les cruautés accablent, plutôt que de se soumettre à une inquisition aussi détestable que celle qu'on cherche à introduire en Norvège. Je distingue les hommes de bien d'avec les brouillons et les intrigans, et tout en rendant justice aux bonnes qualités de la masse de la nation, je ne puis qu'être affligé de la conduite de quelques membres du Storthing, et regretter d'avoir provoqué peut-être, par trop de bonté et d'indulgence, les excès auxquels on s'est porté. Mais il est un terme à tout. — Sur ce je prie Dieu qu'Il Vous ait, Monsieur le Conseiller d'état, en Sa sainte et digne garde, étant

Stockholm le 7 Août 1827.

Votre très affectionné

Charles Jean.

5.

Monsieur le Conseiller d'état Collett; le Lieutenant Hofgaard m'a apporté Votre rapport du 6 Decembre par lequel Vous m'annoncez la mort de S. Exc. le Rigs-Statholder Comte de Platen. Malgré que je fusse préparé à recévoir cette funeste nouvelle, elle n'a pas laissé de produire sur mon coeur la plus triste impression. Pendant près de Vingt ans, j'avais connu le Comte de Platen, il n'avait pas cessé un instant d'acquerir des droits à mon amitié et à mon estime. La Suède regrette en lui un de ses citoyens les plus distingués, et la Norvège perd plus qu'elle ne pense. Longtems avant d'être nommé Rigs-Statholder, il lui avait déjà rendu des services essentiels, et en avait été le zélé défenseur. Lorsqu'en 1814 il était du nombre des commissaires Suédois près la nation Norvègienne, ce fut à ses instances que j'accordai des concessions, que Vous auriez eu beaucoup plus de difficultés à obtenir sans lui et ses collegues. S'il a éprouvé le sort commun à tout mérite éminent, celci d'être méconnu et payé d'ingratitude, je suis persuadé que sa mort forcera même ses ennemis à rendre justice à sa memoire.

Vous reçevrez par le protocole officiel mon ordre sur les formalités à observer pour le transport du corps du defunt. En attendant que je prenne des dicisions ultérieures, Vous présiderez le conseil, le Général Stabell aura le commandement de l'armée, et le Conseiller d'état Fasting sera chef de la marine; jusqu'à son départ, l'Amiral Fabritius le remplacera alors. Je me félicite, dans cette circonstance penible, d'avoir à Christiania un fonctionnaire comme Vous, qui a déjà donné tant des preuves de son zêle pour le bien public, de son expérience dans les affaires, et de son attachement pour moi. Vous avez aussi éprouvé, il y a peu de tems, l'ingratitude contemporaine.

Je Vous renouvelle, Monsieur le Conseiller d'état Collett l'assurance de mes sentimens, et prie Dieu qu'Il Vous ait en Sa sainte et digne garde, étant

Stockholm le 12 Décembre 1829.

Votre affectionné

Charles Jean.

6.

Monsieur le Conseiller d'état Collett. Je viens de recevoir Votre lettre particulière du 21 par laquelle Vous m'annoncez que le Stift-Amtmand Riis a recherché en mariage Votre fille ainée. Les motifs que Vous alleguez et qui Vous ont engagé ainsi que Mademoiselle Henriette à accepter ce parti, ne peuvent qu'obtenir mon entière approbation, d'autant plus que la connaissance que j'ai des qualités distinguées de Monsieur Riis, m'assure que Votre fille formera des liens heureux. . L'intérêt personnel que Vous me connaissez pour Vous se reporte naturellement sur tous les membres de Votre famille; et Vous pouvez être persuadé de la part que je prends à cette union et des voeux sincères que je forme pour le bonheur des futurs époux. J'ai l'intention d'offrir à Mademoiselle Collett un petit trousseau que je la prierai d'accepter aussitôt que Vous m'aurez désigné l'epoque fixée pour le mariage. J'ai montré Votre lettre à la Reine. Elle joint ses souhaits aux miens pour l'heureux avenir de Mademoiselle Henriette.

Faites agréer à Madame Votre épouse mes félicitations à ce sujet et recevez, tous les deux, l'assurance réitérée de mes sentimens.

Stockholm le 25 Mars 1833.

Votre très affectionné
Charles Jean.

7.

Monsieur le Conseiller d'état Collett. J'ai reçu Vos rapports jusqu'au 4 Juillet inclusivement. Malgré que Vous ayiez eû par la voie officielle mes décisions sur les affaires courantes ainsi que mon approbation de l'arrangement pris avec Monsieur Hambroe, je suis bien aise de Vous exprimer, moi même, ma satisfaction de la manière dont Vous avez terminé cette négociation, si favorable à la caisse de l'état et si rassurant pour le systême financier de la Norvège.

Je saisis aussi cette occasion de Vous remercier de Votre attention à célèbrer le jour de ma fête et celui de la naissance de mon fils, ainsi que des voeux que Vous formez pour le bonheur de toute ma famille. Je suis trop accoutumé à Vos soins sous ce rapport pour en êtré étonné; mais j'en reçois toujours l'expression avec un nouveau plaisir. Je Vous renouvelle l'assurance de mes sentimens et prie Dieu qu'Il Vous ait, Monsieur le Conseiller d'état Collett, en Sa Sainte et digne garde, étant

Stockholm le 10 Juillet 1834.

Votre très affectionné
Charles Jean.

VIII.
„Norge til afskediget Statsraad COLLETT"
Af Henrik Wergeland.
(Se foran Side 77.)

Nu, hjertesyg og smertebøjd,
velkommen hjem fra Naadens Højd!

Der skjærer altfor hvas en Vind.
Den skjærer alt til Hjertet ind.

Der raader nu saa ond en Geist.
Velkommen hjem saa reen som reist!

Velkommen til din Moders Gaard,
med Sjel saa reen som hvidt dit Haar!

Dit Navn var æret, nu har stort
din Fiendes Uretfærd det gjort.

Hvor steg du højt, min kjække Søn!
Det frydede din Moer iløn.

Du steg til Ørnens Rede op.
Der laa en hæslig Slanges Krop.

I Stormens Tøjle greb din Haand.
Den lagde vilden Sky i Baand. ¹)

Nu er den mat, men den er prøvt!
dit Øje viist, men kummersløvt.

Men mit skal vaage om din Fred.
Stol paa en Moders Kjærlighed!

Det flamme skal af Hevn og Harm,
imens du hviler ved min Barm.

Med Flammer tre det vaage vil:
med Hevns og Harms og Ømheds Ild.

Og stærk er hendes Knok endnu,
den slider seige Orm itu.

Saalangt som hendes Arme naa,
der, Søn, dit Rige skal du faa.

Der slaar et Hjerte indenfor,
Et større findes ei i Nord.

Derinden, som det Riges Flod,
gaar Strømmen af Nationens Blod.

Der byder jeg dig Magt og Stand
i Kjærligheds og Mindets Land.

Der vil jeg, naar du blier for træt,
en Grav dig rede luun og tæt.

Paa den jeg, pegende, til Hver
vil sige: „Naadens Tind se der!"

IX.

Statsraad JONAS COLLETT.

Af J. S. Welhaven.

(Se foran Side 78).

Han havde nok af jordisk Ære,
og Folket vidner om hans Daad.
Men ak, for dem, der Sorgen bære,
det veier lidt mod Savnets Graad.
Ved Himlens Port, i kristnet Jord,
er Verdens Pris et fattigt Ord.

Men for hans Elskte sødest lyder
et andet Ord, en bedre Trøst.
Thi gjennem Dødens Øde bryder
hans rette Pris med Livets Røst:
en Sjel, der har holdt Prøven ud,
et Hjerte, som er gjemt i Gud!

Du ædle, barnlig-blide Gamle,
dit Dagverk skal ei glemmes her.
Men al din Daad vil Mindet samle
i dette Fromheds milde Skjær,
som lyste paa din Aftensky
og er din Himmels Morgengry.

Paa Herrens Vei, hvor Du gik heden,
stod Ømheds Roser om din Stav,
og som dit Liv i Menigheden,
saa er velsignet nu din Grav
med Trøst, som Sorg vil kjendes ved,
med Sæd for Tid og Evighed.

¹) Sigter til Anskaffelsen af Landets 2 første Dampskibe (se foran Side 76).

Anhang.

X.

Ved FREDERIKKE COLLETT's Grav

den 3 April 1839,

af P. J. Collett.

(Se foran Side 99).

(Mel.: Hvo ved, hvor nær mig er min Ende.)

Den var saa ren den Tro, der leved
I hendes barnlig fromme Sind;
Det var saa mildt det Smil, der svæved
Saa fagert over hendes Kind.
Det er forbi. Dødsenglen nys
Paa hendes Mund har trykt sit Kys.

Men mens hun laa i Dødens Smerte,
Hun signede sin Spæde ømt:
Hun har ham baaret jo ved Hjerte,
Om ham hun har saa ofte drømt.
Fra Paradisets Salighed
Hun vogter fromt hans Vugges Fred.

Sov sødt, sov sødt! Hør Foraarsvinden
I Luften sine Harper slaar,
Og vifter Taaren bort fra Kinden,

Og aander paa vort Hjertes Saar.
Og med sin milde Spaadomsrøst
Den suser ømt om Haab og Trøst.

(Efter Jordpaakastelsen).

Se! ham Du gav din Tro i Eie,
Som vilde frede hvert dit Fjed,
Og jævne alle dine Veie
Med trofast, hellig Kjærlighed:
Han takker Dig for Livets Held.
Hvil nu i Fred. Farvel, farvel!

Naar Jorden pryder sig ad Aare
Med alle sine Blomster smaa,
Da dække vi din friske Baare
Du Elskte, med Kjærminder blaa,
Og Blomsterne skal hviske tyst:
Vi bær dit Minde i vort Bryst.

XI.

Ved Frøken EUGENIE COLLETT's Jordfæstelse

den 5te November 1851.

Af A. Munch.

(Se foran Side 101).

Saa har da Døden gjæstet atter
Det ædle Huus, en Enkes Bo:
Den gamle Fader nys, nu Datter —
Det yngste Barn, er lagt til Ro.
Nu bløde Hjerterne igjen —
Den unge Lilie segned' hen.

„Tys, Pigen er ei død, hun sover!" —
Saa lød engang en mægtig Røst,
Og see! hun reiste sig. Er over
Da Hjælpens Tid? lukt denne Trøst? —
De jamre saa af dybest Nød —
Ei Herren kommer. Hun er død.

Og dog — Hans Tid er ikke over,
Han var der, men I saae ham ei!
Den unge Mø, som blidt kun sover,
Han tog med sig ad Himlens Vei.
Der hviler hun i Frelsens Havn —
Saa sød er ingen Moders Favn.

Saa kunne vi da trøstig sænke
Det fagre Støv i Jorden ned:
Thi brudt er Dødens tunge Lænke,
Og Graven er et Blomsterbed.
Det Frø, som der i Tro er lagt,
Opstaaer i evig Ungdoms Pragt.

XII.

Nekrolog over Professor P. J. COLLETT.

Af Nyhedsbladet 1852 No. 15.

(Se foran Side 104.)

De Ord, man saa ofte ødsler med: „Han er altfor tidlig gaaet bort!" kan sjelden med større Sandhed anvendes end ved Professor *Peter Jonas Collett*'s Død. Han var netop i Færd med at udfolde den modneste, rigeste Manddomsvirksomhed, da han fik Herrens Kald; og det Savn, han i en vid Kreds efterlader, finder alene Trøst i den Tro, at han ei er gaaet bort, men hjem.

Collett er født i Lier den 12te September 1813, og den Kjærlighed til det Hjemlige, som skinner igjennem mange af hans Frembringelser, har han sikkert under sit Barndomsliv i denne Egn inddrukket. — — —

En læg Mand tør vistnok ikke dømme om hans Virksomhed som Lærer i Retsviden-skaben. Dog mener jeg, man ei engang behøver mit almindelige Kjendskab til hans Person-lighed for at vide, at denne Virken var dygtig. Hans Evne til skarpt og bestemt at betegne, til at finde og udhæve det Charakteristiske og til at gruppere Stoffet i et klart, let over-skueligt System, maa have udmærket hans Fremstilling af Retslærens Gjenstande, ligesom hans sjeldne Lethed og Sikkerhed i at bruge det mundtlige Ord maa have givet hans Ka-thederforedrag Tække og indtrængende Kraft. Men især turde det dog være den ædle Myn-dighed, som hans naturlige Begavelse, alsidige Udvikling og rene Charakter gav hans hele Personlighed, hvormed han stærkt og varigt har indvirket paa de unge Studerende, om denne Indvirken end vanskelig lader sig paavise.

Colletts Billede fra hans Universitetsaar vil være i Manges Erindring. Hans freidige, ægte Studenteraand, der aldrig lod sig nøie med, hvad der bødes som traditionel Anerkjendt, hans selvstændige Prøvelse og hensynsløse, næsten haanlige Vragen af hvad der syntes ham middelmaadigt, førte ham snart ind i mange Kampe, og gav hans ydre Væsen noget Djærvt og Afhærdet, der lod dem misforstaae ham, som ei formaaede at see igjennem hans ung-dommelige Overmod til hans egentlige Kjærne. Og skjønt i mange Henseender mildnet og ændret, bevarede han stedse denne sande aandelige Fornemhed, denne Foragt for Middel-maadigheden, der gjør sig bred. — Men denne medfødte Adel viste sig ikke blot i Forhold til det Aandige; den laa paa Dybet af hans Væsen og kom allersmukkest tilsyne som Cha-rakteertræk, i Forhold til det Moralske; han var for virkelig fornem til at tillade sig selv Noget, han ansaa for slet, eller til at yttre Bifald til Saadant hos Andre. Men uagtet denne udenpaaliggende Skarphed var der i hans Inderste en Mildhed og Blødhed, der mere og mere udviklede sig og i de senere Aar gjennemtrængte hans hele Person. Den kom tilsyne i skaansommere Domme over Andres Frembringelser, i en forstandig Veien af Arbeidets Vanskelighed. Collett havde levet sig til virkelig Humanitet, og hvor han saa sande aande-lige Glimt eller moralsk ædel Stræben, var Ingen villigere til at anerkjende, skjønt han var knap og sparsom i Yttringen af sin Ros; han havde altid en Sky for „at blotte sit indre Menneske". Kun af det Aandsforladte og Slette blev han stedse en afsagt Fiende.

Colletts literære Virksomhed, der efter vore Forhold ei har skjænket saa Lidet, røber heeltigjennem en ualmindelig Begavelse. Kjækhed, Friskhed og Lune, der ofte hæver sig til Humor, udmærke allerede hans tidligste Frembringelser — — — [1]). Skulde man anke over Noget ved hans sildigere kritiske Virksomhed, da maatte det vel være, at selv den letteste Form-feil altfor piinligt berørte ham. Han har ensteds sagt: „Et Digt er som et slebet Glas; det taaler ikke den letteste Ridse", og heri har han udtalt sin æsthetiske Troesbekjendelse. Men forlangte han maaskee i disse Ord for Meget, skal man i alle Fald ei beskylde ham for at have borget Sætningen hos den seneste Tids Æsthetikere.

Colletts omspredte Frembringelser ere for gediegne til, at man ei skulde ønske og haabe i et Udvalg af dem at faae et blivende Billede af hans Person og Virken.

For ret at skatte Colletts Personlighed i dens Fylde og mangesidige Elskværdighed, maa man have seet ham i hans huuslige Kreds; thi han hørte til de Faa, som med Hjertets Inderlighed slutte sig til sine Nærmeste, uden at lukke Øiet for det Fjernere og Store. Men han var jo rigtignok ogsaa af de Faa, som i Hjemmet kan tale om det Høieste og Bedste, med fuld Forvisning om at blive forstaaet. Den Kreds, der søgte Colletts Hjem, var ikke vid, men de, der traadte ind i det, vil alle have havt aandsforfriskende, styrkende Timer der. Bedre Interesser, behandlede med Aabenhed, Lethed og den Collett eiendommelige overlegne Klarhed, udgjorde oftest Samtalens Indhold, og selv hvor denne slog ind paa det ganske Hverdagslige, fik den det Vækkende og Belivende, som kun aandrige Mennesker kan give den. Jeg er vis paa, at Adskillige med mig for bestandig bevare Mindet om flere saadanne Aftener, tilbragte i Colletts Hjem.

Jørgen Moe.

XIII.

Ved Professor PETER JONAS COLLETT's Jordfæstelse
den 22de December 1851.
Af A. Munch.
(Se foran Side 104).

Hvad er det for en Morderengel,
Som gjennem Livets Have gaaer
Og bryder just den bedste Stengel,
Og netop fagrest Blomst nedslaaer?
Her ligger bradt et Haab igjen —
En Aandens Mester segned hen.

Han var saa klar, han var saa sikker,
Han førte Aandens blanke Sværd;
Som Kystens Fyr paa Havet blikker
Hans Øie vogted Tankens Færd.
Og dog hans Hjerte var saa blødt,
Hans Tales Væld saa rent, saa sødt!

[1]) Den videre Skildring af C.'s literære Virksomhed er her udeladt; den findes foran Side 104.

Ham kunne vi dog ikke miste! —
Saa Raabet ved hans Leie lød:
Men see! hans Hjerte maatte briste,
Hans Manddoms Kraft Dødsenglen brød.
Fra Dig, o Gud! vel Englen kom —
Vor Gud! men haard var dog din Dom!

Vi veed det vel, han er indgangen
Nu i din rette Klarheds Bo —
Men ak! vor Sjæl er endnu fangen;
Tilgiv vor Sorg! befæst vor Tro! —

O Gud! lad Lys af Grav opgaae,
O, styrk hans Viv — vær hos hans Smaae!

———

Farvel, farvel, vor Ven og Lærer! —
Et langt Farvel, Aandsbroder, Du!
Vort unge Værk dit Minde bærer,
Vi stride end — Du hviler nu.
Det Frø, din klare Aand os gav,
Vil skyde Blomster paa din Grav!